21世纪海上丝绸之路在环印度洋地区推进研究

陈利君 胡娟 著

云南出版集团
云南人民出版社

图书在版编目（CIP）数据

21世纪海上丝绸之路在环印度洋地区推进研究 / 陈利君, 胡娟著. -- 昆明：云南人民出版社, 2021.9
ISBN 978-7-222-20264-1

Ⅰ. ①2… Ⅱ. ①陈… ②胡… Ⅲ. ①海上运输-丝绸之路-研究-亚太地区-21世纪 Ⅳ. ①K035

中国版本图书馆CIP数据核字(2021)第184522号

21世纪海上丝绸之路在环印度洋地区推进研究

陈利君 胡娟 著

责任编辑：熊 凌　　责任校对：吴 虹
封面插画、设计：陈静荷　版式设计：杜佳颖　责任印制：马文杰

出版	云南出版集团 云南人民出版社	开本	787mm×1092mm 1/16
发行	云南人民出版社	印张	14
地址	昆明市环城西路609号	字数	225千
邮编	650034	版次	2021年9月第1版
网址	www.ynpph.com.cn	印次	2021年9月第1次印刷
E-mail	ynrms@sina.com	印刷	昆明合骧琳彩印包装有限责任公司
		书号	ISBN 978-7-222-20264-1
		定价	40.00元

如有图书质量及相关问题请与我社联系：

审校部电话：0871-64164626
印制科电话：0871-64191534

前　言

　　海洋是人类生命的摇篮、资源的宝库、交通的命脉。21世纪，海洋已经成为各国提高综合国力和地缘战略优势的制高点。海洋不仅具有地缘安全和交通运输等传统意义，其蕴藏的极为丰富的资源对一国未来经济发展与实力提升也有着深远的影响。中国作为世界上人口最多的发展中国家，由于陆地空间不足、资源有限，未来要扩大发展空间，促进经济可持续发展，充分利用海洋资源就成为必然的选择。然而，中国的海洋安全正面临着前所未有的严峻考验。2013年10月，国家主席习近平在印度尼西亚国会上发表重要讲话，提出建设"21世纪海上丝绸之路"的倡议。几年来，中国始终高举和平、发展、合作、共赢的旗帜，坚持"共商共建共享"的共同发展理念，积极践行相互尊重、平等相待以及"亲、诚、惠、容"的理念，倡导构建合作共赢的新型国际合作关系与"和谐海洋"的观念，大力推进"海洋命运共同体""人类命运共同体"，为参与"一带一路"的国家提供了良好的发展平台和机遇。"21世纪海上丝绸之路"也逐渐得到了沿线国家和地区的支持与认可，推动了区域经济的融合、文化的繁荣、民生的改善，增强了政治互信。

　　21世纪是海洋的世纪，而海洋的世纪呼唤各国关注海洋、走向海洋、经略海洋。18世纪以来，海洋通道是海洋国家至关重要的利益，不仅是维持经济繁荣和施加全球影响的手段，而且是维系国家生存的手段。[1]1890年，美国学者阿尔弗雷德·塞耶·马汉出版了《海权对历史的影响》一书，

---

[1] Robert. J.Hanks，American Sea Power and Global Strategy，Washington: Institute for Foreign Policy Analysis, Pergamon-Brassey's,1985），p. 1.

提出了"海洋中心"说。马汉认为，海权是决定世界强国兴衰的主要原因，也是影响历史进程的主要因素。谁能有效控制海洋，谁就能成为世界强国。这奠定了"海权论"的基础。"海权论"主张国家要建立现代化的、强大的远洋舰队以保护国家的海外贸易、海外市场、海上航行和海外利益等，同时，要把国家的政治意志和外交影响投射到世界，并借以影响陆上事态和进程。鉴于海洋在政治、经济、军事和全球环境方面具有重要战略意义，现代世界强国都从战略全局上关注海洋。[1] 随着陆地资源的日趋枯竭和海洋开发的深入，"21世纪是海洋的世纪"已成为不争的事实。国与国之间围绕海洋权益和海洋资源的争夺将越来越激烈。

中国位于亚洲东部，太平洋西岸。陆地面积约960万平方千米，东部和南部大陆海岸线1.8万多千米，内海和边海的水域面积约470多万平方千米。海域分布有大小岛屿7600多个，其中台湾岛最大，面积35798平方千米。我国部分海域和其他国家的主张重叠。[2]

从国家实力兴衰的历史进程看，中国正处于国力上升和迅速崛起的阶段。自1978年改革开放以来，中国积极参与经济全球化进程，经济发展显示出蓬勃生机和无尽活力。在这一发展过程中，中国实现了由农业国变为工业国、由自给自足的计划经济转变为开放竞争的市场经济、由封闭的孤立于世界经济之外的状态转变为参与经济全球化并日益融入世界经济的重大转变。2019年国内生产总值约99万亿元，比上年增长6.1%；人均国内生产总值达70892元,超过1万美元；全年货物进出口总额达315505亿元，年末国家外汇储备达31079亿美元。2020年更是在全球新冠肺炎大流行的情况下取得了举世瞩目的成绩，经济增长率达2.3%，GDP总量突破100万亿元，成为世界18个GDP超过1万亿美元的经济体中唯一保持正增长的国家，第二大经济体的地位更加巩固，国际影响力进一步提升。与上述变化相伴随的是中国的国家利益也前所未有地向外扩展，国家的机遇与挑战也越来越多地在海洋方面表现出来。[3] 对任何国家来说，海洋都是其全球战略中最重要的一部分，中国也不例外，海洋决定着中国能否实现全球强国地位，是中华民族永续发展、走向世界强国的必由之路。可见，在人

---

[1] 王德华：《试论中国的"和谐印度洋战略"》，《社会科学》2008年第12期。
[2] 中华人民共和国中央人民政府官网，http://www.gov.cn/，查询时间，2021年9月1日。
[3] 石家铸：《海权与中国》，上海三联书店，2008年版，第1页。

类社会进入大规模开发利用海洋的时期，海洋在国家经济发展格局和对外开放中的作用更加突出。党的十九大报告指出："坚持陆海统筹，加快建设海洋强国。"

一、中国崛起离不开海洋资源的支撑

当今人类社会正面临着"资源日趋枯竭""环境日益恶化"和"人口不断剧增"三大威胁人类生存与社会发展的难题。与此同时，海洋蕴藏着极其丰富的石油、天然气、生物、矿产、化学、可再生能源、水资源以及滨海旅游等资源。随着经济的持续发展、人口的不断增长，地球陆上资源难以为继，海洋为人类提供了广阔的生存与发展空间。① 丰富的海洋资源能为人类提供大量的物质财富，无疑是我国实现可持续发展的重要依托。我国拥有辽阔的海域及丰富的海洋资源，沿海地区经济发展活跃，人口分布密集，海洋运输繁忙，发展海洋经济已经成为推动我国国民经济不断增长的新增长点。

我国是一个陆海兼备的发展中大国。近年来，我国积极推动海洋开发、利用、保护，海洋经济发展取得了巨大成绩。2019年，我国海洋生产总值超过8.9万亿元，同比增长6.2%。海洋经济对国民经济增长的贡献率达到9.1%，拉动国民经济增长0.6个百分点。海洋经济结构不断优化，海洋经济三次产业增加值占海洋生产总值的比重分别为4.2%、35.8%和60.0%。我国与"海上丝绸之路"沿线国家海运进出口总额比上年增长4.6%。其中，海运出口贸易总额达16601亿美元。预计2021年我国海洋生产总值将突破99000亿元，海洋经济增速达到9%；2022年我国海洋生产总值将突破100000亿元②。中国经济已发展成为高度依赖海洋的外向型经济，海洋权益不断向外拓展。这说明海洋已事关我国国家安全和长远发展，中国需要积极参与国际海洋事务，发挥更大作用，扛起大国责任与担当。

未来，海洋经济发展还可以保证中国能源供应拥有新的来源，并为经济发展提供新的支柱和重要动力。首先，海洋矿物资源丰富。在中国宽阔的大陆架海底，石油、天然气等矿物资源种类齐全，储存量非常丰富。油气资源沉积盆地约70万平方千米，其拥有的石油资源约240亿吨，天然

---

① 李欠标：《发展海洋经济与海洋运输的思考》，载《综合运输》，2011年第11期，第66页。
② 参见殷克东主编：《中国海洋经济发展报告（2019~2020）》，社会科学文献出版社2020年版。

气资源估计为 14 万亿立方米，还有大量的天然气水合物资源，即最有希望在本世纪成为油气替代资源的"可燃冰"。①而南海神狐海域天然气水合物试采成功，标志着中国成为世界首个在海域天然气水合物开采中能够获得持续稳定气的国家。目前，世界上公认，举世闻名的波斯湾，是世界上海底石油储量最丰富的地区之一。而中国的南海、东海、南黄海和渤海湾，都先后发现了油田。此外，经联合国批准，中国已获得了在太平洋中部、夏威夷以南的国际海底区 7.5 万平方千米的多金属结核矿区的专属勘探权和优选商业开采权。该矿区金属结核储量达 5 亿多吨，被称为太平洋上的一块"中国地"②。其次，海洋食物资源丰富。海洋生物及其食品是人类食物的重要来源。在海水养殖领域，一系列海水养殖关键技术的突破使我国的海水养殖产量大幅提升，比实施"863"计划前增长了近 100 倍，占世界海水养殖总量的 74%，这奠定了我国世界第一海水养殖大国的地位。在此基础上，我国海洋生物医药产品研发势头正猛。国内已经有数十家海洋药物研究单位，几百家开发、生产企业，全国有海洋药物品种 30 余个，申请有关海洋药物专利 80 余项。此外，我国海洋船舶制造、海洋科技、海洋服务业、海洋旅游、海工装备、海洋电力等新兴产业也在不断发展。

党的十八大以来，以习近平同志为核心的党中央高度重视海洋事业发展，把建设海洋强国融入"两个一百年"奋斗目标。党的十八大和十九大报告都提出，坚决维护国家海洋权益，建设海洋强国。党的十九届五中全会提出，坚持陆海统筹，发展海洋经济，建设海洋强国。这要求我们要从全面建设社会主义现代化国家的战略全局层面关心海洋、认识海洋、经略海洋。

二、中国崛起依赖于海洋通道的保障

海洋是我国高质量发展的战略要地，也是中国参与经济全球化、一体化的主要途径。海上交通线是我国发展对外经济联系的重要通道。目前，海洋通道承担着中国 80%—90% 的贸易运输量，海洋通道成为关系中国经济发展繁荣、能源安全乃至国家安全的重要因素。2020 年受新冠肺炎疫情影响，全球经济受到沉重打击。中国则以更大气魄深化改革、扩大开放，

---

① 周建平、余世建主编：《中国海洋国土知识地图集》，湖南地图出版社 2010 年版，第 38 页。
② 2001 年 5 月，中国大洋协会与国际海底管理局签订了《勘探合同》，确定了我国在太平洋中部拥有专属勘探权和优先商业开采权的金属结核矿区有 7.5 万平方千米。

有效控制疫情，经济逐步恢复正常，国内生产总值突破100万亿元，成为世界唯一实现正增长的主要经济体。外贸进出口好于预期，外贸规模创历史新高，对外货物贸易总额达32.16万亿元，较2019年增长1.9%。中国前五大贸易伙伴依次为东盟、欧盟、美国、日本和韩国，分别增长7%、5.3%、8.8%、1.2%和0.7%，这充分显示了我国强大的经济修复能力和活力。2021年是"十四五"开局之年，也是开启全面建设社会主义现代化之年，中国经济还会乘风破浪稳健前行。国际货币基金组织（IMF）、世界银行、渣打银行对2021年中国经济增长率的预测分别为8.2%、7.9%和8.0%。而中国的发展得益于改革开放，2020年11月中国还推动签署了《区域全面经济伙伴关系协定》（RCEP），12月完成了中欧投资协定的谈判工作，为"十四五"的大开放奠定了新的基础。

随着中国经济的发展，无论是从经济增长、科技创新、人口与能源因素看，还是从气候变化、地缘政治因素看，海洋对中国的重要性都在不断上升。海洋的战略意义将引起更加广泛的关注，海洋通道建设与安全保障将成为中国融入世界、发展经济的重要组成部分。海洋通道不仅对中国对外贸易发展的意义与日俱增，而且在我国能源进口中也具有举足轻重的地位。2019年中国进口石油5.06亿吨，进口金额达1662亿美元，石油对外依存度高达72%。2020年中国原油进口量达5.42亿吨，较2019年增加7.3%。天然气进口量为1.02亿吨，较2019年增加5.3%。随着中国日益成为世界石油进口大国，海洋通道在中国能源运输中担当的角色越来越重要。因为中国90%以上的进口石油需要从海上船运，油路安全与否直接影响到石油的进口。所以，未来庞大的战略利益要求中国必须确保进出大洋的权利和确保海上机动的自由。

三、中国崛起必须有强大的海洋防务做后盾

海洋防务直接关系中国的国家安全，中国崛起必须有强大的海洋防务。随着中国和平崛起，公海活动日益增多。强化海洋权益管理，就是维护国家主权，维护国家的生存和发展利益。

首先，中国的海洋防务要保障中国领土主权、领海主权、海洋管辖权和在世界海洋上的合法权益以及维护国家统一。中国传统的海防是对国家海域和陆地的防御，而海洋防卫是对中国在世界海洋上国家利益的有效捍

卫。海洋防卫不仅把防卫区域由陆地和领海扩大到专属经济区、大陆架和公海，而且增加了防卫内容，例如保护海上交通线、保卫中国各种海洋开发活动、维护国家的海洋权益。[①]

其次，中国的海洋防务要建立海上战略纵深。位于中国东部和东南部的各海区是中国整体地缘环境的重要组成部分，它不仅拥有丰富的自然资源，而且是中国走向远洋、拓展海洋权益的必经之地，具有十分重要的地缘战略价值。制定正确的地缘战略，经略周边海域，维护并拓展海洋权益，是我们面临的一项重要战略任务，对中国在21世纪的安全与发展有重要意义。改革开放以来，沿海地区凭借其区位优势得到了迅速的发展，目前已成为中国的经济重心，其经济贡献在整个国民经济中所占比重很大，确保这一地区的安全与发展对中国来说至关重要。控制周边海域、扩大沿海地区的海上战略纵深是中国的必然战略选择。[②]

再次，海洋防务要保障中国能有效应对海上冲突和非传统安全威胁。目前，我国海上冲突主要的可能起因有：一是领土争端。由于中国与邻国有大量的海洋国土方面的争议，潜伏着发生冲突的危险，一旦有的国家试图使用武力侵犯中国海洋国土权益，中国就将陷入被迫还击的局面。二是"台独"等重大事变。一旦出现这种有损中国主权的严重事态，中国将不得不使用非和平的方式来维护国家统一。三是存在一些偶发事件，这也可能酿成海上冲突。[③] 四是海上非传统安全问题。近年来，时常在海上发生一些非传统安全威胁，包括海盗、恐怖主义等，这些均在中国海洋安全利益的范畴之内。

环印度洋地区作为"21世纪海上丝绸之路"的重要组成部分，是中国贸易投资的主要区域之一，这些地区具有良好的发展前景，潜力巨大。而印度洋海上通道也是我国对外经济联系的重要通道，承担着我国80%—90%的货物运输量。可以说，环印度洋地区已经成为关系到中国经济发展繁荣、能源安全、资源配置乃至国家安全的重要地区。[④] 伴随着中国经济的崛起，我们的国家利益将继续前所未有地向外扩展，国家的机遇

---

① 石家铸：《海权与中国》，上海三联书店2008年版第215页。
② 侯松岭、迟殿堂：《中国周边海域的战略地位和地缘战略价值初探》，载《当代亚太》，2003年第10期，第47页。
③ 石家铸：《海权与中国》，上海三联书店2008年版，第49页。
④ 任佳、马文霞：《环印度洋地区经济发展现状与展望》，载《东南亚南亚研究》，2017年第1期，第44页。

和挑战会越来越多地在海洋方面表现出来。中国在印度洋的利益诉求会进一步提升，经略印度洋的战略意义将进一步凸显。

四、印度洋地缘价值的重要性十分突出

印度洋是世界第三大洋。总面积约为 7617.4 万平方千米，约占世界海洋总面积的 21.1%，约占地球总面积的 14.9%。[①] 印度洋连接太平洋和大西洋，贯通欧亚非与大洋洲，东靠资源丰富的南中国海，并由马六甲海峡通向广阔的太平洋，北靠南亚次大陆并深入"世界心脏地带"中亚，西北角有波斯湾和中东，通过红海、苏伊士运河，通往地中海，西有亚丁湾、阿拉伯半岛及资源丰富的非洲大陆，直到好望角，与大西洋相通。[②] 印度洋不仅是世界的"仓库"，其周边拥有丰富的资源，更重要的是，印度洋的"石油航线"是许多国家的"战略生命线"。

从地缘政治角度而言，印度洋是当今世界上最为繁忙的海上交通要道，世界上 1/4 的商品要经此运往世界各地，许多亚洲国家所需能源的 80% 都从这里经过。从经济意义看，印度洋周边是世界资源最丰富的地区之一，拥有为全世界 70% 的锡、45% 的铬、30% 的锰矿石、20% 的铜、70% 的黄金、85% 以上的天然橡胶，波斯湾石油蕴藏量的占世界的 60%。[③] 从地缘安全角度看，印度洋周边地区是由一些较小的国家组成的，难以形成集体应对地区安全威胁的有效合力，目前也没有一股大的力量能把它统一为一个地缘政治实体，导致其极易被外部力量所左右。这使得印度洋地区成为世界上潜藏最多利益纷争的最不安定的地区之一。对中国来说，印度洋是中国许多战略物资的运输通道和贸易通道，而印度洋地区是中国的"油库"，是维护国家安全战略绕不开的重要区域，对中国未来崛起有巨大的影响。

五、目前的印度洋形势要求中国加快实施印度洋战略

对于任何一个大国来讲，谁能在印度洋上获得战略优势，不仅能确保自己的海上命脉不受控于人，同时还可以扼住对手的咽喉，有效影响西亚、中东以及南亚地区的局势。为此，越来越多的国家纷纷进入印度洋。美国

[①] 张世平：《中国海权》，人民日报出版社 2009 年版，第 225 页。
[②] Emrys Chew, "Crouching Tiger, Hidden Dragon: The Indian Ocean and the Maritime Balance of Power in Historical Perspective," RSIS Working Papers, October 25, 2007, p.1.
[③] 王历荣：《印度洋与中国海上通道安全战略》，载《南亚研究》，2009 年第 3 期，第 47 页。

在印度洋上建有大型的迪戈加西亚军事基地，在巴林的麦纳麦有美国海军第五舰队的常驻军港，还获得了沙特阿拉伯、阿曼、埃及、索马里、肯尼亚等国的一些军用机场使用权。俄罗斯在印度洋派驻有海军分遣队，在也门的亚丁有可使用的海军基地。法国在留尼汪岛和马约特岛建有海、空军基地。英国作为传统强国，过去正是通过印度洋把印度等国家变成了自己的殖民地，进而获得了巨额利益，其对印度洋的战略地位和作用了解更深。一位英国海军将领曾将多佛尔海峡、直布罗陀海峡、苏伊士运河、马六甲海峡和好望角形象地比喻为"锁住世界的五把钥匙"，印度洋就抓住了苏伊士运河、马六甲海峡和好望角三把。① 目前，英国"脱欧"后也高度重视印度洋的利益并积极介入印度洋事务。一些政客或学者还称，英国应该在"脱欧"之后大幅向印度洋—太平洋地区倾斜，投入军事、金融和外交资源，建立一支重要的民主制衡力量，以应对中国②。而印度更是由于直接与印度洋相邻，一直将印度洋看作"印度的印度洋"，有独占印度洋的野心。

中国与印度洋沿岸国家的经贸合作，特别是贸易量正逐年增加，而包括中国与欧洲、非洲、南亚、中东和海湾地区在内的进出口贸易都需要经过印度洋来运输，中国经由印度洋通道的贸易在进出口贸易总额中占到30%以上。尤其是印度洋关系到中国能源供应及海上运输的安全。印度洋区域的海上交通状况、重要的海上咽喉地位、沿岸的地区安全形势及国际关系、恐怖主义等都与中国海洋安全利益密切相关。③ 因此，中国若再不及时实施印度洋战略，恐难保障未来的国家利益。

一个真正意义上的世界大国，同时必须是海洋强国，这个国家要能够切实维护其海洋权益，具有开发全球海洋资源的优势地位，并在国际海洋机构中具有决策影响力。纵观历史上世界性大国的崛起，可以说都与经略海洋息息相关，葡萄牙、西班牙、荷兰、英国、俄罗斯、日本、美国等走向海洋，依靠海洋，并最终"控制海洋"，崛起为世界大国。中国是一个背陆面海的大国，五千年的历史已证明其兴衰荣辱与海洋密切相关，从秦汉的强盛、大唐的繁荣到明清的"海禁"和近代的海防危机以及现代的海

---

① 马振岗主编：《全球化背景下的世界与中国》，世界知识出版社2008年版，第250页。
② 《英媒：英国政客促英推印太战略制衡中国》，载《参考消息》，2020年11月24日。
③ 石家铸：《海权与中国》，上海三联书店2008年版，第170页。

洋权益争夺，无一不折射出海洋对中国历史进程的重大影响。作为一个濒海大国，中国要在21世纪实现民族复兴和国家富强的伟大战略目标，就必须抛弃传统的"重陆轻海"的观念，关注海洋、利用海洋、经略海洋。[①]

印度洋作为"21世纪之洋"，是考验中国和平崛起智慧的战略要地。中国虽然不是一个印度洋沿岸国家，却是与这一地区国家最早发生联系的地区外大国。早在汉代，我国通过"海上丝绸之路"通达印度洋沿岸国家和地区。中国的崛起意味着中国将拥有越来越多的海外利益，而中国的崛起也必将使得中国承担更多的国际责任。因此，如何经略印度洋并系统谋划中国的印度洋战略已经成为海洋世纪我们最重要的使命和抉择之一。

本书由一个总报告和五个专题报告组成，总报告从宏观层面论述了"21世纪海上丝绸之路"在环印度洋地区推进的相关问题，五个专题研究报告主要针对中国在环印度洋地区的战略机遇与现实挑战进行分析。2020年新冠疫情对全球公共卫生安全、国际关系、世界经济等诸多领域造成了深刻影响，也深刻影响了中国与环印度洋国家地区的关系。在疫情引发的世界性恐慌及其对世界经济与安全利益的严重冲击面前，中美关系急剧恶化，西方"反华"情绪持续发酵。在此背景下，中国开辟印度洋出海大通道会面临许多新问题，这需要采取新的举措与办法，以适应未来发展需要。我们希望本书的出版，能对中国"海上丝绸之路"在环印度洋地区的推进贡献一些智慧，产生一些实际的影响。值得说明的是，乔义然、何咏洁、彭朝霞也参与了本书专题报告中部分内容的写作。

陈利君　胡娟

2021年1月20日

[①] 侯松岭、迟殿堂：《中国周边海域的战略地位和地缘战略价值初探》，载《当代亚太》，2003年第10期，第47页。

目 录
contents

总报告
"21世纪海上丝绸之路"在环印度洋地区的推进研究 ……………001

专题报告一
中国实施印度洋战略的重要意义 ……………………………………067

专题报告二
中国实施印度洋战略的前景分析 ……………………………………085

专题报告三
我国与环印度洋地区国家的共同利益分析 …………………………108

专题报告四
中国实施印度洋战略的对策建议 ……………………………………117

专题报告五
后新冠疫情时代中国开拓印度洋出海大通道战略新问题研究 ……125

参考文献 ………………………………………………………………178

总报告
"21世纪海上丝绸之路"在环印度洋地区的推进研究

随着中国与世界尤其是海洋国家的政治、经济、文化交往日益紧密，环印度洋地区对于中国的战略意义和价值也日趋重要。环印度洋地区历史、文化方面的多样性以及政治经济发展水平的巨大差异性构筑了这一地区独特的外交、国家战略、安全环境。与此同时，随着环印度洋地区战略价值不断被发掘，越来越多的国家和地区也希望在环印度洋地区谋求主导权。区域内如印度、澳大利亚等大国为增加自身的区域影响力，采取多种战略手段强化对环印度洋地区的"掌控"；区域外的俄、美、日、英、法等国在这一地区的活动也日趋积极主动。这些因素都应当作为建设"21世纪海上丝绸之路"愿景的重要因素加以考虑。因此，当前亟须关注环印度洋国家的动态，加强对"21世纪海上丝绸之路"在环印度洋地区推进的难点及对策的研究，更加深入地了解环印度洋地区的战略价值，研判推行过程中的内在风险与难点，并积极探寻解决路径，以确保"21世纪海上丝绸之路"在环印度洋地区的顺利推动与实施。

一、绪论

印度洋是世界第三大洋，比邻亚洲、大洋洲、南极洲和非洲，总面积约为7617.4万平方千米，约占世界海洋总面积的21.1%。印度洋以北是印度、巴基斯坦和伊朗，西面是阿拉伯半岛和非洲；东面是澳大利亚、印度尼西亚和马来半岛。印度洋是太平洋、大西洋和地中海的战略十字路口。当前海洋格局下，它日益成为欧洲、亚洲、非洲和大洋洲的主要交通要道。印度洋沿海港口常年通航，水域深广，四季通行，是世界上最发达、最繁忙的航道之一。①印度洋沿岸地区囊括30多个国家，这一地区人口众多，自然矿产资源丰富，发展前景巨大。虽然各国的经济发展状况差异明显，国内局势和政治倾向迥异，个别地区尚处于宗教民族矛盾和战争冲突之中，但这不能泯灭环印度洋地区长期以来作为世界大国战略竞争重点地区的地位。当今的国际局势下，环印度洋地区已成为各个国家谋求国际主导权以及大国地位的重要博弈区。

长期以来，国内外学术界对环印度洋地区的研究积累了大量成果，但主要集中在印度、巴基斯坦、伊朗、南非、澳大利亚等地缘性大国，对于经济体量较小、国际关注较少的国家的研究还很薄弱。而南亚、东南亚、中东、非洲的这些所谓的"小国"不仅拥有庞大的人口优势和丰富的自然资源，近年来更是在国际舞台中不断谋求更高的国际地位和世界影响力，同我国的对外政治经济政策也有着千丝万缕的联系。然而，这些拥有独特文化、历史和传统的环印度洋地区"小国"并没有过多地引起国内外学者的重视。在一些讨论区域性、全球性问题的研究中，由于相关国家有关基本国情研究情况的缺失，学者们并没有将这些国家列为主要的研究对象，致使对环印度洋地区的研究内容缺乏普适性、连贯性和说服力，在一些政策建议的提出上同样也缺乏针对性。

"21世纪海上丝绸之路"在环印度洋地区推进的难点及对策研究，不仅需要我们掌握区域性的影响因素和驱动条件，更需要切实了解"21世纪海上丝绸之路"在各国的推行现状，了解各国的国情现状，进而分析其与中国合作的可能性和发展前景。近年来，中国学者对于印度洋周边国家的研究有了长足发展，但不可否认的是部分国家的国情研究依然十分薄弱，通过"21世纪海上丝绸之路"在环印度洋地区推进的难点及对策研究，能从一定程度上改善对环印度洋地区国家国情研究的现状。

（一）研究意义与研究综述

环印度洋地区各国，地理分布极其广泛，成员国多样化、异质性特征十分突出。各国经济发展水平不一，综合国力差距明显，澳大利亚、印度、南非、印尼等国家属于G20成员国，经济实力较强。中东能源国家和

---

① Robert D. Kaplan, Center Stage for the Twenty-first Century: Power Plays in the Indian Ocean, Foreign Affairs, Vol. 88, No. 2（March/April 2009）, pp. 16 - 32.

澳大利亚、新加坡甚至达到了高收入水平，而有的国家还是不发达国家，如缅甸、孟加拉国。此外，环印度洋地区各国的政治体制也不尽相同，各国的民族、宗教与文化也存在巨大差异。尽管环印度洋地区各国间实力差距明显，文明差异突出，但一个基于尊重主权平等、领土完整、政治独立、不干涉内政、和平共处和互利原则开展合作的组织——环印度洋联盟却应运而生。环印度洋联盟给实力不同、政治文化存在差异的环印度洋地区各国提供了一个倾诉利益与展现自我的平台。[①]这个平台也成为环印度洋地区各国间交流互动的重要舞台。因此，加强对"21世纪海上丝绸之路"视域下环印度洋地区的研究，有助于强化对环印度洋联盟的研究。将环印度洋地区各国自身对于"21世纪海上丝绸之路"的接纳程度和整个环印度洋联盟整体的态度进行对比，有助于更准确地把握环印度洋地区各国的意愿。

目前，国内学术界对环印度洋联盟或者是环印度洋地区主要国家的研究成果比较丰富，但各自为战，缺乏横向的联系和比较。因此，加强"21世纪海上丝绸之路"视域下环印度洋地区研究，有助于进一步了解不同国家的交流和互动情况，了解印度洋地区不同利益集体间的相互作用及其影响。

1. 加强对环印度洋地区国家研究的意义

（1）有利于了解"21世纪海上丝绸之路"在环印度洋地区国家的接纳程度和推广现状

"21世纪海上丝绸之路"这一概念从提出到逐步落地、实施、推广，越来越多的国家和地区从海洋经贸、基础设施投资、环境保护、资源开发等领域参与到共享蓝色机遇的发展浪潮中，并从中找到了新的发展机遇。多年来，"21世纪海上丝绸之路"的红利以各种政策的形式普惠到环印度洋地区各国，但由于环印度洋地区国家的异质性，各国对其的接纳程度和推广现状不尽相同。以印度尼西亚、马来西亚、泰国和菲律宾为代表的国家正试图加强与中国的经济一体化进程，解决国内基础设施落后的现状，增加就业机会，促进经济增长；而新加坡则对其持怀疑态度，不愿参与其中；一些国家虽然"接受"了"21世纪海上丝绸之路"的概念，却为此

---

① WeiHong、LiciYuan: Indian Ocean Rim Association: New Developments and China's Engagement, China International Studies, No.3, 2018, pp.153 – 154.

制定并实施了严格的投资标准和条例。[①]由此可见,"21世纪海上丝绸之路"在环印度洋地区的推进并一帆风顺,这是由于各国的国内形势和所处国际环境不同,以及各国对于其需求与收获利益的考量各异所致。因此,加强对"21世纪海上丝绸之路"在环印度洋地区推进的难点调查及对策研究有利于了解该地区对其的接纳程度以及推广现状。

(2)有利于为"21世纪海上丝绸之路"在环印度洋地区的合作进行有针对性的调整提供依据

"21世纪海上丝绸之路"与沿线国家对接的内容和形式主要是发展战略对接、机制对接、海外项目和企业对接、人文交流对接,并且对接合作领域是多种多样的,涵盖方方面面,包括经济、贸易、能源、金融、服务、基础设施等领域。既要分析出沿线国家对接的现状及面临的挑战,给出更优化的对接建议,又要深化与环印度洋沿线国家对接的制度化建设,优化现有的对接合作、拓展还未开始的新的对接合作,促进中国与其对接合作的产业发展与产业链建设,打造因地制宜的对接模式和对接方案。加强"21世纪海上丝绸之路"在环印度洋地区各国推进的难点及对策研究,能为对接工作提供有价值的资料,包括环印度洋地区各国国情现状、政府倾向、舆情导向、社会需求等,为"21世纪海上丝绸之路"沿线国家的合作提供针对性调整的依据。

(3)有利于推动我国"一带一路"的进程

2013年,中国国家主席习近平先后提出了共建"丝绸之路经济带"和"21世纪海上丝绸之路"的伟大倡议,被合称为"一带一路"。作为我国推进改革开放和深化周边外交的一项大手笔,近年来"一带一路"建设在各个领域取得了丰硕的合作成果,不仅推动了中国全面开放的新格局,也为沿线国家和地区带来了新的发展机遇。"21世纪海上丝绸之路"作为"一带一路"的关键一环,是全球政治贸易格局不断变化形势下,中国连接世界的新型贸易之路,它将推动改变我国与相关国家的经贸合作局面,也会改变我国的地域经济发展格局,还有利于保障我国资源能源通道的畅通安全。可见,建设"21世纪海上丝绸之路"对我国具有十分重要的通道价值和战略安全价值,强化"21世纪海上丝绸之路"在环印度洋地区推进

---

① Shira, D. et al., Kra Canal project revisited as part of China's Maritime Silk Road, ASEAN Briefing, 11 Sep. 2017;and Billington, M., A hub for the Maritime Silk Road, Executive Intelligence Review, Vol. 44, No. 4, 27 Jan. 2017.

情况的研究有利于推动我国"一带一路"的发展进程。

2. 研究文献综述与回顾

（1）在研究对象上，"21世纪海上丝绸之路"在环印度洋地区涉及国家较多、范围较广，但现有学者的研究对象主要集中在东盟国家以及与中国相邻的新兴经济体国家，对于其他地区国家的涉及较少，且往往以一个国家或几个相邻国家为研究对象，暂时没有查阅到环印度洋地区视域下的研究成果。蔡春林（2014）指出，与中国相邻的新兴经济体国家在"一带一路"建设中具有优越的地理条件和市场前景，是其进行新一轮经济合作、提升自身经济发展水平和国际影响力的战略机遇期。[①]Darshana M. Baruah（2018）指出，中国积极地寻求与印度及周边国家，如巴基斯坦、斯里兰卡、孟加拉国、尼泊尔、缅甸等国的"一带一路"倡议合作，并试图通过孟中印缅经济走廊建设，沿着被称为"南方丝绸之路"的路线，在印度东部次大陆和中国西南部之间建立起历史性的联系。[②]李明江、李倩如（2019）指出，以马来西亚为代表的地区国家，与中国合作愿望较强烈，虽然在海洋合作等一些领域有所保留，但总的来看合作前景依旧十分广阔。[③]钱耀军、李娴（2020）指出，东盟贸易研究是我国理论界重要的研究内容，尤其是中国-东盟自由贸易区正式全面启动以来，双方的贸易加速增长，贸易结构不断优化，相互的直接投资逐步扩大，合作领域日益拓宽，政策部署推陈出新。[④]

（2）在研究领域上，"21世纪海上丝绸之路"在环印度洋地区的研究集中在经济领域、外交领域和地缘政治方面，深入研究"21世纪海上丝绸之路"在沿线各国间社会交流和文化互动的相对较少。李世杰、王成林（2015）指出，"21世纪海上丝绸之路"是新时期中国拓展周边国家经贸关系，推动中国-东盟自贸区升级，有效应对南海问题和提升对外开放水平的重要议题；在战略内容上，它以经贸为主，文化交往为辅，全方位

[①] 蔡春林：《新兴经济体参与新丝绸之路建设的策略研究》，载《国际贸易》，2014年第5期，第25—29页。

[②] Carnegie Endowment for International Peace Publications Department: India's Answer to the Belt and Road: A Road Map for South Asia, pp.13.

[③] 李明江、李倩如：《"一带一路"倡议在东南亚的进程与展望》，载《边界与海洋研究》，2019年第2期，第74—75页。

[④] 钱耀军、李娴：《"一带一路"倡议下海南与东盟十国贸易合作及发展潜力研究》，载《南海学刊》，2020年第2期，第92页。

协调推进，努力营造"五通"的区域合作格局。①Zambelis, C.（2016）指出，阿曼对"21世纪海上丝绸之路"的成功具有巨大的战略价值和意义。阿曼位于阿拉伯半岛东南部，毗邻霍尔木兹海峡，霍尔木兹海峡是波斯湾和阿曼湾以及阿拉伯海和印度洋之间的重要海上大动脉，地理位置十分重要，扩大在阿曼的存在将增加中国在印度洋和阿拉伯海的存在。②S. Patranobis（2017）表示，中国方面在推销"一带一路"在印度洋地区经济发展的前景，但其主要关注点不仅是在经济领域，更重要的是在地缘政治领域。通过"一带一路"让整个欧亚大陆更加积极地参与进来，旨在使中国能够更好地利用其日益增长的经济影响力，实现其最终的政治目标。③汪书丞（2019）指出，中澳之间的市场开放水平、经济治理方式、社会制度、经济投资结构等存在差异，是造成其对"一带一路"倡议态度几经转变的主要原因。④

（3）对于"21世纪海上丝绸之路"的挑战与建设路径是当前学者的研究重点，但大多只是进行了战略性分析，也提出了一些可供参考的政策选择。全毅、汪洁、刘婉婷（2014）指出，"21世纪海上丝绸之路"建设重点在于传递和平信息，实现互惠互利、共同发展，这对于促进国家间的政治互信具有重大作用。⑤廖萌（2015）指出，斯里兰卡作为连接亚非欧航路的枢纽在丝路建设中意义非凡，具有推动中斯自由贸易区建设，发展本国经济，增强对印度的外交筹码等作用，并进一步提出应加强中斯在经贸、金融等方面合作的建议。⑥杨泽伟（2016）表示，"21世纪海上丝绸之路"是国际法上一种国际合作的新型态，它将对南海争端的解决产生积极影响，如有益于推动中国与东盟国家《南海各方行为准则》的签署、有利于实现中国与东盟国家间在南海油气资源共同开发方面的新突破、有助

---

① 李世杰、王成林：《"21世纪海上丝绸之路"建设：经贸纽带与战略支撑》，载《海南大学学报》（人文社会科学版），2015年第33期，第17—23页。

② Zambelis, C. China and the Quiet Kingdom: An assessment of China-Oman relations. China Brief, Vol22, pp.11 - 15.

③ S. Patranobis, Day After Blocking UN Move Against Masood Azhar, China Says Will Promote Ties with "Important Neighbor" India, Hindustan Times, November 3, 2017.

④ 汪书丞：《澳大利亚疑虑"一带一路"倡议的原因探析》，湘潭大学2019年硕士研究生毕业论文，第13—37页。

⑤ 全毅、汪洁、刘婉婷：《21世纪海上丝绸之路的战略构想与建设方略》，载《国际贸易》，2014年第8期，第4—15页。

⑥ 廖萌：《斯里兰卡参与共建"海上丝绸之路"的战略考虑及前景》，载《亚太经济》，2015年第3期，第62—67页。

于推进中国与东盟国家间在海洋非传统安全领域的全面合作。①冯雷鸣、李丛珊、李青原（2018）指出，作为中国对外投资的重点项目，基础设施建设投资在"一带一路"沿线国家需求巨大，但也面临着极大的风险，并通过政治风险、社会风险、经济风险、金融风险和行业风险这五个风险指标，对沿线国家进行风险等级划分。②

（二）研究思路和方法

1. 研究思路

在梳理国内外已有的相关文献基础上，本研究将深刻剖析环印度洋地区在"21世纪海上丝绸之路"建设中所占据的举足轻重的地位，充分认识该倡议在推进过程中遇到的重、难点问题，并逐一寻求解决办法。该研究共分为五个部分：

第一部分为绪论，首先从理论意义和现实意义阐述本研究的价值，指明"21世纪海上丝绸之路"作为"一带一路"倡议的重要组成部分，是中国为努力构建"人类命运共同体"所做的积极尝试，而环印度洋地区国家的积极参与是倡议能否顺利推进的重要一环。然后，对国内外学者的相关研究进行了细致梳理，最后对研究思路、方法和理论进行阐述。

第二部分对环印度洋地区各个国家的国情概况进行汇总，了解中国与各国之间的交往现状与前景，并进一步深入分析自"21世纪海上丝绸之路"提出和推进以来，中国与环印度洋地区国家之间达成的合作共识或合作项目，以及各国政府、学界和媒体对双边、多边交往的态度与认知。

第三部分从政治、安全、外交、经济、社会等领域具体阐述环印度洋地区在"21世纪海上丝绸之路"建设中的重要性和意义。

第四部分和第五部分是本书研究的重点章节，两个章节前后呼应，具体分析了"21世纪海上丝绸之路"在环印度洋地区推进的风险与难点（集中在政治、安全、外交、经济、社会等方面），并逐一提出学者观点以及相关对策建议。

---

① 杨泽伟：《论21世纪海上丝绸之路建设对南海争端解决的影响》，载《边界与海洋研究》，2016年第1期，第105—113页。

② 冯雷鸣、李丛珊、李青原：《中国对外基础设施建设投资风险评价研究——以"一带一路"沿线10国为例》，载《国际经济合作》，2018年第3期，第56—59页。

2. 研究方法

为保障研究的科学性与规范性，实现理论性与创新性的结合，本书作者在研究中充分运用了文献研究法、归纳演绎法、实地调查法与风险评估法，并以统计数据和事实为依据，进行对比研究、综合研究、定量与定性相结合研究，为"21世纪海上丝绸之路"在环印度洋地区的推进建言献策。

（1）文献研究法

文献研究作为社科研究最基础的研究方法之一，旨在通过收集现存文献资料，并对其进行分类、对比、归纳，在前人研究成果的基础上发现新的问题，开展新的研究。本书借助现有的中英文图书、数据资料库厘清"21世纪海上丝绸之路""环印度洋地区国家"等基础性概念。同时，扩展到环印度洋地区各国政府网站、学术智库、媒体网站、论坛评论等领域，广泛收集相应的对华海上丝绸之路认知概况、合作项目、推进政策，进而分析研判"21世纪海上丝绸之路"在环印度洋地区推进的状况，并据此提出相应的对策建议，以供相关方面参考。

（2）归纳演绎法

在大量搜集文献的基础上进行总结归纳，并进行适当的演绎推理，以发现新的内容与观点。之后，我们再次整理相关研究文献，取其精华，并增加作者自己的观点与看法。本书在写作过程中还注重借鉴前人的研究成果，以全面呈现相关的观点，让读者自行判断。

（3）实地调查法

实地调查法是研究者实地到所涉及的空间范围，在较长时间段内通过观察、访谈、问卷等方法获取第一手资料的研究方法。我们借助该研究方法的目的在于进一步论证所获取文献资料的真实性。印度洋毗邻亚洲，随着现代交通工具的快速发展，我国到东南亚、南亚等国家的时间已大大缩短，而英语的普遍适用性也在很大程度上解决了国民之间的交往障碍。因此，通过实地调查，可以更为客观真实地展现各国政府、学者、媒体对中国"21世纪海上丝绸之路"倡议的认知与态度，了解项目推进效果，进而对症下药解决问题。还可以利用现代化通信方式，通过视频交流、电话访谈、邮件互通的方式来获取最新资讯。

（4）风险评估法

风险评估法是指风险事件发生前后，该事件还未完全结束时，对事件可能造成的不利影响进行量化评估的方法，旨在最大限度降低负面影响，促使事态朝良好方向发展。就本研究而言，主要是利用风险评估法直观反映环印度洋地区国家对与中国交往可能产生的双边或多边影响，并在此基础上提出化解风险的对策建议。

（三）研究理论

本研究以中国倡导推行的"21世纪海上丝绸之路"为重点，探讨中国与环印度洋地区国家如何进行合作的问题，研究的范围主要包括南亚、东南亚、中东、非洲、大洋洲等区域。由于这一区域的国家形成了错综复杂的双边与多边国际关系以及研究的内容众多，我们主要以国际关系学理论为主，充分运用相互依存理论、安全困境理论、地缘经济学理论、国际机制理论四大理论来进行研究。

1. 相互依存理论（Interdependency）

第二次世界大战后，随着经济和科技的迅速发展，国际政治、经济格局开始从"两极世界"走向多元化，而且经济全球化、一体化开始加快推进，各国相互联系更加广泛，人类社会不仅关注自身的发展与安全问题，而且也关注世界生存、安全、环境污染、能源危机等全球性问题，相互依存理论应运而生。对该理论研究做出卓越贡献的学者主要有查德·库帕（《相互依存的经济：大西洋经济政策》）、罗伯特·基欧汉、约瑟夫·奈（《权力与相互依赖》）、威廉·考普林（《国际政治入门》）等。该理论注重跨国关系的发展，提升了人们对和平问题的关注度，对于深刻认识西方体系的矛盾有重要作用。相互依存理论的出现适时反映了国际体系新格局，但它依然坚持传统的依附关系与秩序，对新兴国家崛起考虑不够，需要进一步深化和完善，这也是我国学者今后需要努力的一个重要方向。

我国倡导的"21世纪海上丝绸之路"，正是建立在相互依存理论基础之上，通过加强国与国之间的联系，共同解决国际问题，促进共同发展，从而构建人类命运共同体，让世界政治经济秩序朝着更加和谐稳定的方向发展。

2. 安全困境理论（Security Dilemma）

安全困境理论，又称"安全两难"理论，是指一个国家在保护自身安全的时候，必然会采取增加军人、军费、军备等措施，而这些措施会使他国感到遭受威胁，从而采取相应的措施——增加军事力量，如此循环，就使得各方的不安全感都同时上升，导致国际社会的不安全指数也随之上升。正如罗伯特·杰维斯所说，这种现象的出现源于国与国之间的怀疑与不信任。[①]与此同时，国家防卫经费的增加对任何国家都是没有好处的。

中国提出的与世界各国共建"21世纪海上丝绸之路"，正是为了打破传统"安全困境"而提出的重要举措。中国政府倡导国与国之间通过对话协商的方式解决争端和分歧，并通过和平方式加强各国之间的政治、经济、文化、社会交流，增强国际社会的信任感，以减少猜疑，促进共同发展。

3. 地缘经济学理论（Geo-Economics）

地缘经济学又称为"经济/生态政治学"，其代表人物是美国约翰·霍普金斯大学教授卢特瓦克。该理论的显著特点是将地理因素作为考察和研究问题的基本要素，区域经济集团表现更加明显，而跨国公司则是其中最活跃的因素。该理论的核心观点是，影响国际安全的因素除政治和军事外，更有经济和生态环境，而对于相互竞争的经济集团，从某种意义上来说，谁掌握了国际经济和生态优势，谁就对国际事务拥有更大的发言权。

4. 国际机制理论（International Regime）

学者斯蒂芬·克莱斯勒对该理论所下的定义是：在某一特定的问题范围内，主要组织接受规范、原理、规则、手续等一系列行动指导方针。该理论特别强调国家行为符合总体上的国际利益、长远利益，通过主要国家的合作维持运行，帮助各国找到意愿契合点。[②]而中国倡导的"21世纪海上丝绸之路"在环印度洋地区形成的一系列战略合作伙伴关系行动计划、谅解备忘录、贸易协定、行动宣言则是对该理论的运用。

---

① 耿进昂：《国际政治中安全困境的理论分析》，载《华北水利水电大学学报》（社会科学版），2017年第4期，第44—47页。

② 杨浙闽：《二十世纪国际关系学理论综述》，载《鲁行经院学报》，2002年第5期，第109页。

二、"21世纪海上丝绸之路"在环印度洋地区的推进概况

传承和弘扬丝绸之路精神，加快"21世纪海上丝绸之路"建设，其目的是促进各国务实合作，文明交流互鉴，经济共同发展。共建"21世纪海上丝绸之路"倡议自提出后就得到国际社会的高度关注。中国也充分利用地缘、人缘、开放、产业等优势，强化与环印度洋地区国家的合作，共同打造利益共同体和命运共同体。

（一）环印度洋地区国家基本国情概况

印度洋是世界的第三大洋，位于亚洲、大洋洲、非洲和南极洲之间。印度洋西南以通过南非厄加勒斯特的经线同大西洋分界，东南以通过塔斯马尼亚岛东南角至南极大陆的经线与太平洋连接。其北部为陆地封闭，南面则以南纬60°为界，与南冰洋相连。由此，环印度洋地区包括南亚、东南亚、中东、非洲以及大洋洲五大板块。其中，南亚板块包括巴基斯坦、印度、孟加拉国、斯里兰卡、马尔代夫；东南亚板块主要包括缅甸、泰国、马来西亚、新加坡、印度尼西亚；中东板块主要包括伊朗、沙特、科威特、伊拉克、阿曼和也门；非洲板块主要包括南非、莫桑比克、坦桑尼亚、肯尼亚、索马里、苏丹、埃及以及毛里求斯；大洋洲板块主要的国家则是澳大利亚。整个环印度洋地区地跨亚洲、非洲、大洋洲，总体来看环印度洋地区各个国家经济发展极不平衡，大多数国家处于中低收入水平，但是环印度洋地区拥有极其丰富的自然资源和人力资源优势，具有重要的地理、地缘战略地位，对于我国推动"21世纪海上丝绸之路"建设具有极其重要的意义。

1. 环印度洋地区中位于南亚板块的国家

（1）巴基斯坦

巴基斯坦伊斯兰共和国简称巴基斯坦。巴基斯坦位于南亚次大陆西北部，南濒阿拉伯海，东接印度，东北邻中国，西北与阿富汗交界，西邻伊朗。国土面积约79.6万平方千米，海岸线长约840千米，总人口约2亿。其国内95%以上的居民信奉伊斯兰教，是一个多民族伊斯兰国家。巴基斯坦原是英属印度的一部分，1947年8月14日英国实行印巴分治，巴基斯坦成为英联邦的一个自治省，1956年3月23日，巴基斯坦伊斯兰共和国成立。巴基斯坦拥有多元化的经济体系，2019年是世界第四十二大经济体。作为

一个相对快速增长的发展中国家，巴基斯坦是世界贸易组织、伊斯兰会议组织、77国集团、不结盟运动和英联邦成员国。巴基斯坦是首个和中华人民共和国建立外交关系的伊斯兰国家。作为中国的坚定朋友，近年来与中国建立了"全天候战略合作伙伴关系"。2015年，习近平主席对巴基斯坦进行访问，规划了中巴经济走廊"1+4"合作布局。2021年5月21日，国家主席习近平同巴基斯坦总统阿尔维就中巴建交70周年互致贺电，李克强总理与巴基斯坦总理伊姆兰·汗也互致贺电，希望两国"铁杆"情谊得到进一步升华。

（2）印度

印度共和国通称印度，是南亚次大陆面积最大的国家，东北部同中国、尼泊尔、不丹接壤，孟加拉国夹在其东北部国土之间，东部与缅甸为邻，东南部与斯里兰卡隔海相望，西北部与巴基斯坦交界。该国东临孟加拉湾，西濒阿拉伯海。1947年8月15日，印巴分治，印度独立。1950年1月26日，印度共和国成立，为英联邦成员国。印度是世界第二人口大国，总人口达13.5亿，国土面积约为298万平方千米，居世界第七位。2019年经济总量达2.94万亿美元，成为世界第五大经济体。作为金砖国家之一，也是世界上发展最快的国家之一，印度已成为全球软件、金融等服务业重要出口国。但同时也是个社会财富分配极度不平衡的发展中国家，种姓制度问题较为尖锐。

（3）孟加拉国

孟加拉人民共和国，简称孟加拉国，属于南亚国家，位于孟加拉湾之北，东南与缅甸为邻，其他部分都与印度接壤，并在北方边境尚有大量飞地，全国总面积约为147570平方千米，总人口1.66亿。孟加拉国原为英属印度的一个省，1947年印巴分治后，归属巴基斯坦，被称为东巴基斯坦。1971年，脱离巴基斯坦而独立。近年来，孟加拉国经济保持较高增长率，2018—2019财年达8.15%，这推动了其经济实力明显提高。2019年孟加拉国GDP超过3000亿美元，但仍然是世界上最不发达的国家之一，经济基础薄弱，农业占较高比例。

（4）斯里兰卡

斯里兰卡，全称斯里兰卡民主社会主义共和国，旧称锡兰，是个热带岛国，在南亚次大陆南端，西北隔保克海峡与印度半岛相望。其国土南北长约432千米，东西宽约224千米，国土面积约为65610平方千米，2019年总人口为2180万。斯里兰卡的经济以农业为主，重要的出口产品是锡兰红茶，被称为世界四大产茶国之一，与此同时，斯里兰卡也是一个宝石富集的岛屿，是世界前五名的宝石生产大国，被誉为"宝石岛"。斯里兰卡隶属英联邦，历来注重国际参与，是南亚区域合作联盟的创始成员，同时是联合国的一员，积极参与77国集团、不结盟运动。

（5）马尔代夫

马尔代夫共和国位于南亚，是印度洋上的一个岛国。东北与斯里兰卡相距675千米，北部与印度的米尼科伊岛相距约113千米，面积9万平方千米（含领海面积），2019年总人口约44万，是亚洲人口最少、面积最小的国家之一。旅游业、船运业和渔业是马尔代夫经济的三大支柱。2019年马尔代夫人均GDP达10790.50美元，是南亚地区最高的国家。

2. 环印度洋地区中位于东南亚板块的国家

（1）缅甸

缅甸联邦共和国简称为缅甸，是东南亚国家联盟成员国之一。缅甸西南临安达曼海，西北与印度和孟加拉国为邻，东北靠中国，东南接泰国与老挝。缅甸国土面积约67.85万平方千米，海岸线长3200千米，2019年总人口约5500万。缅甸是一个以农业为主的国家，从事农业的人口超过60%。缅甸虽然自然条件优越，资源丰富，但多年来工农业发展缓慢。据相关统计资料显示，2019年缅甸人均国内生产总值为1407美元，仍然是世界最不发达国家。近年来，尽管缅甸人均GDP不断增加，但与"二战"前缅甸在东南亚的地位相比，处于"倒退"的局面，说明缅甸独立以来经济发展相对其他东南亚国家偏慢。"民盟"执政后，缅甸政府积极采取措施发展经济，经济增长率有所提升，2018年和2019年缅甸经济增长率分别为6.5%和6.8%。但2021年2月军方控制政权后，内外关系恶化，经济发展受到影响。

（2）泰国

泰王国通称泰国，是一个君主立宪制国家。泰国位于中南半岛中部，其西部与北部和缅甸、安达曼海接壤，东北边是老挝，东南是柬埔寨，南边狭长的半岛与马来西亚相连，国土面积约513120平方千米，2019年总人口为6904万。泰国长期实行自由经济政策，在20世纪90年代经济发展较快，跻身为"亚洲四小虎"之一，是世界的新兴工业国家和世界新兴市场经济体之一。制造业、农业和旅游业是其经济的主要部门。泰国是亚洲重要的粮食净出口国，世界五大农产品出口国之一；电子工业等制造业发展迅速，产业结构变化明显，汽车业是支柱产业之一，是东南亚汽车制造中心和东盟最大的汽车市场，是世界最闻名的旅游胜地之一。泰国是东南亚国家联盟成员国和创始国之一，同时也是亚太经济合作组织、亚欧会议和世界贸易组织成员。但泰国近年来经济增长速度放缓，2019年GDP总量为5292亿美元，人均GDP约为8000美元。

（3）马来西亚

马来西亚，全称马来西亚联邦，被南中国海分为两个部分。位于马来半岛的西马来西亚，北接泰国，南部隔着柔佛海峡，以新柔长堤和第二通道连接新加坡；东马来西亚，位于加里曼丹岛的北部，南部接印度尼西亚的加里曼丹，文莱国则夹于沙巴州和砂拉越州之间。其国土面积为330257平方千米，2019年总人口约3260万，其中华人占了23%。GDP为15107.65亿林吉特（约合3647亿美元），比上年增长4.3%，人均GDP约为1.1万美元。作为"亚洲四小虎"之一的马来西亚已成为亚洲地区引人注目的多元化新兴工业国家和世界新兴市场经济体。旅游业是马来西亚的第三大外汇收入来源，知识经济服务业也在同步扩张。与此同时，马来西亚也是东南亚国家联盟的创始国之一，同时是环印度洋区域合作联盟、亚洲太平洋经济合作组织、英联邦、不结盟运动和伊斯兰会议组织的成员国。

（4）新加坡

新加坡，全称为新加坡共和国，旧称新嘉坡、星洲或星岛，别称为狮城，是东南亚的一个岛国，政治体制实行议会制共和制。新加坡北隔柔佛海峡与马来西亚为邻，南隔新加坡海峡与印度尼西亚相望，毗邻马六甲海峡南口，国土除新加坡岛之外，还包括周围数岛。新加坡的土地面积约为718.3平方千米，海岸线总长200余千米，2019年总人口约570万。新加坡是亚洲的发达国家，被誉为"亚洲四小龙"之一，其经济模式被称为"国家资本主义"。2019年GDP为3721亿美元，比上年增长0.7%。根据2018年的全球金融中心指数（GFCI）排名报告，新加坡是继纽约、伦敦、香港之后的第四大国际金融中心，也是亚洲重要的服务和航运中心之一。新加坡经济竞争力、投资环境较好，在"2019年全球城市经济竞争力榜单"中位列世界第三位。在"2019年全球可持续竞争力榜单"中名列世界第一位。新加坡还是东南亚国家联盟、世界贸易组织、英联邦以及亚洲太平洋经济合作组织成员国，与美国等国家关系较好。新加坡是一个发达的资本主义国家，2019年人均GDP约为6.5万美元。

（5）印度尼西亚

印度尼西亚共和国，简称印度尼西亚或印尼，是东南亚国家。由约17508个岛屿组成，是全世界最大的群岛国家，疆域横跨亚洲及大洋洲，别称"千岛之国"，也是多火山、多地震的国家，与巴布亚新几内亚、东帝汶和马来西亚等国家相接。印尼国土面积约为1919440平方千米，2019年GDP为1583.39万亿印尼盾（约合1.12万亿美元），是东盟唯一一个经济总量超过1万亿美元的国家。其人均GDP为近4200美元。人口超过2.88亿，仅次于中国、印度、美国，居世界第四位。印尼是东南亚国家联盟创立国之一，也是东南亚最大经济体及20国集团成员国。

3. 环印度洋地区中位于中东板块的国家

（1）伊朗

伊朗伊斯兰共和国，位于亚洲西部，属中东国家。伊朗中北部紧靠里海、南靠波斯湾和阿拉伯海。伊朗东邻巴基斯坦和阿富汗斯坦，东北部与土库曼斯坦接壤，西北与阿塞拜疆和亚美尼亚为邻，西接土耳其和伊拉克。国土面积约1648195平方千米，2019年GDP为4585亿美元，人口约8165万，人均GDP约为5100美元。伊朗是亚洲主要经济体之一，经济实力较强。其经济以石油开采业为主，为世界石油天然气大国，地处世界石油天然气最丰富的中东地区，石油出口是经济命脉，石油生产能力和石油出口量分别位于世界第四位和第二位，是石油输出国组织成员。伊朗的石油化工、钢铁、汽车制造业发达，还有电子工业、核工业、计算机软硬件业。其是中东地区油气资源丰富、战略地位重要、实力强大的国家，但近年来在美国的经济制裁下，经济发展停滞，遇到了很大困难。伊朗是联合国的创始成员之一，也是不结盟运动和石油输出国组织成员。

(2) 沙特

沙特阿拉伯王国简称沙特，位于亚洲西南部的阿拉伯半岛，东濒波斯湾，西临红海，同约旦、伊拉克、科威特、阿拉伯联合酋长国、阿曼、也门等国接壤。国土面积约为225万平方千米，2019年总人口为3327万。据2020年3月1日沙特统计总局发布的数据，2019年GDP总量为2.639万亿里亚尔（约合7038亿美元）。其中，石油经济约合2923亿美元，非石油经济约合4072亿美元。沙特是名副其实的"石油王国"，石油储量和产量均居世界首位，经济发展也以工业为重点，石油和石化工业是国民经济的命脉，是主要的经济来源，这使其成为世界上最富裕的国家之一。2019年其人均GDP约为2.31万美元。沙特实行自由经济政策，除石油业外，沙特的旅游业也比较发达。

(3) 科威特

科威特全名科威特国，是一个位于西南亚阿拉伯半岛东北部、波斯湾西北部的君主制国家。在南部与沙特阿拉伯、北部与伊拉克分别接壤。国土面积约17820平方千米，2019年总人口为478万，国内生产总值为394.2亿科第（约合1300亿美元）。其中，非石油部门产值达185.4亿科第，石油部门产值为208亿科第。科威特拥有丰富的石油和天然气资源，已探明石油储量达940亿桶，约占世界石油总储量的10%。石油、天然气工业为国民经济的支柱，其产值约占国内生产总值的45%。但科威特的气候不利于农业生产，几乎全部农产品依赖进口。

(4) 伊拉克

伊拉克位于亚洲西南部，阿拉伯半岛东北部，与它接壤的国家众多，在南方是沙特阿拉伯、科威特、北方是土耳其、西北是叙利亚、伊朗和约旦各位于其东、西两侧。伊拉克国土面积约43.7万平方千米，总人口约3600万，2019年GDP约为2340亿美元，人均GDP为5955美元。伊拉克的油气产业在国民经济中始终处于主导地位，为伊拉克支柱产业，但由于受伊拉克战争的影响，地区和国内局势持续动荡，其经济发展亟待恢复。

(5) 阿曼

阿曼苏丹国，简称阿曼，位于亚洲西部的阿拉伯半岛东南部，它扼守着世界上最重要的石油输出通道——波斯湾的霍尔木兹海峡，是阿拉伯半岛最古老的国家之一。国土面积为309501平方千米，2019年总人口为497万，GDP为763亿美元，人均GDP约1.53万美元。阿曼油气资源丰富，已探明石油储量55亿桶，天然气8495亿立方米，但经济不发达，属于传统的农业社会，工业以石油开采为主，居民约40%从事农渔牧业，经济基础十分薄弱。油气收入占国家财政收入的75%，占国内生产总值的41%。目前正积极实行自由和开放的政策，努力吸引外资，逐步改变国民经济对石油的依赖。2000年11月，阿曼正式加入世界贸易组织。

（6）也门

也门共和国位于阿拉伯半岛西南端，与沙特、阿曼相邻，濒红海、亚丁湾和阿拉伯海。国土面积约为527970平方千米，2019年人口2758万，绝大部分是阿拉伯人，GDP为226亿美元，人均GDP约为905美元。根据2021年2月中华人民共和国外交部网站公布的数据，也门人口上升为2980万。也门经济落后，政局不稳，社会动荡，发展主要依赖石油，粮食不能自给，是世界上经济最不发达的国家之一。自2015年开始的内战至今还没有平息，双方经常发生激烈交火，导致双方人员大量伤亡，经济社会发展基本处于停滞状态。

4. 环印度洋地区中位于非洲板块的国家

（1）南非

南非位于非洲大陆的最南端，陆地面积约为1219090平方千米，总人口约5880万。其东、南、西三面被印度洋和大西洋环抱，陆地上与纳米比亚、博茨瓦纳等国家接壤。东面隔印度洋和澳大利亚相望，西面隔大西洋和巴西、阿根廷相望。南非是非洲第二大经济体，其财经、法律、通信、能源、交通业发达，拥有完备的硬件基础设施和股票交易市场，黄金、钻石生产量均占世界首位。深井采矿等技术居于世界领先地位。南非过去是非洲经济实力最强国家，国民拥有较高的生活水平，经济发展相对稳定，在国际事务中南非已被确定为一个中等强国，并保持显著的地区影响力，是金砖国家之一。但近年来经济增长缓慢，2019年经济增长率仅为0.2%，有陷入"技术性衰退"的危险。2019年GDP为50776.25亿兰特（约合3513.6亿美元），人均GDP已跌破6000美元。2020年以来，南非是非洲遭受新冠肺炎疫情影响较大的国家，但随着疫情的控制，经济开始恢复，预计2021年经济增长约为4.9%。

（2）埃及

埃及，全称为阿拉伯埃及共和国。埃及位于北非东部，领土还包括苏伊士运河以东、亚洲西南端的西奈半岛。埃及既是亚、非之间的陆地交通要冲，也是大西洋与印度洋之间海上航线的捷径，战略位置十分重要。埃及国土面积约为1001449平方千米，人口约1亿，是中东人口最多的国家，也是非洲人口第二大国，在经济、科技领域方面长期处于非洲领先地位。2019年埃及GDP达3031亿美元，是非洲第三大经济体，人均GDP为3019美元。近年来，埃及经济发展较好，经济增长率可达5%。旅游、苏伊士运河收入和油气收入是埃及经济的支柱。埃及政府发布了"2030年愿景"，推出多个大型建设项目，包括新建行政首都、升级苏伊士自由贸易区等。但埃及贫富差距明显，国内政治局势并不稳定。

（3）苏丹

苏丹共和国，位于非洲东北部，红海沿岸，撒哈拉沙漠东端。苏丹国土面积约为1886068平方千米，2019年总人口为4280万，为非洲面积第三大国、世界面积第十五大国。2019年苏丹GDP为189亿美元，人均GDP为441美元。苏丹经济结构单一，以农牧业为主，工业落后，基础薄弱，对自然及外援依赖性强，是联合国宣布的世界最不发达国家之一。特别是2011年南苏丹独立，对苏丹经济冲击较大，经济增长率下降，物价上涨，外汇储备不足，民生改善艰难。

（4）肯尼亚

肯尼亚位于非洲东部，赤道横贯中部，东非大裂谷纵贯南北。东邻索马里，南接坦桑尼亚，西连乌干达，北与埃塞俄比亚、南苏丹交界，东南濒临印度洋，海岸线长536千米。国土面积约为582646平方千米，2019年总人口约为5000万，GDP为937亿美元，人均GDP为1816美元。肯尼亚是撒哈拉以南非洲经济基础较好的国家之一，近年来肯尼亚政府在能源、基础设施和建筑业、农业、制造业、采矿业、旅游业等领域加大外资引进和政策投入，出台了一系列经济复兴政策。

（5）坦桑尼亚

坦桑尼亚全称坦桑尼亚联合共和国，位于非洲东部、赤道以南。英联邦成员国之一。北与肯尼亚和乌干达交界，南与赞比亚、马拉维、莫桑比克接壤，西与卢旺达、布隆迪和刚果为邻，东临印度洋。国土面积约为945087平方千米，2019年总人口为5800万人，GDP为631.77亿美元，比上年增长5.79%。人均GDP为1122美元。坦桑尼亚是联合国宣布的世界最不发达国家之一。经济以农业为主，工业不发达，生产技术不高，日常消费品需要进口。

（6）莫桑比克

莫桑比克国土面积约为79.94万平方公里，2019年总人口为3036万。位于非洲东南部，南邻南非、斯威士兰，西邻津巴布韦、赞比亚、马拉维，北接坦桑尼亚，东濒印度洋，隔莫桑比克海峡与马达加斯加相望。莫桑比克为农业国，是联合国宣布的世界最不发达国家和重债穷国。2019年GDP为159亿美元，人均GDP为503美元。近年来莫桑比克政府大力调整经济结构，改善投资环境，引进外资，加大对农业和农村的投入，加快基础设施建设，保持了经济平稳增长。2020年6月29日国际货币基金组织发布的《撒哈拉以南非洲地区经济展望》报告认为，莫桑比克可能成为唯一保持经济增长的非洲葡语国家，预计2020年经济增长1.4%，2021年增长4.2%。

（7）索马里

索马里联邦共和国位于非洲大陆最东部的索马里半岛，拥有非洲最长的海岸线，总面积约为637660平方千米，2019年总人口为1540万。索马里是世界上最不发达的国家之一。2019年GDP为74.84亿美元，人均GDP为498美元。经济以畜牧业为主，工业基础薄弱。由于连年内乱，工农业生产和基础设施遭到严重破坏，经济已面临崩溃威胁。

5. 环印度洋地区中位于大洋洲板块的国家

澳大利亚，全称为澳大利亚联邦，是一个发达的资本主义国家。澳大利亚四面环海，是世界上唯一一个国土覆盖整个大陆的国家，拥有很多自己特有的动植物和自然景观。澳大利亚国土面积约为761.793万平方公里，2019年总人口约为2540万，GDP为13763亿美元，人均GDP为5.51万美元，是南半球经济最发达的国家，全球第十四大经济体。其自然资源丰富，农牧业发达，是全球第四大农产品出口国，也是多种矿产出口量全球第一的国家。近年来，制造业和高科技产业发展迅速，服务业已成为国民经济的主导产业。

(二)中国与环印度洋地区国家的合作现状与前景

1. 中国与环印度洋地区南亚国家的合作

环印度洋地区中的南亚国家位于"丝绸之路经济带"和"21世纪海上丝绸之路"的重要海陆交会处,目前除印度仍对"一带一路"倡议保持谨慎态度外,其他国家如巴基斯坦、孟加拉国等均逐步扩大与中国的各领域合作,中巴经济走廊、孟中印缅经济走廊、中国—尼泊尔跨喜马拉雅通道建设,以及中国与孟加拉国、斯里兰卡和马尔代夫的海上互联互通等许多项目的建成,标志着"一带一路"在环印度洋地区南亚国家进入新的高潮。①

(1)中国与南亚各国资源互需,经济互补。南亚地区拥有十分可观的人口基数,人口红利多,近年来经济增长迅速,工业化、城镇化进程逐步推进。随着其经济的发展,需要我国质优价廉的技术支撑和长期稳定的资金投入。与此同时,南亚国家贸易出口是以低端产品和原材料为主的自然资源密集型产品,能切实满足我国日益增长的资源需求。中国与南亚国家的双边贸易规模持续扩大,2017年与印度、巴基斯坦、孟加拉国、斯里兰卡等南亚八国贸易总额为1267.7亿美元,同比增长14.6%。中国对南亚国家直接投资17.63亿美元,已经成为南亚国家主要的外资来源国。②2020年受疫情影响,中国与南亚国家贸易额虽然有所下降,但仍然达1271.35亿美元,与2017年相当。

(2)中国与南亚国家就"21世纪海上丝绸之路"倡议的对接顺利,合作领域逐步扩大。目前我国与南亚各国的合作除了贸易外,还涉及能源、人文交流、基础设施建设等多个方面,并基于各国的发展现状开展了许多有针对性的合作。在印度,形成了以产业园区、智能制造、医疗健康以及互联网产业为重点的合作领域;在巴基斯坦,形成了以"中巴经济走廊"为中心,以瓜达尔港、交通基础设施、能源、产业投资合作为重点的合作框架;在孟加拉国,中孟积极推进基础设施、产能合作、能源电力、交通运输、信息通信等领域的务实合作,合作规模不断扩大;在斯里兰

---

① 程云洁、董程慧:《"一带一路"视角下中国与南亚国家贸易效率及潜力研究——基于异质性随机前沿引力模型的实证检验》,载《兰州财经大学学报》,2020年第2期,第94页。
② 王莉莉:《中国与南亚国家共享一带一路商机》,载《中国对外贸易》,2018年第7期,第31页。

卡，中斯以打造斯里兰卡成为"印度洋航运中心"为重点，不断推动双方在基础设施、海洋、航空等领域合作；在马尔代夫，中马双方也推进了一系列基础设施建设。①这说明中国与南亚国家的合作得到广泛开展，成效也开始得到显现。

（3）"21世纪海上丝绸之路"在南亚地区发展前景广阔，但仍有阻碍因素。自"21世纪海上丝绸之路"倡议提出以来，在南亚地区取得了举世瞩目的成绩，中国与南亚各国的战略交往日益密切，各领域的对接与合作也将逐步展开。但不能忽视的是，其中仍存在一些阻碍因素，特别是印度。未来"21世纪海上丝绸之路"在南亚地区的整体发展，有可能受制于中印关系的未来发展。②一方面，印度作为地缘性大国在南亚地区具有重要的话语权和政策主导权，现阶段中印关系由于边境争端等问题降至冰点，"一带一路"的许多举措很可能遭到印度方面的抵制。另一方面，印度也试图脱离"一带一路"框架并积极寻求在南亚地区的战略引领地位。例如，印度与日本共同推动从亚洲延伸到非洲的"印日自由走廊"计划，与伊朗、日本等国合作，试图发展伊朗查巴哈尔港等。这些针对中国的区域互联互通工程都将对"21世纪海上丝绸之路"造成一定的冲击。

2. 中国与环印度洋地区东南亚国家的合作

中国与东南亚国家山水相连，人文相亲，关系源远流长，这使得东南亚地区成为"21世纪海上丝绸之路"的首要区域。习近平主席在2013年访问东盟国家时首次提出共建"21世纪海上丝绸之路"，并提出了发展好海洋合作伙伴关系，从点到线，从线到片的区域大合作思路。③近年来，环印度洋地区东南亚国家与中国开展了积极、深入、全面的战略合作，已成为"21世纪海上丝绸之路"的重点推进地区。

（1）中国与东南亚国家就"21世纪海上丝绸之路"建设已形成了多层次、多样化的交流合作模式。从经济上看，东南亚国家是"21世纪海上

---

① 庄媛媛、郭琼琼、常丞：《"一带一路"倡议下中国与南亚标准化合作探析》，载《南亚研究季刊》，2018年第4期，第33—25页。
② 林民旺：《"一带一路"建设在南亚：定位、进展及前景》，载《当代世界与社会主义》（双月刊），2017年第4期，第162页。
③ 习近平：《携手建设中国—东盟命运共同体——在印度尼西亚国会的演讲》，载《人民日报》，2013年10月4日，第2版。

丝绸之路"的最大受益国家群体和最有力的支持者，大量的资金、技术涌入，刺激了东南亚各国的经济发展，成为东南亚地区各国改善自身基础设施建设，推进自身现代化进程的有力推手。2020年中国与东盟贸易额达6846亿美元，比上年增长6.6%，东盟成为中国最大贸易伙伴。从人文交流上看，泰国、新加坡、马来西亚的大部分游客来自中国，游客数量远超其他国家。中国同样是其他东南亚国家重要的游客来源国。2019年，每年有数千班次的航班来往于中国与东南亚各国。与此同时，人文交流广泛开展，老挝、马来西亚、泰国、新加坡等国与中国积极开展教育交流和人才互动。以印度尼西亚为例，2019年，在中国学习的印度尼西亚学生数量已经超过在美国学习的印度尼西亚学生数量。[①]在互联互通方面，自2013年"21世纪海上丝绸之路"这一概念首次提出至今，8年的时间里，中国与环印度洋地区东南亚国家的合作机制越来越细致完善，形成了政府之间、地方政府之间、企业之间的多样化合作网络。特别是中国与澜湄国家的合作成绩十分显著，合作硕果累累，中国已成为其最大规模的贸易伙伴、最富内涵的合作伙伴、最具活力的战略伙伴。

澜湄合作专项基金在教育、卫生、妇女、减贫等领域支持了500多个接地气、惠民生的项目。2020年中国与五国贸易额达3229亿美元。

（2）"21世纪海上丝绸之路"在环印度洋地区东南亚国家取得长足发展。从政府的角度来看，几乎所有的环印度洋东南亚国家都对"21世纪海上丝绸之路"持正面积极的态度，认为这一倡议有利于自身的短、中、长期发展。目前，这一地区已经与中国开展了许多重大基础设施建设项目，重大经济合作项目，成效十分显著，推动这些国家的经济有了长足的发展。随着中国与这些国家的互联互通进程进一步推进，可以肯定地说，"21世纪海上丝绸之路"在未来很长的一段时间会在这个地区继续深入推进，并有力推动这一地区的经济社会发展。

（3）东南亚国家对"21世纪海上丝绸之路"倡议的热衷程度有差异。总体来看，该地区各国对于"21世纪海上丝绸之路"持支持肯定的态度，但受国家政治格局和外交环境影响，又表现出异议。马来西亚、印度尼西亚等国家与中国在南海存在领海争端，国内反对"一带一路"的声音频出，政治压力巨大，加之对中国地缘影响扩大的担忧，在一定程度上降

---

① 王晓真：《一带一路助推东盟经济发展》，载《中国社会科学报》，2020年7月8日，第2版。

低了这些国家对于该倡议的接受程度，也为"21世纪海上丝绸之路"在该地区的推进埋下了不确定因素。①

3. 中国与环印度洋地区中东国家的合作

中东地区是亚洲、欧洲、非洲的交会地区，自古就是丝绸之路的必经之地，是串联东西方政治、经济、文化交流互动的重要平台，这一地区拥有丰富的石油、天然气资源和苏伊士运河战略要地，在世界政治和经济舞台上发挥着重要作用。中东地区位于"一带一路"的交会点，也是共建"一带一路"的关键节点。2016年1月，习近平主席出访中东三国，成为构建中国新型大国外交战略的重要一环，明确了中东在"一带一路"建设中的关键地位。2018年习近平访问中东的阿联酋，两国正式建立全面战略伙伴关系。"一带一路"倡议许多项目在中东的落地，有力地促进了中国与环印度洋地区中东国家的政策互通、设施联通、贸易畅通、资金融通和民心相通，有效地带动这些国家经济的向好发展。②

（1）贸易畅通、政策互通、设施联通的"21世纪海上丝绸之路"在中东国家已初步形成。首先，中国的轻工业制造品和生活消费品以其公平低廉的价格和"中国制造"的质量保障在中东地区占据极大的消费市场。2019年，中国与阿拉伯国家贸易额达2664亿美元，同比增长9%；中国对阿全行业直接投资达14.2亿美元，同比增长18.8%；中国企业在阿新签承包工程合同额325亿美元，完成营业额305亿美元，同比增长9.8%。而中东地区丰富的石油、天然气资源成为我国能源进口的重要来源地，一定程度上保障了我国的能源安全。2021年，国务委员兼外交部长王毅访问了沙特、土耳其、伊朗、阿联酋、巴林、阿曼等中东六国，3月，中国与伊朗还签署了25年合作协议，内容包括政治、经济、战略等多领域，将使得双方合作更加密切。中国与中东贸易结构互补，使得各自成为对方重要的贸易对象。其次，中国重视与中东国家建立常态化的交流合作机制，双方领导层交往密切，互访频繁，从"中阿合作论坛"机制，到沙特"2030愿景"、埃及"2030可持续发展战略"，再到首份《中国对阿拉伯国家政策

---

① 李明江、李倩如：《"一带一路"倡议在东南亚的进程与展望》，载《边界与海洋研究》，2019年第2期，第88页。

② 姜英梅：《中国在中东推进"一带一路"的进展情况》，载《制度型开放与"一带一路"高质量发展论文集（上）》，2019年版（中国国际文化交流中心，广东工业大学，新兴经济体研究会），2019年版。

文件》的出台，这些政治上的密切合作极大地推动了"21世纪海上丝绸之路"在这一地区的推广。最后，中东地区拥有极大的基础设施建设需求，这一地区大多数国家正处于工业化、城镇化建设的初级阶段，加之一些国家常年战乱以及千疮百孔的国家财政，政府部门无力进行大规模基础设施建设。这使得中国在这一地区的基础设施建设和工程承包市场潜力巨大。①

（2）中东国家的地缘政治不利于"21世纪海上丝绸之路"的深入推行。在百年未有之大变局下，中东地缘经济格局的形成受到一系列不确定性因素的影响。从各国的经济结构上看，这一地区的国家具有十分丰富的石油、天然气资源，为这些国家带来了客观的经济发展红利，然而对于能源出口的依赖以及全球能源格局发生显著变化背景下，石油外部市场的激烈角逐，致使原产油国内部的竞争也愈演愈烈，最终这些国家纷纷采取竞争性或者对抗性能源政策，经济合作形式呈碎片化，极大地降低了这一地区国家间的区域新合作联动。②从地缘政治上看，由于教派分歧、民族矛盾、安全冲突和争夺地区主导权等多重动因的影响，这一地区的地缘政治博弈呈现出高度对立、难以调和的态势。加之美俄两个大国在该地区持续博弈以及沙特、伊朗和土耳其三个地缘性大国的教派、意识形态竞争，致使这一地区的政治安全形势异常严峻。③因此，"21世纪海上丝绸之路"在环印度洋地区中东国家的深入推行必然受到一定程度的波及。

4.中国与环印度洋地区非洲国家的合作

中国和非洲各国历来保持着友好合作关系。中非合作论坛从2000年成立至今，中国和非洲国家在各领域展开务实合作，取得了丰硕成果。2013年，中国提出建设"21世纪海上丝绸之路"倡议后，非洲国家表示了欢迎，也积极参与到"一带一路"的建设中，中非合作上升到了新的高度。④

---

① 王晓宇：《"一带一路"背景下中国与中东的互联互通》，载《中国穆斯林》，2019 年第 3 月，第 52—54 页。
② 邓婷婷、贾谨毓：《中东经济新格局及其对"一带一路"的影响》，载《经济研究导刊》，2020 年第 10 期，第 55—56 页。
③ 田文林：《转型中的中东地缘政治格局》，载《阿拉伯世界研究》，2014 年第 2 期，第 39 页。
④ 庞加欣、赵江林：《"21 世纪海上丝绸之路"与沿线国家合作》，载《21 世纪海上丝绸之路研究报告（2018—2019）》，第 34 页。

（1）中国与非洲国家的"21世纪海上丝绸之路"建设已进入新的发展阶段。2018年7月，习近平主席访问中东非洲五国，这与其2013年3月当选国家主席后的首次出访一样，都将非洲作为开启新一届任期的外交之旅，也是习近平主席第四次以中国国家元首身份踏上非洲大地。在塞内加尔、卢旺达、南非、毛里求斯传承友谊，推动合作，见证签署中国同阿联酋、塞内加尔、卢旺达等国共建"一带一路"合作文件，携手共建命运共同体，促进共同繁荣发展。2018年9月中非合作论坛北京峰会如期举行，习近平主席做了题为《携手共命运，同心促发展》的主旨演讲，提出在推进中非"十大合作计划"基础上，共同重点实施产业促进、设施联通、贸易便利、绿色发展、能力建设、健康卫生、人文交流、和平安全"八大行动"。会上通过的《关于构建更加紧密的中非命运共同体的北京宣言》（以下简称《宣言》）指出，非洲是"一带一路"的历史和自然延伸，是重要参与方，中非双方一致同意将"一带一路"同联合国2030年可持续发展议程、非盟《2063年议程》和非洲各国发展战略紧密对接，加强"五通"，促进双方"一带一路"产能合作。《宣言》还指出，中非合作论坛是中非共建"一带一路"的主要平台。由此可见，"21世纪海上丝绸之路"在这一地区的推进已经晋升到战略层次。在这样的大环境下，近年来参与"一带一路"的非洲国家数量逐年上升，铁路、公路、港口、水电站等基础设施建设项目合作发展迅猛，能源、金融合作日益开放，中非合作论坛框架下，涉及农业、科技、法律、金融、文化、智库、青年、妇女、民间、媒体和地方政府等领域的分会论坛应运而生。[1]中国与这一地区的合作深度和合作规模正不断加深加大。2019年中国与非洲国家进出口贸易总额达2068.32亿美元，中国在非洲设立的各类企业超过3700家，对非全行业直接投资存量超过460亿美元。2020年，尽管受疫情影响，但中非贸易额仍然达1870亿美元，其中，中国进口727亿美元，出口1142亿美元。中国已连续12年保持非洲最大贸易伙伴国地位。2020年中国对非洲全行业直接投资额达29.6亿美元，企业新增投资覆盖非洲47国。在承包工程方面，2020年中国在非洲承包工程新签合同额同比增长21.4%，达679亿美元，完成营业额383亿美元，同比下降16.7%。非洲疫情暴发后，中国向53个建交国

---

[1] 钟山：《携手开启新时代中非经贸合作新征程》，载《人民日报》，2018年8月31日，第10版。

及非盟提供多批紧急抗疫物资，向16国派出抗疫医疗专家组，在非中资企业和46支援非医疗队积极参与当地抗疫，还培训当地医护人员2万多人次，同38个非洲国家的43个医院开展对口医院合作等。

（2）非洲国家的发展趋势和特点将进一步促进"21世纪海上丝绸之路"的深入推进。环印度洋地区非洲国家将跨国区域协同发展视为国家发展战略，地缘区域一体化和经济走廊化趋势明显，越来越多的国家渴望通过区域合作，提升本国的经济发展水平。2017年2月，联合国非洲经济委员会和非洲贸易政策中心在非洲各经济走廊管理机构的协助下，专门举行会议讨论建立非洲经济走廊管理联盟，以期有效地协调管理，提升走廊国家间互联互通水平，加强市场联通，扩大经济规模；[1]截至2019年1月底，已有52个非洲国家签署了大陆自贸区协定，其中18个国家已获议会批准。非洲大陆自贸区协定有望很快进入实施阶段。[2]与此同时，这一地区国家的合作多元化趋势也日益明显，印度、土耳其、韩国、巴西等国也纷纷加入对非发展合作事业，这极大地改变了非洲国际贸易体系、投资体系、援助体系的结构。[3]其对协同发展的共同意愿以及开放包容的态度，将为"21世纪海上丝绸之路"的区域联通创造有利条件。

（3）中非海洋合作也面临一些问题

由于国际格局变动频繁、国际海洋争端日益激烈以及逆全球化抬头、"保护主义"严重等，中非在海洋贸易、投资及纠纷解决等方面也存在一些问题。这不仅是中非贸易投资合作法律政策体系不完善、便利化水平不高的问题，而且非洲各国法律复杂，有的国家对国际投资雇用当地劳动力数量、接受产品和服务、获得先进技术等要求过高，部分双边贸易协定落实缺乏约束力，贸易争端解决没有可操作的法律规则，这限制了外国投资，也影响了中非在"21世纪海上丝绸之路"的合作。

5. 中国与环印度洋地区大洋洲国家的合作

澳大利亚作为亚太地区重要的经济体，是继新西兰之后第二个与中国签订自由贸易协定的亚太国家，两国经济交往密切，经贸合作需求不断上

---

[1] African Union Commission, 2063 Agenda Framework Document: The Africa We Want, pp.109.

[2] Albie Hope and John Cox, Development Corridors, London: Coffey International Development, December 2015, pp.2—3.

[3] 王学军：《非洲发展态势与中非共建"一带一路"》，载《国际问题研究》，2019年第2期，第35—48页。

升。①然而，即便如此，在逆全球化的浪潮中澳大利亚仍未做好全面接纳中国的心理准备，对于"21世纪海上丝绸之路"持观望谨慎的态度。一方面，澳方担心中国利用"一带一路"影响以及带来的经济利益打破亚太地区的权力格局；另一方面，由于市场开放水平、政治经济领域的制度差异澳方对"21世纪海上丝绸之路"疑虑重重。

（1）澳方选择性地参与"21世纪海上丝绸之路"。2013年，"21世纪海上丝绸之路"提出后，澳大利亚政府并未回应，其官方对这一倡议不仅多持回避态度，而且还对其存在疑虑和偏见，并将这一倡议作为其转移国内民众视线、保持执政党选举地位、影响亚太地区安全的手段。"一带一路"倡议在沿线各国如火如荼地开展，给沿线国家带来了举世瞩目的发展机遇和发展成就，澳方才开始"小步子"地接纳"21世纪海上丝绸之路"，但是也仅表现在地方、民间、商界的期待以及澳大利亚政府态度一定程度的软化上，并没有取得实质性成果。从目前情况来看，由于澳方"冷战"思维明显，又追随美国的"印太战略"共同遏制中国，澳方暂时是不会真心实意与中国签署全面的"21世纪海上丝绸之路"相关协定的。

（2）长期来看，中国与澳方的战略合作困难重重，但经济合作可能扩大。中国与澳大利亚之间的经济治理模式、管理制度、市场开放程度存在明显差异，特别是澳大利亚政治关系复杂，这些因素成为双方合作的阻碍因素。与此同时，澳大利亚的"印太战略"与中国的"一带一路"倡议在地缘政治经济意义上存在明显冲突，澳方政府认为"21世纪海上丝绸之路"极大地挤压了其在印太特别是太平洋地区的战略空间，这使得澳方决策者对"21世纪海上丝绸之路"存在种种偏见。再加上澳大利亚是美国的盟友，甘当美国的"马前卒"。因此，尽管中国没有与澳方争夺亚太地区主导权的意图，但澳大利亚认为中国"一带一路"倡议对其在东南亚等地区的利益冲击十分明显，一直都以怀疑的眼光看待中国，甚至追随美国污蔑、抹黑、攻击中国正常的经贸合作及人员交流。例如，澳大利亚是第一个禁止使用中国设备建设国家5G网络的国家，2020年提议对新冠疫情的起源进行所谓的独立的国际调查，还毫无根据地指控中国其他问题等，使得

---

① 姜悦：《"一带一路"框架下我国与澳大利亚经贸合作的新机遇》，载《中国国门时报》，2018年5月10日，第4版。

两国的政治关系全面恶化。有学者指出，中国想要与澳方就"21世纪海上丝绸之路"达成战略上的合作，其可能性微乎其微。[①]但客观来看，中国与澳大利亚在经济上其实有很大互补性，中国与澳大利亚早就签署了自由贸易协定。中国是澳大利亚最大的贸易伙伴，澳大利亚接待的外国游客消费有四分之一来自中国，澳大利亚八所主要高校的学生有十分之一来自中国，如果不是澳大利亚政府的做法和说法严重恶化了两国经贸合作，中澳双方的合作还会快速增长。由于两国已签署RCEP（《区域全面经济伙伴关系协定》），一旦双方的政治关系好转，贸易投资合作前景是十分广阔的。

（三）"21世纪海上丝绸之路"在环印度洋地区推进的政策举措与成效

作为"一带一路"倡议的重要组成部分，"21世纪海上丝绸之路"是中国参与全球治理，尤其是亚太治理、从经济大国转向经济强国、为促进全球开放合作的重要公共平台。自2013年习近平主席提出共建"一带一路"的倡议以来，"开放、包容、合作、共赢"的丝路精神不断得到充实与发展。通过海洋纽带，秉持"共商、共建、共享"原则，越来越多的国家和地区参与到共享蓝色机遇的发展浪潮中。8年来，"21世纪海上丝绸之路"在环印度洋地区的政策环境逐步优化，海上互联互通更加便利，海洋等多领域合作成效更加显著，多元融资体系日渐完善，海洋人文交流更趋密切，给这一地区带来了良好的发展机遇和发展前景。

1. 中国与环印度洋地区各国开展了广泛的政策沟通和发展战略规划对接

近年来，我国与环印度洋沿线各参与方加强了宏观政策协调与发展战略规划的对接，政治互信不断增强，并逐渐共同营造出有利的区域发展环境。我国与泰国、马来西亚、印度、巴基斯坦、马尔代夫等国签署了多项政府间海洋领域合作文件，建立了双边海洋合作机制和广泛的海洋合作伙伴关系网。同时，我国还与相关参与方搭建了多样化的海洋合作平台，进一步深化了亚太、东亚、东盟等区域和次区域的机制化海洋合作（具体情况见表1）。

---

① 汪书丞：《澳大利亚疑虑"一带一路"倡议的原因探析》，湘潭大学2019年硕士学位论文，第13-37页。

表1　中国与环印度洋地区国家互联互通合作成果

主要地区	主要成果
环印度洋南亚地区	**巴基斯坦：** 1. 以中巴经济走廊为引领，以瓜达尔港、能源、交通基础设施和产业合作为重点，形成"1+4"经济合作布局。 2. 加强巴《新发展计划（2020~2023）》、"2025年远景规划"和"21世纪海上丝绸之路"的对接，主要对接领域包括港口建设、交通基础、设施、能源产业合作等。
	斯里兰卡： 与中国达成《中华人民共和国和斯里兰卡民主社会主义共和国关于深化战略合作伙伴关系的行动计划》，对基础设施项目提供融资支持，进一步加强海洋领域合作，推进科伦坡港口城等建设。
	孟加拉国： 中国和孟加拉国就加强"21世纪海上丝绸之路"和"金色孟加拉"对接达成共识，签署了包括贸易投资、路桥建设、海洋经济、海事合作、能源电力等涉及多个经济领域的共27项合作协议及谅解备忘录。
	马尔代夫： 1. "中马友谊大桥"项目顺利完成。 2. 中国与马尔代夫签署了《中华人民共和国政府和马尔代夫共和国政府关于共同推进"一带一路"建设的谅解备忘录》《中华人民共和国政府和马尔代夫共和国政府自由贸易协定》以及经济技术、人力资源开发、海洋、环境、卫生、金融等领域双边合作文件。
环印度洋非洲地区	1. 中国和非洲联盟签署推动"三网一化"建设备忘录，旨在促进非洲高铁、高速公路、航空和工业化基础设施建设。 2. 《中非合作论坛——约翰内斯堡行动计划》，提出了"十大合作计划"（工业化、农业现代化、基础设施、金融、绿色发展、贸易和投资便利化、减贫惠民、公共卫生、人文、和平与安全），并提供了600亿美元资金，共同打造中非命运共同体。 3. 非洲联盟《2063年议程》与"一带一路"倡议对接。 4. 基础设施方面，中国通过项目投资、技术支持、施工承建等方式，加强与非洲在港口建设、公路建设、能源电力等基础设施建设的合作，如肯尼亚的蒙内铁路。 5. 同南非、苏丹、埃及签署了"一带一路"合作谅解备忘录。
环印度洋东南亚地区	**东盟：** 1. 与《东盟互联互通总体规划2025》《中国—东盟交通合作战略规划》等进行对接，签署若干领域合作协议。 2. 推动中国—中南半岛经济走廊建设。 3. 推动中国—东盟港口及城市合作网络建设。
	马来西亚： 1. 共同签署《建立港口联盟关系的谅解备忘录》，正式组建"中马港口联盟"。 2. 就共建"一带一路"进行了深入对接，发布了增进合作的《联合声明》。 3. 共同加强中国—东盟战略伙伴关系，共同推进东亚经济共同体建设，共同推进海上务实合作。 4. 共同编制两国《经贸合作五年规划（2018~2022）》。
	新加坡： 1. 签署《自由贸易协定升级议定书》。 2. 与新加坡签署中新"陆海新通道"谅解备忘录，促进互联互通,加强投资、物流、金融等多领域合作。

续表

主要地区	主要成果
环印度洋中东地区	中国—阿拉伯国家联盟签署了《中国和阿拉伯国家合作共建"一带一路"行动宣言》和《关于构建更加紧密的中非命运共同体的北京宣言》等重要成果文件，中阿双方建立全面合作、共同发展、面向未来的中阿战略伙伴关系。
环印度洋大洋洲地区	1. 中澳两国签署了《中华人民共和国政府和澳大利亚政府自由贸易协定》，共同推进经贸领域合作。 2. 中澳两国签署了《中澳自由贸易协定》，推动两国经贸合作和人文交流。

2. "一带"和"一路"紧密结合，构建海陆双向大通道

"21世纪海上丝绸之路"建设与"丝绸之路经济带"建设通过共建经济走廊、推动区域协调发展等举措，在环印度洋地区初步打造出了海陆双向联通的大格局。中巴经济走廊全面推进，有效缩短了巴基斯坦北部、中国新疆的陆海距离，促进了两国与印度洋西岸多国的进出口海陆转运对接；中国—中南半岛和孟中印缅经济走廊建设不仅有效缓解了中国西南和中南半岛内陆的"陆锁"状态，更密切了区域内各国的交往联系；中国—中亚—西亚经济走廊进一步密切了中东周围各边缘海、中亚里海之间的经贸交往，促进了区域一体化进程。① 这种海陆联动，双向影响的良性发展，以"21世纪海上丝绸之路"沿线支点港口和重要陆路通道为运转媒介，将本国的发展能量辐射到周边地区和国家，促进了区域协同发展、共同发展（见表2）。

表2 "21世纪海上丝绸之路"在环印度洋地区的海陆联通的重要港口和陆路通道

国家名称	主要港口	主要陆路通道
肯尼亚	蒙巴萨港	蒙内铁路
巴基斯坦	瓜达尔港	中巴经济走廊（公路、铁路、管道、光缆通道）
斯里兰卡	汉班托塔港、科伦坡港	共建的陆路基础交通工程
孟加拉国	吉大港	孟中印缅经济走廊
新加坡	新加坡港	中国—中南半岛经济走廊
缅甸	皎漂港	中国—中南半岛经济走廊和孟中印缅经济走廊
马来西亚	巴生港、关丹港、皇京港	中国—中南半岛经济走廊

---

① 何光强、许培源：《"21世纪海上丝绸之路"建设：进展、问题与对策》，载《"21世纪海上丝绸之路"研究报告（2018～2019）》，第7—9页。

3. 积极推进在海洋经贸、文化活动、环境保护等领域的合作

在经贸、投资合作领域，我国与环印度洋地区国家开展了广泛和深入的合作，经贸往来逐步加深，经济合作规模逐步扩大。以中国对澳大利亚、孟加拉国、缅甸、马来西亚、马尔代夫、巴基斯坦、斯里兰卡这七国自2013年"21世纪海上丝绸之路"首次提出至2017年的投资建设金额为例（见表3），中国在环印度洋地区的投资金额巨大。在融资推进上，我国已设立中国-东盟海上合作基金和中国-印尼海上合作基金，实施《南海及其周边海洋国际合作框架计划》，并通过亚投行和丝路基金对该地区各国进行了大量资金支持。[①]

在基础设施建设和科技合作领域，除了之前提到的重要港口和陆路中转通道建设运营合作外，中国同印度尼西亚、伊朗等国还开展了海水淡化合作项目，中国与阿联酋的海水稻农业技术合作也正逐渐推广到整个阿拉伯地区。此外，我国与环印度洋地区国家和国际组织开展的海洋油气和渔业合作也有所发展，推动了沿线海洋资源的可持续利用。

在文化教育领域，中国与环印度洋地区国家逐渐扩展互派留学生的规模，开展了多批次的"21世纪海上丝绸之路"高端人才研修培训活动。我国还与沿线国共同举办了多场"国家文化年"等人文交流活动，签署了多项文化交流合作协议，互设了一大批文化中心，相继举办了"21世纪海上丝绸之路"博览会、"21世纪海上丝绸之路"国际艺术节、世界妈祖海洋文化论坛等一系列海丝主题活动。

在环境保护领域，我国与环印度洋地区国家通过共建联合"21世纪海上丝绸之路"沿线国高层对话机制，搭建蓝色伙伴关系，探索蓝色经济发展的新模式，优化海洋规划研究与应用，推动涉海智库与民间组织的交流，共同推动全球海洋合作治理。

（四）环印度洋地区政府、学界和媒体对"21世纪海上丝绸之路"的认知概况

1. 环印度洋南亚地区

环印度洋南亚地区位于"一带"和"一路"的交会点，"一带一路"重点工程中巴经济走廊、孟中印缅经济走廊便位于这一区域，从政府角度

[①] 何光强、许培源：《"21世纪海上丝绸之路"建设：进展、问题与对策》，载《"21世纪海上丝绸之路"研究报告（2018~2019）》，第10页。

看，这一地区除印度外，其余国家对"21世纪海上丝绸之路"均持欢迎支持的态度。从学者媒体的角度看，各新闻媒体和学者的观点除印度外大多是积极正向的，媒体对"21世纪海上丝绸之路"倡议在经济领域的表现高度重视，"投资""基础设施""商业""贸易"等词不断出现，认为"21世纪海上丝绸之路"倡议促进合作共赢、经济融合的成效明显。以巴基斯坦和斯里兰卡为例。巴基斯坦主流媒体予以"一带一路"高度关注，《黎明报》《巴基斯坦日报》等还开设了中巴经济走廊的专版专栏，聚焦经济主题的情况更为明显，经济类报道分别占其各自报道量的77%、69%，远超过对其他主题的关注。[1]我们以斯里兰卡具有代表性和权威性的6家主流媒体有关"一带一路"的32篇报道为研究对象，对报道内容进行计算机词云分析，发现"advance"（拥护）、"back"（支持）、"assure"（确保）等谓词被频繁使用，这一数据表明斯里兰卡对于"一带一路"的态度也是持积极正向态度的居多。[2]

印度作为该地区的地缘性大国，政府对"21世纪海上丝绸之路"政策的态度尽管有一些是比较务实的，但是总的来看是消极审慎的。尽管近年来印度不但成为"亚投行"的创始成员国，中印两国领导人的互访也达成一系列共识，还签署了一些合作协议。但是印度作为全球重要的新兴经济体，曾在2017年以"中巴经济走廊"涉及克什米尔争议地区为由公开拒绝加入"一带一路"，也曾在2018年的"一带一路"高峰论坛以及上海合作组织会议上公开表示不支持"一带一路"倡议。[3]由此可见，印度官方对"21世纪海上丝绸之路"产生了一定的怀疑甚至误解，要获得其支持难度极大。

由于官方的舆论导向以及历史遗留问题、地缘大国争端等因素，印度学者和媒体的声音也较为消极，认为"21世纪海上丝绸之路"具有隐藏在和平发展之下的更深层次意图，印度需要加强防范。印度维韦卡南达国际基金会国际关系和外交学院院长西巴尔认为：中国提出的连接太平洋和印度洋的"21世纪海上丝绸之路"是以和平的方式展现中国的海事战略。中

---

[1] 毛伟：《"一带一路"倡议在海外舆论场的话语建构与报道框架——以巴基斯坦主流媒体为例》，载《中国记者》，2018年第12期，第114—117页。
[2] 邱玉芹：《斯里兰卡主流媒体"一带一路"相关报道研究》，载《东南传播》，2020年第1期，第83—85页。
[3] 段硕：《印度媒体对"一带一路"倡议的报道研究》，中央民族大学2019年硕士研究生毕业论文，第23页。

国在马尔代夫、缅甸、孟加拉国、斯里兰卡和巴基斯坦建立的港湾设施使得印度会在地理上和政治上被中国包围,使印度处于不利的位置;中国倡议的孟中印缅经济走廊也会使印度面临着东北部暴露给中国的危险。印度政策研究中心研究员切拉尼认为虽然中国不属于印度洋地区,但是其试图通过"21世纪海上丝绸之路"倡议在印度洋地区为自己开拓一席之地。中国试图挑战美国在印度洋地区的影响力,并削弱印度天然的地理优势。[1] 从印度主流媒体《印度时报》的报道的部分标题来看,印度主流媒体对"21世纪海上丝绸之路"也持消极对抗态度。例如其标题有"China road initiative is like a colonial entrrprise"(中国"一带一路倡议就像一个殖民计划);"EU envoys slam China's Belt and Road initiative ,says it will hit free trade"(欧盟特使猛烈抨击中国的"一带一路"倡议,表示其打击了自由贸易)等。

2. 环印度洋东南亚地区

环印度洋东南亚地区是"21世纪海上丝绸之路"的重要区域。该倡议自提出几年来,中国与该地区国家就"21世纪海上丝绸之路"开展了广泛而密切的合作。从政府层面上看,该地区各国整体与中国关于该战略的合作显示积极向好的态势。2017年5月,马来西亚总理纳吉布启程出席"一带一路"国际合作高峰论坛,并在个人网站上发表《马来西亚为何支持中国的"一带一路"倡议》的文章,高度赞扬了我国"21世纪海上丝绸之路";[2] 2017年7月,王毅与泰国外长敦举行会谈时,敦表示:泰国积极支持"一带一路"倡议,这一倡议不仅对中国有利,也将造福地区和整个世界。[3] 由此可见,该地区国家政府层面的态度总体是积极的和良好的。

从媒体的反映来看,该地区各国普遍认可中国具备"一带一路"建设的经济、金融和技术基础,相信"一带一路"倡议能够为该地区国家提供基础设施建设的资金、技术支持并带来发展机遇。马来西亚官方媒体《每日新闻》和《使者报》近百篇报道中,充满了对"21世纪海上丝绸之路"倡议的积极评价;由缅甸政府直接控制的《缅甸之光》《镜报》等媒体,

---

[1] Brahm a Chellaney, What Are Chinese Submarines Doingin the Indian Ocean, May 20, 2015, http://www.huffingtonpost.com/brahma-chellaney/chinese-sub-in-indian-ocean-b-7320500.htmal.
[2] 邵颖:《马来西亚官方媒体对一带一路的认知》,载《中国外语》,2018年第3期,第73页。
[3] 中国政府网:《王毅与泰国外长敦举行会谈》,2019年8月1日,http://www.gov.cn/guowuyuan/2019-08/01/content_5417707.htm。

也对"一带一路"进行了诸多的正向报道,例如"'一带一路'将在缅甸人民与中国之间建立更好的关系,这个宏伟构想将带来数百座桥梁、培训机构、工厂和通信枢纽"、"昆明将替代新加坡成为东南亚交通枢纽。从中国的角度来看,土瓦和皎漂将极大地拉近中国和他的一个主要贸易伙伴之间的距离。"①

从学者的态度来看,各国赞赏"一带一路"倡议能与东盟各国以及东盟整体发展战略对接,有利于国家的战略发展。学者认为,中国在实施"一带一路"的过程中,注重与对象国发展战略对接,如与印尼的"全球海洋支点"战略、中马的"双边经贸合作"、中新的"战略联通倡议"、"泰国4.0战略"等。印度尼西亚学者Paulas Rudolf Yuniarto表示:尼方希望就"21世纪海上丝绸之路"探索出合适的中尼合作方式,加快合作进程。中国在基础设施建设方面有着丰富的经验、资金、技术等优势,印尼的发展需要借助中方的这些优势。②泰国法政大学泰中战略研究专家阿素西分析说,从"一带一路"的规划来看,经过泰国的地方包括中国—中南半岛经济走廊和"21世纪海上丝绸之路"。该倡议不仅完善了基础设施建设,而且还是一项"智能丝绸之路",泰国将从中受益,因为这与泰国经济发展方向中实施的数字经济和"泰国4.0战略"是一致的。③

虽然总的来看环印度洋地区政府、学界和媒体对"21世纪海上丝绸之路"的认知是积极的、正向的,但仍存在许多负面言论及担心。出于安全方面的考量,一些国家担心"一带一路"在密切国家联系的同时,削弱了本国经济独立以及对领土主权的话语权,是一种中国与西方博弈的地缘手段。马来西亚主流媒体《星洲日报》的新闻评论文章《马来阶层质疑"一带一路",饶兆斌:或带来不可预知影响》中,就曾表示,中国推动"一带一路",目的在争取发展中国家支持,以抗衡西方发达国家。④与此同时,由于美国日本等国家近年来在这一地区逐步加强影响,加之中

---

① 刘力铭:《缅甸民间媒体中的"一带一路"倡议报道分析》,载《传播力研究》,2018年第22期,第26—27页。
② 上海社会科学院国际问题研究所:《印尼科学院学者与我所研讨"一带一路"倡议》,载《国际关系研究》,2017年第3期,第167页。
③ 李林贵:《泰国对"一带一路"倡议的认知与战略研究》,2018年云南师范大学硕士研究生毕业论文,第30页。
④ 聂浩:《马来西亚华文媒体中的"一带一路"倡议——基于对〈星洲日报〉相关新闻报道的批评性话语分析》,载《青年记者》,2019年第30期,第49页。

国与这一地区邻国有领土争端问题，个别国家为了保留在外交政策上的选择余地，其对"21世纪海上丝绸之路"的态度仍处在徘徊犹豫的阶段。

3. 环印度洋中东地区

环印度洋中东地区国家是"一带一路"的天然合作伙伴。近年来，"21世纪海上丝绸之路"倡议为促进中国与该地区各国协调联动发展、实现互利共赢注入新动能、带来新机遇，为中国与该地区国家全方位合作注入新的内涵。各国对"21世纪海上丝绸之路"的认知也多持支持肯定的态度。伊朗驻华大使克沙瓦尔兹扎德曾表示："伊朗伊斯兰共和国高度重视'一带一路'框架下的合作，并认为，这一具有战略性的倡议，不但有利于自己，而且对促进整个区域的发展具有重要作用。"[1]沙特王储穆罕默德在2019年会见习近平主席时表示："阿拉伯半岛是古丝绸之路的一部分。沙特支持共建'一带一路'倡议，愿将沙方'2030愿景'同'一带一路'倡议对接，进一步深化两国各领域务实合作。"[2]

从媒体的角度来看，该地区国家对于"21世纪海上丝绸之路"的认知较为客观，一方面认可"一带一路"的发展前景，认为应加强与中国"一带一路"的互通互联。另一方面基于"一带一路"发展推进过程中各势力掣肘甚多以及国家安全利益的考量，认为在与中国的合作中冲突和竞争也是不可避免的。以伊朗三家媒体《德黑兰时报》《伊朗日报》和迈赫尔通讯社从2013年9月至2018年12月关于"一带一路"的229篇报道为例。通过分析，从报道数量上来看，2015年以来，三家媒体相关报道的数量迅速增长，证明"一带一路"在该国主流媒体的关注度逐渐升高。从报道内容来看，报道多倾向于两国在经贸、政治、文化、能源等层面上的实质性的合作，强调"一带一路"的利好方面，但也有一些在实际建设和推进过程中遭遇到的障碍、问题和冲突等报道。由此可见，伊朗媒体对于该倡议也存在一些担忧和疑虑。[3]

该地区学者对于"21世纪海上丝绸之路"的认知普遍积极向好，并不

---

[1] 新浪网：《伊朗驻华大使："一带一路"是对全人类的献礼》，https://finance.sina.cn/china/cjpl/2019-05-17/detail-ihvhiews2443052.d.htm。

[2] 央视网：《习近平会见沙特阿拉伯王国王储》，https://finance.sina.com.cn/roll/2019-02-22/doc-ihqfskcp7686623.shtml。

[3] 钟婧、周宏刚：《伊朗媒体对"一带一路"的报道》，载《探索与争鸣》，2020年第2期，第36—44页。

断谋求更有效的合作机制。他们认为"一带一路"是综合性的工程,是联系国际经济与国内经济的纽带,需要各国共同合作,分工明确,承担各自的任务,享受各自的互联互通成果。但在此过程中,仍需不断探索更科学的合作方式。沙特国王大学学者阿卜杜·优素福认为,中国有"一带一路"规划,阿拉伯国家也有各自的发展战略,如沙特的"2030愿景",埃及的"经济振兴计划",阿联酋的"2030工业发展战略"等,认为"一带一路"的落实需要与合作国家的发展战略对接。埃及前驻上海总领事法勒加尼认为要注重共建"一带一路"的文化交往,他说:"要促进中阿民心相通,必须着眼于共同的历史记忆与文化遗产,如联合制作关于古代丝绸之路的中阿电视节目和纪录片,使年轻人对中阿友好交往史和对象国文化有更深的理解。"[1]

4. 环印度洋非洲地区

"21世纪海上丝绸之路"给环印度洋非洲地区带来了更多的国际关注、资金和动力。近年来,中国出资在非洲建成的基础设施项目给这片大陆带来了翻天覆地的变化。现代化的高速公路、机场和铁路的建设加强了国家间的互联互通,中国在农业、制造业等各项产业的大力投入提高了这一地区人民的生活水平和生活质量。这些能看在眼里的实际成效使得"21世纪海上丝绸之路"在这一地区深得人心。南非执政党非国大总书记埃斯·马加舒尔在接受采访时曾表示:"'一带一路'不仅将为非洲带来变化,同时也将影响世界。我认为习主席提出的'一带一路'倡议,对我们来说十分重要,对非洲、对南非都十分重要。我认为只要南非积极地参与进来,我们可以看到南非以及全非洲的发展。"[2]

环印度洋非洲地区的媒体对于"21世纪海上丝绸之路"给予了一定的关注度,对其认知也是积极向好的。他们认为"一带一路"使得中非关系得到了全方位的发展,在基础设施、医疗服务、人员就业等方面成效显著,认为"一带一路"是逆全球化浪潮下有利于世界的新的发展引领。例如南非的主流媒体《星期日独立报》有这样一句话:"The One Belt One Road initiative, which was launched, has created a vehicle for a new global

---

[1] 孙德刚、马雨欣:《阿拉伯人如何看待"一带一路"——基于对阿拉伯学者的采访分析》,载《对外传播》,2018年第6期,第76—78页。

[2] 国际在线网:《"一带一路"共赢之路 南非政界人士赞赏"一带一路"倡议》,http://news.cri.cn/20190429/12a42eea-3124-93af-1d27-fb8016ac3b98.html。

economic and political order, with China as the driver of the regionaland global economy."（中国政府向全世界发起了"一带一路"倡议，这一倡议进一步创造出新的全球经济和政治秩序的"交通工具"，而这一交通工具的"驾驶员"正是中国。）①与此同时，环印度洋非洲地区学者对于"一带一路"也并没有诸如地缘博弈等常见的误解和偏见。尼日利亚《领导者报》网站近日发表了尼日利亚中国研究中心主任查尔斯·奥努纳伊朱的文章称，"一带一路"倡议不是一项所谓的地缘政治战略，它是中国对全球治理和包容性发展做出的当代贡献，是一个正在进行之中的国际合作进程。肯尼亚内罗毕大学国际经济学者盖里雄·伊基亚也表示"一带一路"倡议致力于加快沿线地区的互联互通建设，倡导构建人类命运共同体，拒绝零和思维，这有助于推动建设持久和平、共同繁荣的世界。②

5. 环印度洋大洋洲地区

澳大利亚政府对于"21世纪海上丝绸之路"倡议的认知较负面，集中体现在其保守、疑慎的态度上。一是认为澳大利亚的"印太战略"与"一带一路"存在冲突。澳方希望与美国、日本、印度四国组成合作伙伴关系，联手提供"优质基础设施"。澳大利亚总理斯科特·莫里森曾表示："澳大利亚将为太平洋地区挺身而出，将与南太该地区的接触提升到一个新的水平。虽然我们在历史、邻近和共同价值观方面有着天然的优势，但澳大利亚不能把其在西南太平洋的影响力视为理所当然。"这正是与中国"一带一路"展开竞争的信号。③二是认为"一带一路"挤压了澳大利亚的战略空间。澳大利亚工党国防发言人理查德·马尔斯也认为太平洋是"澳大利亚国家安全政策中最大的盲点"，他表示澳大利亚在太平洋岛国的国防建设和提供政府资助方面不够积极，所以一些国家才会选择中国的资助。由此可见，澳方政府对于"21世纪海上丝绸之路"的认知还充斥着偏见和疑虑。④

澳大利亚的媒体和学者对于"21世纪海上丝绸之路"的认知受政府的

① 张虹：《南非媒体视角的"一带一路"》，载《中国外语》，2018年第3期，第68页。
② 新华网：《肯尼亚学者："一带一路"倡议为非洲国家带来历史性发展机遇》，http://www.xinhuanet.com/2019-05/14/c_1124493963.htm。
③ Greg Earl, Australia Joins Infrastructure Game with Alternative to China's "Belt and Road", Financial Review, Mar 18,2018, https://www.afr.com/business/infrastructure/australia-joins-great-game-with-alternative-to-chinas-belt-and-road-20180318-h0xmt2.
④ Paul Dibb and David D. Hale and Peter Prince, Asia's Insecurity, Survival, 1999, Vol.41, No.3, pp.18.

影响，总的来说是主观且负面的居多。从其对"一带一路"在经济上的影响的认知来看，正面的论述和报道居多，澳大利亚主流媒体《时代报》写道："'一带一路'将打造中国和欧洲之间的新丝路，促进沿线各国的贸易与文化往来。"①然而，一旦涉及政治和军事方面，其表示和论述多为负面消极的。新闻报道的内容与"中国威胁论"的报道如出一辙，例如，中国试图通过"一带一路"倡议在经济上控制亚欧大陆，实现这一目标也需要控制南海；目前中国在东海和南海上采取更自信的姿态，这为堪培拉拉响了警钟，等等。②学者的态度也倾向于"中国威胁论"，悉尼智库洛伊研究所太平洋岛屿项目主任乔纳森·普雷克表示："如今，中国在太平洋地区的足迹比过去更为普遍。澳大利亚一直对北方深感担忧，担心会遭到来自北方的入侵与威胁，而澳大利亚邻近的太平洋岛国构成维护澳大利亚国土安全的一道屏障，如果这些岛国被敌对势力渗透，这将对澳大利亚的安全构成严重挑战。"③

三、环印度洋地区在"21世纪海上丝绸之路"建设中的重要性和意义

（一）政治领域的重要性和意义

1. 增强政治互信，减少沿线国家对中国倡议的疑虑

"21世纪海上丝绸之路"建设秉承"共商、共享、共建"原则，坚持开放合作，坚持互利共赢。中国政府更是以身作则，自倡议提出8年以来，习近平主席多次出访，足迹遍布亚洲、欧洲、大洋洲等多个国家。对饱经战火、动荡不安的中东地区，习近平主席在访问中向中东国家发出中国声音，提出中国方案：谋求和平、追求稳定、促进发展是地区国家的共同愿望，通过政治途径化解争端，是符合各方根本利益的战略选择，中国愿意向世界敞开怀抱，愿尽己之力伸出援手，让中东与中国互为朋友圈。④从中国到东南亚再到南亚，亚太之大，有容乃大，容得下共同发

---

① Ross Gittins. Australia Not Part of China's Silk Road Expansion of Trade. The Age. July 31, 2016.
② Chris Uhlmann. Australian Businesses with Close Ties to China Donated $ 5. 5m to Political Parties, Investigation Shows. ABC News. August 21, 2016.
③ Australian Government Department of Defence,2016 Defence White paper, 2015, pp.10-25.
④ 中国共产党新闻网：《习近平2016首访赴中东，以"一带一路"促进共赢发展》，2016年1月19日，http://cpc.people.com.cn/xuexi/n1/2016/0119/c385474-28065741.html。

展。国家主席习近平与马尔代夫人民议会议长马斯赫会面时谈道:"中国经济发展的快车希望国际社会共享,愿越来越多的国家参与其中,实现互利共赢。"中印领导人会晤时也曾将中国比喻为"世界工厂",将印度比喻为"世界办公室",希望尽早管控好边界争议,为双方实现优势互补,加强合作铺平道路。①

习近平主席的一次次出访、高层对话的相继推动,让"21世纪海上丝绸之路"沿线国家正确了解、深刻认识了中国外交思想理念,在中国"睦邻、安邻、富邻"政策下,真心实意与中国做肝胆相照的好邻居、真邻居,让国与国之间的政治互信更为深厚,共同利益牵连更为紧密。就像塔吉克斯坦总统拉赫蒙曾经说过的,中国的发展给世界和地区带来和平的希望、发展的机遇。

2. 以东南亚地区为轴心,建立"21世纪海上丝绸之路"建设"示范区"

通过我国的外交方针政策与具体实践可以发现:周边是我国外交的重点,甚至是居于首要的外交地带。周边环境的和平稳定、繁荣发展,可以保障我国国内改革与建设的有序进行。东南亚各国与我国山水相连,其部分成员国与中国西南边境接壤,加之中国早已同东盟国家建立起稳定友好的双边关系,进一步借助新时期"21世纪海上丝绸之路"建设,密切中国与东南亚国家的联系,加强国家合作,对我国而言具有重要的战略意义。

其一,就东南亚国家的地理位置而言,保持中国同东盟各国的友好关系,可以合力形成抗衡美日在亚太地区的势力,进而帮助中国实现中华民族的伟大复兴。其二,"21世纪海上丝绸之路"倡议的核心内容是推动海运和海洋产业经济的发展,东南亚地区作为连接东亚和南亚的重要通道,是太平洋和印度洋的交汇之地,掌握着丝绸之路建设沿线最重要的海上运输通道。因此,密切与东南亚国家的友好关系,对于掌握海上丝绸之路第一大交通枢纽,维护沿途海上运输线而言,都具有重大意义。其三,由东南亚国家联合而成的东盟对区域合作起到了良好的示范作用,东盟积极倡导多边对话合作机制,以其丰富的石油、橡胶、矿产资源和人力资源为资本,通过东盟峰会、东亚峰会吸引世界大国投入资金和技术,进行基础设施和公共设施建设。东盟的发展需求与中国"21世纪海上丝绸之路"倡议

---

① 杜尚泽:《习近平出访:"一带一路"——千年的时空穿越》,载《解放军报》,2014年9月24日,第2版,http://www.81.cn/jmywyl/2014-09/24/content_6151288_5.htm。

对接，可以实现优劣势互补，在合作中建设"21世纪海上丝绸之路"示范区。

（二）安全领域的重要性和意义

1、推动海洋航行自由，维护和保障海上航道通行安全

中国沿海地区向来存在岛屿主权与海域划界争端，加之近年来愈演愈烈的域外势力介入，其企图通过海洋来维持和争夺霸权地位，这就使得海洋安全问题不断升级。而"21世纪海上丝绸之路"建设的重点之一就在于不断促进"设施联通"，包括"推动口岸基础设施建设，畅通陆水联运通道，推进港口合作建设，增加海上航班和班次，加强海上物流信息化合作"。①加之中国与环印度洋地区国家海域相连，双方的合作必将有助于化解矛盾，推进海洋航行自由，确保海上航道通行的安全。

澳大利亚天然的地理位置与国土资源构造，成为其对接"21世纪海上丝绸之路"倡议的重要战略资本。澳大利亚为推动国内经济转型而推出的"北部大开发"战略和"国家基建计划"，迫切需要中国资金的注入，同时借助中国巨大的需求，扩大本国经济向生产型模式转型。中澳合作的积极开展，无形中进一步畅通了中澳海路交通，而澳大利亚周边海域是中国进入印度洋的重要通道，一条经巽他海峡或龙目海峡、望加锡海峡进入印度洋，另一条则绕道西太平洋，经由南太平洋进入印度洋。如果澳大利亚对中国持和平友好态度，可以保障海上航行自由与安全。中国也可以借此打通中澳"海上丝绸之路"与"陆上丝绸之路"之间的连通，并借助海陆联运，增加澳大利亚能源进口至国内的渠道，保障国内能源安全。东南亚国家马来西亚交通部部长廖中莱也曾在讲话中指出："中国政府欢迎马来西亚在马六甲打造一座国际水平的港口，加强马中两国经济合作并配合中国海上丝绸之路建设。"②可见，"海丝"沿线国家积极开展合作，共建海上公共服务设施，保障海上公共产品安全，从而更好地维护海上航道安全。

所以，中澳、中马等国家间加强海洋合作，并借助"21世纪海上丝绸之路"，可广泛吸引环印度洋地区国家与中国政府的积极合作，增强双方

---

① 国家发展改革委、外交部、商务部：《推动共建"丝绸之路经济带"和"21世纪海上丝绸之路"的愿景与行动》，2015年3月28日，http://www.mfa.gov.cn/mfa_chn/zyxw_602251/t1249574.shtml。
② 《配合中国"海上丝绸之路"建设 马六甲将打造国际港口》，载《联合早报》（新加坡），2015年2月22日。

的友好关系，这有助于化解各国海洋争端，增强各国保卫海外利益的能力，让海洋航道在安全稳定的环境下为各国经济社会发展服务。

2. 助推环印度洋地区国家与中国在海洋非传统安全领域的合作

随着科技化、信息化的不断发展，加之全球极端气候出现频率的增加，新型海上恐怖主义、跨国犯罪的方式日新月异，海洋天气预报与海洋灾难预警措施也明显滞后，一系列海洋非传统安全问题的出现，反映着沿海国家共同的利益诉求。

就中国与东盟国家而言，双方早在2002年就开始了非传统安全领域的合作，并相继签署了多个合作宣言与谅解备忘录。在"21世纪海上丝绸之路"倡议提出之前，中国与东盟国家于2002年签署《中国与东盟关于非传统安全领域合作联合宣言》；于2004年签署《中华人民共和国政府和东南亚国家联盟成员国政府非传统安全领域合作谅解备忘录》；2011年温家宝总理提出建立中国与东盟海上合作基金，共同解决双方在海洋航行安全、海上搜救、打击海上跨国犯罪等领域面临的问题。至"21世纪海上丝绸之路"提出和实施后，中国与东盟国家之间的海洋非传统领域合作更是进一步深入，李克强总理建议将2015年确定为"中国-东盟海洋合作年"，并定期举办各国海洋部长参加的海洋合作论坛，开展海上执法机构的对话合作，成立海洋合作中心。[①]习近平总书记更是多次与东盟国家领导人会谈，积极推进与东盟全方位合作，致力共同打造中国-东盟命运共同体建设。2020年，习近平总书记还在第十七届中国-东盟博览会和中国-东盟商务与投资峰会开幕式上致辞指出，7年来双方互联互通不断加速，经济融合持续加深，经贸合作日益加快，人文交往更加密切，中国-东盟关系成为亚太区域合作中最为成功和最具活力的典范，成为推动构建人类命运共同体的生动例证，并提出愿同东盟国家共建"21世纪海上丝绸之路"，携手共建更为紧密的中国-东盟命运共同体。同时提出提升战略互信，深入对接发展规划，提升经贸合作，加快地区经济全面复苏等四条重要措施来推进。

随着"海丝"与环印度洋地区国家合作项目的进一步深入发展，双方之间的海洋非传统安全领域合作必将进一步深入，而安全领域的合作又将

---

① 李克强：《在第十七次中国—东盟（10+1）领导人会议上的讲话》，载《人民日报》，2014年11月14日，第3版。

助力海洋养殖、海洋旅游等领域的合作。

（三）外交领域的重要性和意义

1、稳定周边，促进地缘政治、经济合作

进入21世纪的第二个10年，中国迎来了最好的发展时期，国家政治体制改革不断深化创新，经济发展进入内涵式增长的"新常态"。但外部环境却因逆全球化、贸易保护主义抬头而不容乐观，各国的民粹主义、保护主义此起彼伏。为此，中国政府多次重申周边外交的重要性，高举和平、发展、合作、共赢旗帜，坚持"亲、诚、惠、容"的外交理念，坚持"与邻为善、以邻为伴和睦邻、安邻、富邻"的周边外交政策。"21世纪海上丝绸之路"倡议正是中国致力于维护世界和平、促进共同发展的举措。

自该倡议提出以来，出现了频繁而密切的高层互访热潮，亚洲、非洲、大洋洲、欧洲的数百位时任外国元首或政府首脑访问中国，商谈"海丝"事宜。各国政府在对话协商中创造了多个多边合作平台，环印度洋地区的南亚国家巴基斯坦将中巴经济走廊写入巴基斯坦"愿景2025"；斯里兰卡以政府声明的形式声援"21世纪海上丝绸之路"；中国与东盟各国相继签署了海洋合作双边机制，建立了海上合作基金，完善了海洋部门高层领导互访和对话机制；中东、非洲的海湾合作委员会、阿拉伯国家联盟、非洲联盟等区域组织也对该倡议表现出欢迎的态度。同时，国家间合作项目的开展，区域间互联互通和经济一体化的推进，都需要巨额建设资金的支持，由此多边金融机构亚洲基础设施投资银行也应运而生。

值得一提的是，周边国家尤其是环印度洋地区国家加入"海丝"倡议，使得美国"印太战略"在地缘政治、经济上对我国的围堵得以突破。从空间上来看，"21世纪海上丝绸之路"与"丝绸之路经济带"形成南北双线，海陆配合的态势，将欧亚非三大洲融为一体，突破了美国对中构建的地缘战略包围圈。单从海上丝绸之路来看，也有利于避开美日挤压下的战略空间，选择向南向西发展，进而由南海进入印度洋，通过南亚、中东连接欧洲和非洲。从经济上来看，由中国倡导多个国家参与的亚洲基础设施投资银行，有利于打破以美国为主体的单边国际金融体系。而南海油气资源共同开发与中澳能源合作的开展，有利于抗衡美国恃强凌弱的霸权经济行为，这体现了中国倡导的人类命运共同体意识和安全和平、合作共赢的发展理念，有利于世界各国搭乘中国发展的顺风车。

2. 促进全球化、区域化，推动建立国际政治经济新秩序

当今世界政治经济发展全球化浪潮正如火如荼地开展着，不可逆转。与此同时，区域化发展如后起之士，在越来越多的国际事务中扮演着重要角色。全球化与区域化作为世界政治经济发展的两个趋势特点，二者并不相悖，反而都是社会经济发展一体化的表现，区域化发展作为全球化发展的组成部分，对其有着不可替代的补充作用。① "21世纪海上丝绸之路"的提出，正是中国为应对全球化浪潮中出现的东西世界贫富差距扩大化、暴恐活动频发、文明与价值观冲突等问题而发出的区域化发展倡议。

构建"21世纪海上丝绸之路"，一个重要的目的在于深化周边国家的政治、经济、文化各领域的交流，通过友好的周边外交政策，促进国际关系区域化发展，从而为我国的发展营造和谐稳定的外部环境。而中国与"海丝"沿线国家的交往不断增加，新的战略合作点也不断出现，双方经贸联系将不断扩大，周边各国对中国的认识将更为全面、客观，并主动"搭便车"，参与"21世纪海上丝绸之路"建设。从更深层次上来看，伴随着海上丝绸之路出现的是新的国际政治经济秩序。区域化发展的出现一定程度上是为了制约全球化发展出现的不利影响，区域化这一新的政治经济环境，可以做到以较快的速度团结一致对抗区域外的国家或地区，并借助区域化的优势与力量向旧的、不公平的国际秩序发声，在保护自身利益的同时，推动国际政治经济新秩序的形成。

（四）经济领域的重要性和意义

1. 继续深化改革开放，促进国内经济转型升级

在改革开放四十余年的风雨历程中，我国已发展成为全球第二大经济体，取得了举世瞩目的成绩，但在光鲜亮丽的成绩背后，也暴露了经济发展的疲软性。我国依靠劳动力密集型优势形成的粗放式经济发展模式，形成的产品技术水平低、产品附加值低，加之全球金融危机的影响，欧美等发达国家由于经济压力，对中国产品需求逐年递减。受此影响，我国经济发展出现严重的产能过剩、经济结构不合理等问题，发展进入"新常

---

① 张勇：《略论21世纪海上丝绸之路的国家发展战略意义》，载《中国海洋大学学报》（社会科学版），2014年第5期，第16页。

态"。建设"21世纪海上丝绸之路",正是促进我国国内经济转型升级,继续优化产业结构,继续扩大对外开放,推动中国产能"走出去"的有力之举。

"21世纪海上丝绸之路"沿线国家大多是发展中国家,他们的基础设施建设需求大,对资金与技术的输入需求迫切,这就为我国寻求新的对外开放市场提供了条件,拓展了我国经济发展空间。与此同时,新的国际市场的出现,势必增加国际竞争,从而倒逼国内经济改革,助推中国经济结构、产业结构转型升级。

2. 推动"走出去"与"引进来"相结合,加大中外能源开发合作力度

围绕石油资源开发而展开的南海争端由来已久,近年来更是由于域外势力的介入而愈演愈烈。早在20世纪70年代,中国就为解决包括南海在内的周边国家领土与海洋权益争端提出了"主权属我,搁置争议,共同开发"的原则,但迟迟未获得周边各国认同。①直到"21世纪海上丝绸之路"倡议的提出,中国才再次将与东盟国家联合开发南海油气资源提上议程,将其作为实现"能源基础设施互联互通合作"的重要组成部分,这才让双方的南海油气资源共同开发合作有了新的突破。其一,因为东盟国家可以通过油气资源的开发来增强经济发展的内生动力;其二,借助油气资源合作稳固中国与东盟自贸区建设,从而更好地搭乘中国发展的"顺风车"。对中国而言,与南海沿线国家的合作,在保障中国能源安全多元化战略的同时,可以起到化解南海争端的作用,为国内经济转型升级提供稳定的发展环境。

在快速的经济发展过程中,中国未能逃脱历史魔咒,经济增长带来的是环境恶化,因此中国亟须清洁能源的引入,以安全环保的方式实现经济转型升级,而环印度洋地区大洋洲国家澳大利亚对接"海丝"的实现,正是解决这一问题的关键。澳大利亚国内拥有丰富的矿产资源,加之其地广人稀的现状,使其发展成为能源净出口国,截至2018年,其国内能源消耗占其能源生产总量的48%,其余均用于出口,预计到2030年,其国内能源

---

① 杨泽伟:《论21世纪海上丝绸之路建设对南海争端解决的影响》,载《边界与海洋研究》,2016年第1期,第107页。

出口比例将上升至61%。①在"21世纪海上丝绸之路"的倡议下，可以实现中澳煤炭、石油、天然气等能源企业的积极合作，用中国丰富的劳动力资源弥补澳国人口缺陷，而澳国清洁低碳能源流入中国乃至沿线"海丝"国家，让沿线国家的经济发展更为现代化，在携手打造人类命运共同体的过程中实现多赢局面。

3. 促进区域经济发展，推动人民币区域化、国际化

近年来，在经历了美国次贷危机和欧债危机而导致的世界金融危机后，美元和欧元等国际主要结算货币汇率的跌宕起伏让金融交易风险上升、成本增加，而中国经济日益向好发展，无疑为各国将人民币作为国家结算货币提供了一个良好契机。顺应"21世纪海上丝绸之路"的迅速发展，沿线国家尤其是环印度洋地区国家的融入，中国与南亚、东南亚、非洲等地区的国家从交通、信息的互联互通入手，逐步建立并完善经济合作体制、机制，深入基础设施、科技创新等方面的经济交流与合作，逐步实现贸易一体化进程。并在双边或多边贸易中逐渐采用汇率稳定的人民币进行贸易结算，这有助于人民币的区域化、国际化发展。

以"海丝"倡导下开展的孟中印缅经济走廊贸易交往为例，中国同孟加拉国、印度、缅甸贸易总量的不断增长，为人民币进行跨境结算奠定了坚实的贸易基础。另外，孟、印、缅国家为推进现代化进程，需要中国向其出口大量的工业、能源、电信、农业各领域的基础设施产品，而中国也急需将这些产能过剩的产品从国内转移出去。也就是说，孟、中、印缅之间存在较高的贸易依存度，为人民币的流通提供了良好的途径，在这种利好形势带动下，人民币跨境结算必然会迈上一个新的台阶，进而推动人民币区域化和国际化。

综上所述，建设"21世纪海上丝绸之路"是促进中国与沿线国家经济贸易一体化的过程，该过程会带动中国与丝路沿线国家贸易额的不断扩大，其贸易依存度与互补性也会不断提高，从而带动人民币的跨境结算，使人民币经济进入区域化、国际化发展新阶段。

---

① 许江风：《"一带一路"建设给中澳能源合作带来新机遇》，载《21世纪经济报道》，2018年第4版，第1页。

（五）社会领域的重要性和意义

1. 推动民间交流和人文交流，促进民心相通

"21世纪海上丝绸之路"倡议的一个重点是推动中国与沿线国家互联互通，而互联互通的根基是民心相通，让中国了解"海丝"沿线国家，让沿线国家认识和了解中国。

就多边交流而言，"海丝"倡议提出以来，由沿线国家参与的海上丝绸之路国际艺术节、21世纪海上丝绸之路国际博览会、学术交流会等活动频频开展，为弘扬友好合作精神，深化合作意向奠定了坚实的民意基础。就双边交流而言，国与国之间的文化交流逐渐从政府主导、官方推进转变为政府指导、民间推进。中非之间以艺术、电影、图书等为主题多次举办展览，让民众从生活百态中了解双方，并在深入交流中形成了"欢乐春节""中非文化聚焦""中非文化人士互访""中非文化合作伙伴关系计划"等多个品牌活动。而孔子学院、合作论坛、友好经贸发展基金会等交流平台则成为双方发出各自声音、了解双方需求、实现求同存异的协商舞台。在中非文化交往中，中国功夫、中国女红、中国陶艺、中国教育进入非洲，造福非洲。与此同时，非洲鼓乐、非洲木雕等产品也开始进入中国，并为中国民众所喜爱。

2. 推动中华文化走出去，提升中华文化软实力

在中国政府提出由"21世纪海上丝绸之路"和"丝绸之路经济带"组成的"一带一路"倡议后，受西方思潮的影响，有一部分国家对中国存在误解，认为中国倡议是霸权主义思想的体现，是为了抵抗美国在亚太地区的扩张而提出的战略对抗。实际上，中国倡议是在尊重各国发展道路的基础上提出的谋求共同发展的倡议，是"各美其美、美人之美、美美与共、天下大同"的倡议。因此，该倡议从最初的中国倡议发展为当今的全球共识，是中华文化"走出去"，增强沿线国家"认同感"的结果。

地理位置上的接连使得我国与环印度洋地区的众多国家在历史上就有着紧密联系。早在隋唐时期，中原王朝与环印度洋地区国家已互派使节，并进行土特产贸易；明王朝更有郑和七下西洋的佳话，这就为双方的交往建立起了人文交往的桥梁。当前，在经历过现代化和改革开放的洗礼后，我国社会自身的文化与人们的价值观念也在发生着剧烈的变化，我们需要

重走历史之路，借助海上丝绸之路让沿线国家更加深入全面地认识一个改革开放四十余年后的中国，让他们更直观地认识中国文化，认同中国文化，并吸收优秀中国文化。在此基础上建设"21世纪海上丝绸之路"，有助于进一步提升我国文化的影响力与软实力。

四、"21世纪海上丝绸之路"在环印度洋地区推进的风险与难点

（一）政治风险与难点

1. 制度体制各异，个别国家政局动荡

环印度洋地区各国的政治体制差异巨大，国内局势以及外部国际环境都面临着严峻的挑战。"21世纪海上丝绸之路"在环印度洋地区所涉及的国家除新加坡、澳大利亚外大多是处于政治转型中的发展中国家，政治体制类型繁多，政局稳定性也较差。他们中有共和制、总统制国家，也有内阁制、联邦制国家，甚至还有像沙特、泰国、马来西亚那样实行君主制政体以及像缅甸那样的军政府国家。特别是环印度洋的南亚、中东、非洲地区面临着国内政局不稳甚至反政府势力强大等问题。

一个国家的政治环境不稳定会导致一国的政治、经济政策决策连贯性不强、政策变化大、波动明显等问题。"21世纪海上丝绸之路"是一个涉及方方面面的庞大而系统的工程，需要沿线各国长期稳定的参与和支持，这就需要参与国政治的稳定，进而保持双方政策合作的一以贯之，否则将会产生许多不良后果，不利于双方的战略对接以及合作的深入。例如，于2009年消灭"猛虎组织"结束内战的斯里兰卡，经济逐步得到恢复并开始进入发展"快车道"，但在2015年年初，执政斯里兰卡10年的拉贾帕克萨总统在选举中落败，新总统西里塞纳就职后，就改变国内政策，使得中资科伦坡港口城项目借环境影响评估被迫停顿。又如缅甸，长期受军政府控制，经济发展缓慢，"民地武"问题没有解决，国内政局一直动荡不安，不仅影响国内发展环境，而且还产生"溢出效应"，影响中缅边境安全。如2015年以后，缅北政局的恶化和动荡不可避免地给中缅关系，特别是双边投资合作带来负面影响。[①]2021年2月缅甸军人取得政权后，由于军方

---

① Li, X., Li, J.: "The Belt and Road" and the Reconstruction of Geopolitical Economic Strategy, World Economics and Politics, tenth issue in 2015, pp. 55.

与"民盟"矛盾激化，也影响中缅投资合作。再如泰国，2015年泰国军方发动军事政变，前总理英拉被指违宪下台，英拉政府与我国签署的"大米换高铁"协议由于"军变"而不能再有效履行，而巴育军政府新的"大米换高铁"协议在其内部存在很大的分歧，泰国政局的频繁更迭使我国在"一带一路"倡议下推进的重点工程——中泰铁路的建设受到了极大的影响。[①]据国外研究的数据显示，自2013年以来中国在60多个"一带一路"参与国家投资的1674个基础设施项目中，约有14%的项目（234个）遭遇了麻烦。[②]这从一个侧面反映了我国的一些境外项目处于较高风险的状态。

2. 法治进程各异，个别国家腐败问题严重

法治、经济制度的完善程度以及腐败问题的严重程度，直接影响一国政府决策及执行政策的有效性。在"21世纪海上丝绸之路"和各国政治复杂的背景下，参与国政府的政策制度可以直接影响双方合作工程项目的执行情况。一套高质量的制度体系能够有效保护两国的合作利益，反之，低效的制度体系则会给两国的各领域合作带来不确定性。

环印度洋沿线国家的发展水平各异，其在法律制度的完善程度方面也差异较大。在这一地区大陆法系、英美法系和伊斯兰法系等法律体系均有体现，个别非洲国家由于国内不稳定因素致使至今未形成完整的法律体系，沙特等中东国家隶属的伊斯兰法律体系，许多问题仍然依据伊斯兰教义解决。如何协调各法律体系，从而达成法律共识是共建"21世纪海上丝绸之路"的一个棘手的问题。与此同时，腐败行为危害东道国的政治安全、社会稳定、百姓利益，是"21世纪海上丝绸之路"政治风险的主要来源之一。监察贪污腐败的国际非政府组织"透明国际"发表的2019年度世界各国的"清廉指数"排行榜显示，环印度洋地区各国的腐败形势十分严峻，除新加坡和澳大利亚排名靠前外，其他国家的排名均不理想，索马里、苏丹、叙利亚、也门这几个环印度洋沿线国家甚至排名垫底。[③]这不仅会增加"一带一路"项目的投资成本，严重的话还会造成不公平竞争，使项目建设在海外面临受阻困境。

---

① 邹春萌：《"一带一路"背景下的中泰铁路合作——积极影响与潜在风险》，载《深圳大学学报》（人文社科版），2018年第1期，第87页。

② 王林彬：《"丝绸之路经济带"背景下中国与中亚国家投资风险救济制度之完善》，载《兰州学刊》，2020年第1期，第19页。

③ 数据资料来源于透明国际发表的《2019年度世界各国的"清廉指数"排行榜》。

3. 存在认知风险，个别国家因其政治目的大肆渲染"中国威胁论"

当前，中国的综合国力和国际地位正在迅速提升，但仍处于一个漫长发展的过程。而中国的发展需要一个和平稳定的外部环境。中国的"一带一路"正在努力构筑一个合作共赢、互惠互利的发展新格局，并期望在推动全球治理体系变革中发挥重要作用。基于传统的国与国之间的合作模式以及一国国家利益的考量，个别国家对"一带一路"倡议的目的产生了过度的解读，甚至强加"政治扩张""地缘博弈""资源掠夺"等莫须有的罪名。"21世纪海上丝绸之路"发展面临的最大困境之一便是参与国因其疑虑而在政策措施上的掣肘，找出解决办法迫在眉睫。与此同时，环印度洋沿线国家大多经济发展滞后，综合国力偏低，其国家决策往往受该地区地缘性大国和国际发达国家的影响，决策主导性较差。虽然"21世纪海上丝绸之路"建设是中国与环印度洋沿线国家的共同利益诉求，但仍有个别国家基于自身政治目的对其进行诋毁。

这种恶意诋毁带来的发展挑战和周边国家的不信任，随着中国的崛起、中国国际地位的提升而表现得尤为明显。近年来，中国与诸如印度、菲律宾等环印度洋地区国家的领海、领土争端不断。虽然中国谋求与周边国家共同发展，但是许多国家对于"21世纪海上丝绸之路"仍充满了疑虑。加之美国、印度等国夸大事实的舆论引导，不少国家怀疑中国提出这一战略是基于地缘政治意图，而不是中国强调的经济意图，其目的是突破美国对中国的遏制，并谋求在印度洋该地区事务中的主导地位。这种误解必然使沿线国家将"一带一路"建设与西方国家捏造和夸大的印度洋"珍珠链战略"联系起来，比如有些偏激分子将"一带一路"看成是"'新马歇尔计划论'、'中国中心主义论'、'重回朝贡体系论'"。[①] "中国威胁论"的再次出现，也将进一步加剧中国国际环境的不确定性。

（二）安全风险与难点

1. 民族宗教矛盾多，军事冲突不断，恐怖主义滋生

环印度洋地区各国拥有极佳的战略发展前景，但安全风险依然严峻。这使得"21世纪海上丝绸之路"在这一地区陷入了较为复杂的安全困境。中亚地区方面长期受恐怖主义、分裂主义和宗教极端主义三股势力的袭

---

① 张亚光：《"一带一路"：从历史到现实的逻辑》，载《东南学术》，2016年第3期，第11页。

扰。东南亚方面，缅甸的内战存在一定程度的扩大化的风险，印度尼西亚、泰国、马来西亚等国也长期存在着反政府武装、地方自治势力、极端宗教势力等不安全因素。中东地区方面，随着北约在阿富汗的撤出，阿富汗、伊拉克等国的局势亦存在着恶化的可能性。值得进一步指出的是，非洲的政治局势总体上已经稳定，但某些地区的军事冲突仍然存在，南非、索马里因选举引起频发的社会冲突，并且该地区的恐怖活动正呈分散化趋势。[1]

南亚、中东、非洲和印度洋沿岸海域的非传统安全因素，不但加剧了"21世纪海上丝绸之路"的推进难度，也导致中国与其他大国关系更加紧张。许多已经积极参与到"一带一路"建设的国家，其战略路线横跨或邻近宗教和种族冲突的地区，一定程度上对"一带一路"的战略安全构成威胁。以"中巴经济走廊"为例，虽然中巴之间的空间距离很小，但该走廊地理位置复杂，涉及印巴争议的克什米尔地区，不仅建设经济成本高，更重要的是该走廊有可能触及印方的某些神经，对我国"21世纪海上丝绸之路"在该区域的推进产生阻碍。

2. 跨国犯罪问题凸显

随着"21世纪海上丝绸之路"建设向纵深推进，海盗、贩毒、偷越国境等跨国犯罪也日益凸显出来。索马里海域、新加坡海峡等地带的海盗活动猖獗，海盗袭击商船的事件时有发生，对于海上交通线的安全造成严重的威胁，使"21世纪海上丝绸之路"建设蒙受了损失。根据国际海事局（IMB）海盗报告中心数据显示，2019年全年在上述地区发生的海盗事件就有78起，占当年全球海盗事件的48.1%。[2]同时，走私、贩毒等犯罪行为也日益呈现跨国性的特点，在南亚地区以缅甸为代表，其所出产的毒品经由海上进入泰国、越南、中国、印度等国家，湄公河沿岸各国的毒品形势也十分严峻；在中东地区以阿富汗为代表的制毒、贩毒源头国家，仅2016年至2017年生产的罂粟就占世界罂粟生产总量的75%。[3]据伊朗学生通讯社（ISNA）的报道，2000年阿富汗麻醉品的总产量约为200吨，2017年增

---

[1] 刘一凡：《"一带一路"倡议下中非合作的战略对接与挑战》，载《现代商贸工业》，2020年第68期，第62页。

[2] 该数据来源于国际海事局2019年1月至12月《海盗袭击及海上武装劫船报告》。

[3] 该数据来源于联合国毒品和犯罪问题办公室发布的《2018年世界毒品报告：内容提要、结论和政策影响》。

加到9000吨，增长了约50倍。而根据联合国《2020年世界毒品报告》，截至2020年的5年中，阿富汗的鸦片产量约占全球总产量的84%。在非洲地区，许多国家的政治安全体制不健全，国家治理秩序混乱，绑架、勒索甚至杀人的恶性事件屡见不鲜。例如，2021年5月19日，由韩国籍船长执航的加纳籍金枪鱼捕捞作业船"亚特兰提斯公主"（Atlantic Princess）号，在非洲加纳近海遭遇武装分子劫持，包括船长在内的5名船员被绑架，其中有3名中国籍船员。又如，2021年5月30日，尼日利亚发生袭击事件，武装分子劫持了一个学校约200名学生。而自2020年12月以来，尼日利亚至少发生了6起学生绑架事件，共有800多名学生和工作人员遭到绑架。2021年6月5日，2名中国人在尼日尔西部被绑架。有专家估计，自2021年1月以来，尼日尔萨勒赫地区因极端分子造成的死亡人数超过500人。其中，1月2日两个村庄遭到袭击造成约100人死亡，3月多个村庄遭到袭击造成137人死亡。在布基纳法索，近年来发生的袭击事件导致超过114万人流离失所。

3. "一带一路"倡议安全保护有限

中国的"一带一路"倡议与美国的全球战略相比，其根本特征在于中国更侧重于经济、文化的交流，而不是谋求军事上的霸权。这也意味着"一带一路"的参与企业与公民很多时候缺乏国家直接的强力保护。目前，中国的安全保障措施实际上主要是走外交领域内的领事保护，而"21世纪海上丝绸之路"环印度洋地区沿线国家，其中央政权对于全国的控制能力一般都相对有限，一些国家甚至没有常备的军事力量，仅外交途径的安全保障在环印度洋地区难以解决根本性的问题。与此同时，随着"21世纪海上丝绸之路"的深入推进，越来越多的项目设施将在这一地区落地，越来越多的企业和员工将参与进来，中国目前在该地区各国的安全保障上的局限性将暴露得更为明显，并很可能构成对于"一带一路"倡议实施的最为紧迫的挑战。

（三）外交风险与难点

1. "以我为主"的政策存在负面影响

目前，"21世纪海上丝绸之路"在环印度洋地区已取得了一定的发展，但由于我国企业在推进"一带一路"项目过程中许多都是"以我为主"，而

"以我为主"的项目，使得在政策安排和制度设计上不能满足不同国情国家的需要。一是考虑政策不周到。由于一些项目受当地所谓的"污染""人权""习俗""宗教"等问题制约，一些政策不能有效落实，许多项目也不能精准落地。二是对象国投资壁垒多。由于一些国家法律不健全、贸易区建设滞后等，中国与投资对象国之间政策难对接，或当地仍存在许多壁垒，导致许多项目难以顺利实施。例如，一些国家实施较为严格的许可证准入制度，征收较为高额的"人头税"等。三是贸易投资便利化滞后。由于各国海关程序和文件不统一，基础设施建设标准和规范不一致，交通物流运输信号存在差异等，导致"21世纪海上丝绸之路"倡议下的贸易自由化和投资便利化不能有效形成。

2. 动员共建能力有待进一步加强

环印度洋地区对"21世纪海上丝绸之路"倡议及其对于促进环印度洋地区区域一体化进程所具有的重大意义的认知程度还不够，这一倡议在部分国家并未得到广泛的认同和理解。一些国家或地区对"一带一路"倡议持观望态度，政府不参与、不支持，媒体报道也主要集中在负面消息。此外，一些西方国家智库还抛出"中国威胁论"、"地缘扩张论"、"经济掠夺论"、"环境污染论"、"债务陷阱论"等负面评价。

阿尔及利亚驻华大使艾哈桑·布哈利法2019年在"一带一路"安全与发展分论坛上谈到"一带一路"倡议所面临的挑战时表示："因为对于'一带一路'倡议的理解有所不同，部分国家会对'一带一路'倡议的目的产生误解，所以现阶段，中国政府应当明确以及全面地说明'一带一路'倡议的内涵，并向国际社会积极阐述'一带一路'倡议的意义。"①这一方面说明"21世纪海上丝绸之路"倡议从提出至今受到了一些质疑和误解，一些项目工程也因遭遇阻挠而被取消；另一方面反映出我国相关部门对"一带一路"内涵的阐述还不够，讲故事不力，方法效果还不佳，特别是对示范项目的宣传力度不够，影响了合作的推进。同时，也说明我国需要在外交方面更主动、更积极，提高动员能力，以吸引更多国家、企业和人员参与。

3. 受各国地缘政治博弈的影响

环印度洋地区的地缘性大国以及欧美强国渴望在该地区构建以自己为

---

① 楚天舒：《艾哈桑：部分国家会对"一带一路"产生误解》，https://dy.163.com/article/EOMUI1400514R9OJ.html。

中心的政治经济秩序，这使得该地区地缘博弈日渐白热化。印度对中国"一带一路"倡议不仅持消极抵制态度，曾两次拒绝出席"一带一路"建设国际高峰论坛，还提出"自由走廊"、"印太经济走廊"、"季风计划"、"香料之路"、"棉花之路"等倡议计划，一定程度上冲击了我国"21世纪海上丝绸之路"的建设；①美国提出了"新丝绸之路计划"和"印太战略"，其中"印太战略"对我国在环印度洋地区的策略方针形成了强烈的对冲；日本提出"高质量基础设施合作伙伴关系"，妄图在该地区基础设施建设项目工程方面取代中国；欧盟发布的《连接欧洲和亚洲——对欧盟战略的设想》，在其内容上除了合作部分外也不乏代替设想。②这些大国的竞相发力给环印度洋地区各国提供了更多的发展选择，在一定程度上影响了"21世纪海上丝绸之路"的推进。

（四）经济风险与难点

1. 经济发展水平各异，市场开发难度大

"21世纪海上丝绸之路"的重点是经贸合作。在环印度洋地区同样是以经贸合作为主，同时与各国相互整合和提升，以促进区域经济一体化和互联互通。但是各国由于历史因素、政治因素等问题，其经济经过特定的区域环境和一段时间的自我发展，已经拥有了自己的发展模式、发展速度及发展方向。有的国家已经具备了与我国进行良好经济互动的有利环境，例如印度、马来西亚、泰国、新加坡、澳大利亚；有的国家在"21世纪海上丝绸之路"战略中处于支点地位，但是由于经济发展的滞后，我国的投资建设在比较长的时期内很难带来经济上的回报，甚至投资风险在特定的国际环境中还会增加，例如巴基斯坦；有的国家由于战争等因素，经济发展遭受到严重的破坏，需要大量的重复投入，例如中东和非洲的部分国家。这些意味着要想实现"21世纪海上丝绸之路"框架下的互联互通，我国要协调好各个国家的不同发展现状与我国致力于在该国内实现的经济目标的关系，有策略、有针对性地开展经济对接。

与此同时，要想实现经济上的互联互通和融合发展，首先要实现基础

---

① 梅冠群：《印度对"一带一路"的态度变化及其战略应对》，载《印度洋经济体研究》，2018 年第 1 期，第 27 页。
② 赵会荣：《中国与中亚国家共建"一带一路"：进展、风险与应对》，载《俄罗斯学刊》，2020 年第 5 期，第 21 页。

设施上的互联互通，但由于环印度洋地区各国经济发展水平的差异，各国的基础设施建设水平也千差万别。要实现经济上深入的合作交流就必然要解决基础设施问题，然而基础设施建设需要投入大量的资金、人力、物力，在一些比较落后的区域，铁路、港口等基础建设实际上很难在短时期内见到效益，甚至将在很长一段时期内面临亏损运营的局面。中国与参与国如何分配投入、产出，协调利益，如何在各国复杂的国内和国际形势、多样的政府执行效率以及贪污腐败等问题中进行高效的经济合作，对我国"21世纪海上丝绸之路"建设来说仍是一个难题。

2. 投资结构不均衡，投资风险控制不到位

自"21世纪海上丝绸之路"倡议提出以来，我国对环印度洋地区的投资力度逐步加大，给沿线国家带来了利好的发展前景。但当前我国投资框架仍面临一系列的问题。首先，国有资产占环印度洋地区"21世纪海上丝绸之路"的投资比重过大，民营资本的参与程度普遍偏低。海外一些国家对国有资本投资有较为严格的行业准入机制，对我国以国有企业为投资主体的投资结构形成了限制。并且现阶段环印度洋地区投资主体主要是中方，这种一方独大的投资模式，也在一定程度上影响了沿线国家政府和企业的参与热情。其次，"21世纪海上丝绸之路"现阶段在各国以基础设施建设和能源开发为主，这些领域较为敏感，容易受到政府的控制和干预。最后，当前我国在环印度洋地区的投资区域主要集中在东盟、非洲和中亚国家，虽然在其他地区国家也进行了一定的投资开发，但总体而言这些国家与我国合作项目单一，对接程度不高，不利于区域整体的互联互通。因此，我国在环印度洋地区的"一带一路"建设虽然取得了阶段性成果，但同时投资的失衡也为其继续深化推进埋下了隐患。[1]

此外，准确地度量和评估项目风险是保证我国投资收益的重要一环。对于经济风险的风险评估需要全面的信息做支撑，我国风险评估机构整体上存在对外风险评估经验不足、情报信息不全面等问题，风险评估过高、过低都会影响投资活动的顺利进行。长期以来，我国在环印度洋地区的投资活动存在评估视角上的误区，只重视发展与东道国政府或上层精英的关系，而忽视了反对派、非政府组织或社会舆论的声音，难以对投资项目形

---

[1] 王凡一：《"一带一路"战略下我国对外投资的前景与风险防范》，载《经济纵横》，2016年第7期，第33-36页。

成全面性、准确性、可靠性的评估。与此同时，随着我国在环印度洋地区的投资项目越来越多，双方合作越来越深入，越来越多的中国企业和员工投入到"21世纪海上丝绸之路"的倡议中，如何保障我国海外工作人员的权益，也关系到两国战略对接的延续性。[①]

3. 建设资金缺口大，融资手段单一

环印度洋地区除少数国家外其他国家经济相对落后，缺乏必要的基础设施和能源开发投资资金，中国作为资金提供者，目前是"一带一路"项目主要的"出资者"，据亚投行估计，2010~2020年，仅丝绸之路沿线亚洲8国（中国、哈萨克斯坦、巴基斯坦、印尼、马来西亚、泰国、菲律宾、越南）基础设施建设所需的投资累计就达5.7万亿美元。[②]虽然现有的亚投行、世界银行等多边金融机构可以为这些国家提供资金支持，但由于民间资本担心基础设施投资周期长，参与意愿低，总的来看资金缺口依然巨大，融资渠道单一也成为现阶段"21世纪海上丝绸之路"在环印度洋地区深入推进的一大难题。部分国家行政审批效率低、金融环境不佳，缺乏通过资本市场筹集资金的能力和经验，也造成融资结构性矛盾突出。[③]此外，我国可能面临资金无法收回的风险。环印度洋地区民族宗教矛盾突出、政局动荡，如果资金接受方发生政局变动等问题，那么我国资金的成本回收将遥遥无期。

（五）社会风险与难点

1. 文化多样性带来的互通障碍与认知偏差

环印度洋地区沿线国家由于不同的自然环境和人文土壤，在民俗习惯、宗教信仰、思想观念、思维方式等方面各具特色，形成了多元的文化生态。这种文化异质性所带来的文化冲突，不同程度地影响着环印度洋地区各国民众对"21世纪海上丝绸之路"的认知、期望与合作意愿，甚至深

[①] 王永中、李曦晨：《中国对"一带一路"沿线国家投资风险评估》，载《开放导报》，2015年第4期，第30-34页。

[②] 罗雨泽：《"一带一路"——和平发展的经济纽带》，载《中国发展观察》，2015年第5期，第71页。

[③] 郑翔益、杨达：《警惕"一带一路"战略的经济风险》，载《中国集体经济》，2017年第25期，第13—14页。

层次地渗透和影响沿线国家的外交政策。①

由于语言交流、宗教信仰、思想观念等方面的差异，很可能导致环印度洋地区各国民众对"21世纪海上丝绸之路"的认知产生偏差甚至误判，影响沿线国家参与合作的意愿与动力。沿线国家及民众有不同的利益要求和价值追求，对"一带一路"战略的认知、理解和态度不尽相同。有些国家重视人文关怀和生态自然，如果一味地以经济建设为合作的首要目标，很有可能得不到他们的参与和支持；有些国家偏重固有的发展模式，接受新鲜事物的意向偏低，在一定程度上也会产生不信任与猜忌，致使该国对"21世纪海上丝绸之路"的参与度不高。

2. 舆论困境

由于国际形势复杂，大国竞争激烈，有关"21世纪海上丝绸之路"倡议和建设的负面国际舆论，从这一倡议提出时起便如影随形，近年来更是花样迭出，从"颠覆秩序论"到"中国中心论"，从"殖民主义论"到"价值渗透论"，等等，可以说这些无理指责涉及政治、经济、科技、安全、外交、文化等方方面面。"21世纪海上丝绸之路"的首要目的是实现经济领域的互通互联，可这样一项经济合作倡议，外界对项目运作和经贸投资方面的关注度似乎还不如其在政治、外交等敏感领域的关注度高。与此同时，这些无理指责大多不是直接来自环印度洋地区国家，而是出自置身事外的西方国家之口。这种舆论的"围剿"，在环印度洋地区国家造成了恶劣影响，给中国和环印度洋地区各国带来了不同程度的损失，甚至直接导致一些国家的基建项目停工、延长工期或搁置，而这些基建项目鲜有西方国家愿意并能够低成本地帮助实施。更重要的是，这种舆论的"围剿"引发了中国与其他国家之间的争议分歧，造成了信任危机，极大地阻碍了"一带一路"倡议的顺利推行。

3. 参与企业良莠不齐，品牌效应不明显

我国鼓励中国企业走出国门，参与到"21世纪海上丝绸之路"建设中去，但并不是所有走出去的企业都能代表中国的"企业质量"。现在很多企业借着参与建设"一带一路"的名义蜂拥而出，但并不能保证其产品的质量和项目设施的完善，从而造成了一些项目的搁浅，这些项目的失败被

---

① 盛雨婷：《试论"一带一路"中的文化差异及其应对》，载《商业文化》，2018年第8期，第86—88页。

部分西方媒体归结为我国的战略失误,这种典型的泛化和污名化严重危害了我国"一带一路"的品牌形象。此外,中国的企业目前主要依靠铁路、大坝、港口建设等重资项目走出国门,缺乏与之配套的教育、农业、培训、医疗等轻资项目,如瓜达尔港、吉布提港、"中巴经济走廊"、"孟中印缅经济走廊"等,这些项目投资大,盈利周期长,并且普遍以工程基建和能源项目为主,在一定程度上涉及区域内敏感因素,使得参与"21世纪海上丝绸之路"的企业难以发挥其应有的品牌效应。

五、推进"21世纪海上丝绸之路"在环印度洋地区的对策建议

(一)促进政治领域合作的对策建议

1. 因地制宜,制订有针对性的合作计划

"21世纪海上丝绸之路"是一项复杂而系统的工程,我国在各国的政治策略要做到统筹兼顾,既要注重理论的引领作用,制订统一的区域性的政策规划,使环印度洋地区各国在政策引领上协调一致,又要根据环印度洋地区各国的国家体制的差异制订有针对性的合作计划,为各项工程的实施提供明确的行动指南。与此同时,深入研究沿线各国的政治情况,包括国内政治制度、政治力量分布、在野政党情况等,做好多种预备方案,减少因政局动荡对两国"一带一路"合作项目的影响,不断提升自身面对复杂政治局面的协调解决能力。

在区域内选择具有区域影响和地域引领作用的关键合作伙伴也是因地制宜的有效途径。如在环印度洋地区可选择印度尼西亚作为"21世纪海上丝绸之路"倡议的重要战略支点,利用该国优越的地理位置和强烈的合作意愿,在区域内树立典型。同时可以试图寻求自身与环印度洋联盟、东盟、非盟、上海合作组织等国际组织的内在联系,建立共同的发展目标,实现双方的优势互补,消除因政治因素带来的不利影响。

2. 加强司法合作,研判法律风险

法律法规因为各国的历史背景、经济文化的差异而纷繁不一,因此有必要首先在法律上形成双方认可的、公平有效的法律规定;以国际法为基础,协调宗教法与世俗法的关系,并深入了解每个国家的法律特征,制定

出既体现共性又具有个性的法律体系，使得各国在政治、经济、文化的交流合作中有法可依。①首先，要形成对环印度洋地区沿线国家法律制度的系统化认识，组织国内法律、翻译等方面的专家学者对该地区各个国家的法律条文进行全面的搜集和整理。其次，要打通对"21世纪海上丝绸之路"沿线国家的法律服务路径，在国内设立相关的法律服务机构，同时建立沿线国家法律研究及服务协同合作机制。②最后，要加强与沿线各国法律领域的交流，通过举办法律合作国际论坛等方式加强"一带一路"框架下的法治建设合作。

面对未知的法律风险挑战，中国政府在政策制定和资金投入上还应提高风险防范意识，对于各国的法律风险，要能做到提前察觉和有效应对。有可能的话建立一个致力于环印度洋地区发展的法律团队，安排专门的人员队伍来协助研究和处理在该地区出现的法律困境及法理难题，并对其中可能的风险，按性质、严重程度及发生概率等条件做合理的区分、充分的评估，提出切实有效的风险评估以及解决建议。同时不能"因噎废食"，要积极通过与相关国家和地区签订一系列贸易和投资协定、成立国际组织、制定国际组织章程等法律方式为"21世纪海上丝绸之路"营造良好的法律环境。对于腐败问题较为严重的国家，要积极探索合作路径，开展司法合作，有效降低我国相关投资政策受"腐败政治"的影响。

3. 拓展交流渠道，引导正确解读

"21世纪海上丝绸之路"虽然获得了很高的认可，国际影响力也越来越大，但个别国家出于种种政治目的，对我国"一带一路"倡议出言诋毁，一定程度上影响了环印度洋地区各国的认知评价和参与热情。因此，我们要拓宽交流范围，提高宣传力度，牢牢把握"一带一路"倡议的解读引领。我们可以积极筹办国际研讨会，着力发展"21世纪海上丝绸之路"的多方联合参与项目工程，通过技术转让、人才输出等方式展现我国谋求共同发展的意愿。可以充分发挥互联网媒体的辐射功能，积极利用国内外各种受欢迎的自媒体平台宣传我国平等互利、包容并进的国家形象。我们可以在重要的国际场合、国际会议上以国家的名义发布相关文件，系统地

---

① 李雪平：《"一带一路"的合作机制：法律缺陷、复杂挑战与应对策略》，载《理论月刊》，2017年第1期，第5—9页。

② 任洋：《"一带一路"背景下对外投资环境法律风险防范——以非洲为主要视阈》，载《三峡大学学报》（人文社会科学版），2020年第42期，第99—107页。

解释"21世纪海上丝绸之路"的理论思想和实施愿景。我们也可以仿照孔子学院的模式，在环印度洋地区各国建立"丝路学院"，建设"丝路媒体"宣扬"一带一路"所蕴含的文明包容、开放合作的理念，向该地区各国展示我国以和为贵、共同发展的理念，以及实现"人类命运共同体"的美好愿望。进一步提升国际话语权和国际社会的认可度，用实际行动及其成果来反驳一些国家对"一带一路"的扭曲解读和恶意诽谤，降低个别国家出于自身政治目的抹黑中国的不利影响。

（二）促进安全领域合作的对策建议

1. 健全安全风险管控机制

"21世纪海上丝绸之路"在环印度洋地区深入推进的过程中，各种安全风险因素不断涌现，为了保证"21世纪海上丝绸之路"的顺利建设，确保我国工程项目的顺利开展和我国海外企业的利益以及海外人员的安全，必须强化对"21世纪海上丝绸之路"建设的风险评估能力，及早识别沿线可能发生的安全威胁，积极提升危机预警能力，并根据风险评估的结果，及时研判危机的性质及危害，第一时间应对和化解各种风险与危机，确保将风险与危机的破坏力降到最低。

2. 加强国际安全协作

"21世纪海上丝绸之路"逐步实现了在环印度洋地区各个国家间政治、经济、文化上的互联互通，经贸合作上升到一个新的高度，但发展与安全要并重，特别是在安全领域的合作有必要提升到新高度。要将安全合作纳入"一带一路"合作框架，进而提高应对安全威胁的针对性和有效性，将各种安全威胁消解于无形。在国家层面上，要在总体国家安全观的指导下，推进我国与环印度洋地区国家在保障边境安全、打击恐怖主义、打击违法犯罪活动等方面的合作。在推动国际安全合作的过程中，积极利用国与国之间在经济结构、政策需求等方面的互补性，及时避免和化解国与国之间的利益摩擦，构筑起国家间的多层次、全方位、立体性的安全合作新格局。①在具体措施上要积极推进建立由各国共同参与、共同受益的重要区域公共安全产品，共享数据、一起防控、合成作战，构建起全时

---

① 王春亮：《"一带一路"建设的安全观研究》，载《黄河科技学院学报》，2019年第6期，第48页。

空、立体化多国联动的安全防控体系。特别是要根据联动融合、共同治理的理念，通过建立环印度洋地区"21世纪海上丝绸之路"大数据情报信息共享机制，建立成员国共同参与的安全航空、航海专业队伍，组建环印度洋沿线国家警务合作组织等方式，[①]为环印度洋地区国家的相互合作提供坚强的安全保障。

3. 借助第三方力量共筑安全屏障

市场化的安保力量可以在我国"21世纪海上丝绸之路"建设的安全保障方面承担更为重要的角色。因此，在加强自身安保力量的同时，要借助第三方力量，巩固合作的安全防线。特别是要借助民间安保力量来共筑安全屏障。在条件成熟时，可参考其他国家如墨西哥的做法，适度放开安保市场，引入市场与社会的力量来补充"21世纪海上丝绸之路"在环印度洋地区合作的安保需求。一方面是要通过改变现有的审批与监管限制，开发国内的安保市场，培训安保人员，助力"一带一路"；另一方面是要实现在敏感地区的安保去官方化，可以在充分考察调研的基础上积极利用当地的民间安保力量。国内安保市场与国外安保市场相互补充，从而可以更为灵活、有效地满足我国对外工程建设在环印度洋地区的安全需要。

4. 推进我国安保力量"走出去"

我国的国家利益随着"21世纪海上丝绸之路"在环印度洋地区的推进而逐步延伸，安全保障也必须随之升级，但光靠他国之力、第三方之力是远远不够的，要加快推进我国的安全力量走向海外。过去的几十年我国海军从近海走向浅海，由浅海走向深海。从2015年到现在，我国军队与各国军队举行了10余次多边、双边联合反恐军事演习，有的还形成了定期举行的反恐演习机制。自2008年年底中国海军首批护航编队从三亚起航赴亚丁湾、索马里海域执行护航任务以来，已先后向亚丁湾、索马里海域派出38批护航编队，助力维护这片世界上"最危险海域"重新成为"黄金航道"，用实际行动展现了中国军队的大国担当。在我国倡导的"一带一路"合作建设、构建人类命运共同体形成越来越多共识的新形势下，包括武警和解放军在内的我国武装力量，应积极为捍卫我国在环印度洋地区的国家利益和公民人身财产安全贡献力量，助力我国在该地区重要工程项目

---

① 王宏新：《以融合、共治推进"一带一路"安全合作》，载《国家治理》，2018年第46期，第14—16页。

的顺利完成，但同时要更新思维，积极推动我国安保力量跨出国门，为打击恐怖主义、惩治违法犯罪、维护地区稳定贡献力量，从而展现有担当的和平大国形象。

（三）促进外交领域合作的对策建议

1. 坚持"价值外交"优先

近年来，中国的综合国力显著提升，引起了一些国家的担忧。但客观看，一个国家的崛起与"走出去"是联系在一起的，在经济实力增强的背景下，中国参与国际事务活动日趋频繁，海外合作项目不断增加，对外交往频繁，外交也取得了举世瞩目的成绩，国际影响力日益提升是必然现象。但中国这些正常的国际活动常常被西方和所在国家错误解读为中国的战略扩张意图。中国几千年传统传承下来的热爱和平、互惠互利价值体系，是"21世纪海上丝绸之路"战略的价值支撑。我们要充分利用外交资源，宣传中国爱好和平、共同发展的价值观念，把"价值外交"作为处理环印度洋地区各国关系的黏合剂。充分依靠"21世纪海上丝绸之路"参与各国的支持和认可，建立共同情感的纽带。不能一味地以自己的价值标准和政策方针要求环印度洋沿线参与各国。要从利益共同体发展到命运共同体，不仅要平等互利、权责分明，更要设身处地、因地制宜。特别是在国际交往中，"一带一路"各参与国更容易受到情感和价值观认同的影响。一个国家要想成为其他国家真正的朋友，在坚持自己原则的同时，也要顾及他国的国情现状，只有这样，才能为外交事务奠定坚实的舆论基础。我们必须采取多种外交措施，加强与节点国特别是政府支持国的政策沟通，同时在学术界和民间层面也要加强交往和认同，形成新的区域共识。并以此为基础，以外交为依托，形成"共建、共担、共享"的合作理念，促进各国政策的有效对接，将"价值外交"转化为战略对接的突破口。[1]

2. 增强号召动员能力

首先，为提高环印度洋沿线各国对"21世纪海上丝绸之路"的认可、支持和参与，中国需要在国家层面上与该地区国家政府、有意参与到该区域建设的其他国家政府以及相关的国际组织加强交流沟通，通过签订共

---

[1] Brewster, D.: Strategic Influence of "The Belt and Road" Initiative on South Asia and the Indian Ocean Region, Study on Indian Ocean Economy, pp. 8.

商、共建、共享协定,在法律框架、资金保障、战略对接、文化共荣等方面给予"21世纪海上丝绸之路"制度保障。其次,做好舆论引领。研究制定讲好"丝路故事"的系统性框架和长效机制,以外交为依托,发挥政府、智库、媒体、企业等各类主体优势,拓宽人文交流渠道、创新交流方式、活跃交流活动、提高交流效果,促进民心相通,提高国际社会对"21世纪海上丝绸之路"的认知度、支持度和参与度。①最后,充分发挥"一带一路"重点参与国家的外交影响,要多用他国语言、与他国的合作发展成效来讲中国的实践,特别是要充分展现"21世纪海上丝绸之路"给沿线国家带来的丰硕成果。同时,在环印度洋各区域内打造"支点"参与国家,在外交上展现倾斜,在经济上多给予支持,在政策上多给予帮助,努力将重点国家、重点合作项目打造成一张靓丽的"名片"。

3. 促进多边合作,推动发展战略对接

多边合作是中国利用全球化的发展机遇,发挥国际相互依存性优势,促进中国经济可持续发展,推动与周边国家共同发展的必由之路。换言之,中国在现有的国际大环境中谋求发展,需要减少对手,增加朋友。尽管"21世纪海上丝绸之路"在环印度洋地区前景广阔,但不能像西方国家那样以"零和"的思维应对各国战略的维度。在与周边国家的合作共建中,要多运用"领导外交"、"公共外交"、"人文外交"、"民间外交"等消除或减少周边国家对我国的猜疑,以发挥与自身能力和力量相适应的作用,逐步获得与我国的贡献相匹配的影响力。②与此同时,要加强与多边组织及合作国家的发展战略与规划的对接。积极与非盟、东盟、环印度洋联盟、世界银行、国际货币基金组织、亚投行等国际组织的发展战略和规划对接,与欧盟的"欧亚互联互通战略"、俄罗斯等的"欧亚经济联盟"和"跨欧亚大通道"战略、蒙古的"草原发展之路"、印度的"亚非经济走廊"和"印太经济走廊"、印尼的"全球海洋支点"构想、日本的"高质量基础设施合作伙伴关系"战略等形成战略互利和良性互动,避免政策冲突和恶性竞争。③

---

① 郑雪平、林跃勤:《"一带一路"建设进展、挑战与推进高质量发展对策》,载《东北亚论坛》,2020年第29期,第106页。

② FMPRC (2019) Belt and road cooperation: shaping a brighter shared future-joint communique of the leaders. In: Roundtable of the 2nd BRF for international cooperation. Beijing, 27 Apr 2019, para.

③ 郑雪平、林跃勤:《"一带一路"建设进展、挑战与推进高质量发展对策》,载《东北亚论坛》,2020年第29期,第106页。

(四)促进经济领域合作的对策建议

1. 推进境外项目"本土化",实现风险利益"均衡化"

在"21世纪海上丝绸之路"项目落户环印度洋地区各个国家之前,我国企业要建立专门研究机构,做足投资的前期准备工作。在研判过程中,"走出去"投资企业要实现与其他有海外经验企业、社会智库的联动,尽量获得更多所在国的投资信息。要组织有能力的专门研究人员赴准备投资国家进行实地调研考察,分析当地的实际情况,并针对当地发展的具体情况以及"21世纪海上丝绸之路"相关项目的具体特点采取不同的"投资战略"。一旦项目落地,要想办法促使项目"扎根本土",以适应所在国的发展形势,更好地满足所在国的实际需求。此外,国家智库除了承担研究工作外,还应该发挥桥梁纽带作用,加强与不同国家智库间的沟通交流,了解信息、增强互信,为我国企业投资沿线国家提供帮助。

与此同时,针对"21世纪海上丝绸之路"投资的成本分担及利益共享方面的问题,我国应通过制定一套详尽的风险共担和利益分配制度,建立起较为合理的利益均衡机制,避免国际社会对"21世纪海上丝绸之路"产生误解,避免国际社会对我国与环印度洋地区国家开展合作动机的误会。各企业要制定相对完善的投资建设方案,增加高技术含量、低成本、绿色环保等领域的合作,展现我国投资建设的诚意以及争取在未来创造更可观的经济效益。而且,在投资过程中要吸引民间资本、外国资本的投入,以分担基础设施建设及其他区域性公共物品建设中的成本风险和潜在危机,共享能源开发、经济互联的利益。①

2. 积极引入民间资本,强化风险评估及风险管控

"21世纪海上丝绸之路"倡议的导向十分明确,即实现所有参与国家的合作共赢。所谓的合作共赢,对于民间企业来说,不是简单地把产品销售给沿线国家,而是要到当地投资建设,参与到当地的社会和经济的发展之中。从另外一个角度来看,中国的工业制造领域具有很强的竞争性,民营资本也具有它的天然优势,能促进环印度洋地区国家在国家政策上更多地布局中国工业、农业、制造业。因此,不妨积极引入民间资本,由政府

---

① 裴长洪、于燕:《"一带一路"建设与我国扩大开放》,载《国际经贸探索》,2015年第10期,第15—17页。

主导拥有长线运营周期的基础设施建设，如港口、公共交通、能源设施等；由民间资本主导中国的农业、工业向外延伸。充分利用我国已经建设起来的强大制造能力，通过"21世纪海上丝绸之路"更好地向环印度洋地区辐射，这样一来将很好地解决投资结构单一的问题。

同时，建立完善的经济风险评估和管控机制。面对环印度洋地区各国良莠不齐的经济环境，需要我们在投资建设之前能够对合作国家的经济发展情况做出实时性的观测，区别投资，以降低投资风险。因此我国可以建立较为完善的"一带一路"的风险评估数据库，通过随时观测沿线各国物价变动、货币面值变动等经济波动来评估投资环境，有效地增强我国对外投资或合作项目的稳定性。[①]我们也可以对现阶段已经出现的种种风险问题进行权责划分，建立起各部门各地区共同参与的保障协调机制，明确在各类情况下的应急处置方法和主要责任方，增强外交机构、国家政府和项目相关企业之间的默契，进行"风险推演"，提升应对风险的能力。

3. 拓宽融资渠道，吸引国际资本参与

由于"21世纪海上丝绸之路"项目众多，资金需求庞大，我国在环印度洋地区投资建设中要注意拓宽融资渠道，广泛吸引国际资本共同参与。要摒弃"一家独大""利益独享"的思想，积极寻求多方参与、多元化融资的渠道，促进互利共赢、共同发展。首先，要致力于解决一些"小国"资金有限、银行融资困难的问题。充分发挥亚洲基础设施投资银行、金砖国家开发银行、上合组织开发银行、中国—东盟投资合作基金等金融机构作用及其投资职能，鼓励具有相同投资意愿的国家扩大投资，促进投资来源多元化。其次，要积极争取国际合作，将国外资本作为"21世纪海上丝绸之路"的作用补充。在全球化加快的今天，跨国公司成为"海外投资"的主要承担者，中国在环印度洋地区的建设项目也需要一批实力强大的国际资本参与。我们应积极开展相关合作、拓展合作范围、规范合作流程，让海外资本助推"一带一路"建设。

---

① 张春蕊：《"一带一路"建设的经济风险及对策分析》，载《科技经济导刊》，2018年第26期，第210页。

（五）促进社会领域合作的对策建议

1. 讲好中国故事，传递合作共赢之声

"21世纪海上丝绸之路"不是所谓的"对外扩张"，而是促进互联互通、共同发展的有效举措。我们应在处理好文化差异的基础上发挥文化亲和力，不断提高国内外对"21世纪海上丝绸之路"倡议的价值认同和参与热情。我们可以认真研究沿线各国受众群众的文化传统、价值取向和接受心理，采取国内国外联动相结合的双向交流，在科学、教育、体育、旅游、艺术等各文化领域，通过举办论坛、展览、演出等活动，利用影视、音乐、动漫、网游等产业，以合适的形式向环印度洋地区国家民众特别是青少年传播中华文化及核心价值体系，提升他们对中国的认可度和好感度，为"21世纪海上丝绸之路"沿线合作提供内部动力。同时，应以更加亲切的姿态降低沿线国家对我国大国形象的担忧，通过沿线国家民众习惯的语言和方式讲好"一带一路"背后的价值理念，向国际社会广为传播"一带一路"所承载的共商、共建、共享的原则，和平合作、开放包容、互学互鉴、互利共赢的精神以及构建人类命运共同体的理念，传播好"一带一路"声音，提升沿线国家对"一带一路"倡议的认可度、接受度和参与度。[①]

2. 强化与环印度洋沿线国家智库的合作交流

智库交流作为"21世纪海上丝绸之路"民心相通工作的重要组成部分，对于打破西方的舆论"围剿"具有十分重要的意义。"21世纪海上丝绸之路"虽然是中国首倡，但它是促进沿线国家共同发展的伟大事业，是一项"世纪工程"，需要各方共同参与。智库交流工作可以通过推动各国智库间交往、交流、交心，宣传介绍"一带一路"的合作理念及合作进展，引导国外智库理解、尊重、认同"一带一路"的价值理念。同时，通过国际智库间的交流合作，各国智库也会越来越多地发出客观、理性的声音，从而更好地引导国际社会对"21世纪海上丝绸之路"形成客观和积极的认知。

---

① 盛雨婷：《试论"一带一路"中的文化差异及其应对》，载《商业文化》，2018年第8期，第88页。

3. 建立企业"红黑榜",打造品牌效应

对于参与到"21世纪海上丝绸之路"建设的企业,要对其做好甄别工作,好的企业上红榜,向国际社会积极地推动展示,对其他参与企业也将会起到激励和引导作用;不好的企业上黑榜,在国际推广上予以打压,在资金支持上予以限制。这样的红黑榜机制,使优质的企业能更好地参与到项目建设中去,使"滥竽充数"的企业受到更多的管制。通过这样的方式使精品企业"走出去",打造在环印度洋地区的中国企业品牌。但是想要从国家层面建设这种甄选机制十分困难,很容易被参与国认为是政治行为,因此要避免过度地政治化。我们可以通过创建专业的协会组织,例如企业协会、工会、专家委员会,进行企业的甄别和资质审查,让相关企业项目回归经济本质,形成良性的监督机制和严格的自律体系,打造良性的企业甄选制度。[①]

[①] 赵磊:《这是"一带一路"的最大痛点》,知乎网,https://zhuanlan.zhihu.com/p/127270463。

专题报告一

中国实施印度洋战略的重要意义

海洋不仅是世界航运的中心，还是世界未来资源、能源的宝库。近年来，随着世界各国对海洋权益保护力度的加大和印度洋战略地位的提升，大国角逐印度洋的步伐加快。中国不仅对印度洋的影响很小，而且西方和印度媒体对中国进入印度洋大加指责，炒作"中国威胁论"和"珍珠链战略"，使得中国的印度洋战略还未实施就面临挑战。而印度洋对中国未来的发展至关重要，如不尽快制定和实施印度洋战略，重振海上丝绸之路，中国的和平崛起将大受影响。

海洋面积广阔、资源丰富、开发价值巨大，世界强国一直十分关注海洋和维护本国的海洋权益。随着全球化的推进和世界经济的发展，对陆地资源开发力度的加大，使得陆地资源的储量越来越少。海洋不仅对世界经济的影响越来越大，而且对世界政治、外交、军事等方面的影响也越来越大。特别是一批新兴国家的崛起，对资源、能源的需求不断增加，使得世界围绕资源、能源的竞争愈演愈烈。印度洋战略地位重要，资源丰富，吸引了世界关注的目光，一场争夺印度洋的无声战争正在世界范围兴起。中国作为正在崛起的发展中大国，对世界市场、资源、能源需求不断增加。而印度洋正是中国开拓市场、获取资源能源、进行人员往来的战略通道。因此，加快实施印度洋战略，保障印度洋航线安全，成为中国扩大开放、加快发展的必然选择。

21世纪是海洋的世纪，而海洋世纪又呼唤走向世界的中国制定"海洋战略"。英国海军将领曾将多佛尔海峡、直布罗陀海峡、苏伊士运河、马六甲海峡和好望角比喻为"锁住世界的5把钥匙"，在这5把钥匙中印度洋就控制了3把。世界海权之父马汉在一个世纪前预言——"谁控制了印度洋谁就统治了亚洲。印度洋是通向世界七大海域的钥匙。21世纪世界的命运将在印度洋上见分晓"。2009年美国国际安全专家罗伯特·卡普兰在《外交事务》杂志上撰文称:"21世纪世界中心将是印度洋。"①随着中国经济的崛起和对外开放的扩大,中国对印度洋的依赖度大大提高,这要求中国应从战略全局的高度制定和实施印度洋战略,以应对日益严峻的挑战。而且,实施印度洋战略具有十分重要的意义。

一、中国和平崛起的需要

随着世界经济全球化的深入推进和科技的高速发展,世界多极化趋势越来越明显,各国间的经济联系日益紧密,相互依存程度不断提高,国际局势总体趋向缓和,这为各国发展经济带来了机遇。而自古以来海洋都是连接各大洲的战略要地,随着经济和科技的发展,人们对海洋的认识加深,海洋的战略地位日益重要。目前,世界各国都把加快海洋经济发展摆在重要战略位置,有151个沿海国家(包括美国、日本、英国、法国、德国、加拿大、澳大利亚等)和地区制定或实施了海洋战略。世界上约90%的货物贸易和65%的石油是通过海洋运输的。全世界海洋经济不仅提供了大量产值,而且提供了成千上万个工作岗位。据联合国报告,2030年海洋产业将提供4000万个工作者岗位。仅中国,2020年的海洋生产总值就达8万亿元。其中,海洋第一产业增加值为3896亿元,第二产业增加值为26741亿元,第三产业增加值为49373亿元。海洋经济已成为国际竞争的一个重要内容。印度洋是世界重要的海洋,面积约达7617.4万平方千米,居世界海洋面积第三位,其边缘有阿拉伯海和孟加拉湾等,并有海峡和运河与其他海洋或大陆相连。另外,印度洋中还分布着许多岛链:西部有索科特拉岛、马达加斯加岛、马斯可林群岛、塞舌尔群岛,中部有查戈斯群岛、马尔代夫群岛、斯里兰卡岛,东部有安达曼群岛、尼科巴群岛、苏门答腊岛,南有阿姆斯特丹岛、凯尔盖朗群岛,它们也具有十分重要的战略价值。印度洋是连接太平洋和大西洋,贯通亚洲、非洲、大洋洲的交通和石油输送的纽带,是世界上最为繁忙的海上贸易通道之一。印度洋拥有1/9的世界海港,承担着近50%的世界集装箱运输和70%的海上石油运输,是世界货物贸易和能源贸易的中枢。特别是印度洋的"石油航线"是许多

---

① 周晶璐:《巴基斯坦要搞"和谐印度洋"》,http://news.163.com/09/0323/11/553AHT4200120GU.html。

发达国家和发展中国家的"生命线"。这使得印度洋一直成为兵家必争之地。英国海军有句名言:"谁能得到印度洋,谁就能控制世界。"但从国际环境看,世界不稳定、不确定因素增多,地区热点频现,严重影响了世界和平发展。尤其是在当今海洋经济兴起、蓝色文明显现的情况下,各国对海洋的控制权愈演愈烈。由于印度洋的特殊地位,印度洋周边国家成为世界的热点区域,不仅恐怖主义、海盗、贩毒等活动猖獗,而且隐藏着战争风险。20世纪90年代以来爆发的海湾战争、伊拉克战争、阿富汗战争、利比亚战争以及巴勒斯坦同以色列的战争等,无不发生在印度洋周边地区。目前的伊朗核问题、索马里海盗问题、阿富汗撤军问题、叙利亚问题、缅甸转型问题等也发生在印度洋周边地区。可以说,印度洋周边地区一直是世界的热点地区。中国要加快和平发展的步伐,就要争取世界和平环境,维护世界和平,推动和谐世界建设,而推动和谐世界建设的一个重要内容是推动和谐海洋建设。中国作为世界经济中正在高速发展的大国,没有理由忽视居于战略地位的印度洋及其与周边国家的关系。而且,构建和谐海洋也要求重视构建和谐印度洋。另外,中国要成为世界大国,除了要建立经济优势外,还要将经济优势转化为战略优势、政治优势和军事优势,而进入印度洋就是将经济优势转化为战略优势、政治优势和军事优势的重要途径。因为一个没有能力保护自己航线的国家就会成为别国敲诈的对象;一个没有能力保护自己海外经济利益的国家就会成为别国侵害的对象,这样的国家又怎能成为世界大国呢?

从地缘政治角度看,印度洋是中国通向南亚、中东、西亚和欧洲、非洲重要的交通、贸易、能源通道,对中国的经济可持续发展至关重要。印度洋的安全和稳定对中国的战略、经济利益的意义重大,是中国走向海洋,发展海洋战略的重要通道[①]。而且,在海洋世纪、海洋决定未来的情况下,中国不参与和谐印度洋建设,就难以保障中国在印度洋上有更大发言权,从而也对影响中国成为对世界有影响力的政治、经济和军事强国。因此,中国和平崛起必须高度重视印度洋,并加快制定和实施印度洋战略,以推动"和谐印度洋"建设,为中国的和平发展创造良好外部环境。

---

① 胡志勇:《中国的"印度洋战略"及其内涵》,英国《金融时报》中文网"第三眼",2009年7月3日,http://www.zhongguosixiang.com/forum.php?mod=viewthread&tid=15415。

二、中国扩大对外开放的需要

新中国成立后,长期闭关锁国,主要依靠国内资源求发展,结果中国与世界的差距越拉越大。改革开放以来,中国加大了开放力度,经济一直保持较快的增长势头,综合经济实力明显增强,在世界的地位不断提高。目前,中国经济总量仅次于美国而居世界第二位,对外贸易总额居世界第一位,还有200多种产品居世界第一位。但世界保护主义日益严重,针对中国的反倾销越来越多,这使得当前我国进入了扩大开放的关键阶段。党的会议多次指出:要"拓展对外开放广度和深度,提高开放型经济水平"。这就要求充分挖掘对外开放的潜力,有效利用"两个市场"和"两种资源",建设开放型经济。而要建设开放型经济,就必须继续扩大开放的领域和范围,寻求更广泛的合作,并不断拓展开放的空间。随着中国变得越来越强大,政治、经济等国家利益不断向全球扩展。如果说过去中国主要依靠国内资源求发展连温饱问题都难以解决,而主要依赖太平洋的开放实现了全面小康社会目标的话,那今后中国要在全球化日益推进的情况下实现更大发展,就必须站在更高的角度,以更广阔的视野,全方位、多层次、宽领域参与全球竞争,才能在更高平台上实现更大发展,进而实现第三步战略目标。

过去我国对面向印度洋开放重视不够,开放的基础较为薄弱,制约了我国全方位、多层次、宽领域对外开放体系的形成。在全球经济更加一体化的今天,只有把自己融入世界经济之中,加快中国由单一的"陆上大国"向"陆上和海洋大国"转变,在更广阔的空间发展自己,才有可能使资源在更大范围内实现最佳配置,寻求更好的发展。印度洋由于突出的战略地位、丰富的资源、广阔的市场,不仅成为世界各国争夺的场所,而且也成为中国实现更大发展的战略依托。特别是在中国经过多年发展,仅靠国内资源已无法支撑中国未来高速增长的情况下,只有加快实施印度洋战略,实现"两洋(太平洋和印度洋)并举",才能加快推进全方位开放步伐,维护中国在印度洋上的自由航行,保障中国的能源安全和经济安全,为中国全方位开放和可持续发展奠定坚实的基础。同时,也有利于增强综合国力,促进社会主义现代化强国建设,促使中国更好地走上中华民族伟大复兴之路。因此,及早制定和实施印度洋战略,加快向印度洋开放,是中国实施全方位、多层次、宽领域对外开放战略的需要，是保障中国全球利益的需要，也有利于中国对外开放水平迈上新的台阶。

三、保障中国"生命线"的需要

能源资源是经济社会发展的基石。中国能源资源严重不足，主要矿产资源人均占有量许多都低于世界平均水平。据有关资料显示，我国石油储量仅占世界的1.8%，天然气占0.7%，铁矿石不足9%，铜矿不足5%，铝土矿不足2%。人均矿产资源仅为世界平均水平的一半，人均耕地、草地资源只有世界平均水平的1/3，人均水资源只有世界平均水平的1/4，人均森林资源只有世界平均水平的1/5，人均能源占有量仅为世界平均水平的1/7，其中石油仅占世界平均水平的1/10。随着经济的快速增长，中国对能源资源的需求越来越大，需要从国外大量进口，能源资源约束已成为影响我国经济社会持续发展的重要因素。而中国正处于工业化的快速推进阶段，还需要消耗大量的能源资源。这使得中国必须对外寻找更多的能源资源才能支撑未来经济的快速发展。例如石油，目前中国已成为世界第二大石油进口国，进口的原油已占总需求的一半以上，未来中国石油进口依存度还将大幅提高。2020年中国原油进口量达5.42亿吨，同比增长7.3%；进口金额由于油价下降，进口成本减少，但仍然达12217.6亿元，同比减少26.8%。2020年中国原油进口排名前十位的国家依次是沙特阿拉伯、俄罗斯、伊拉克、巴西、安哥拉、阿曼、阿联酋、科威特、美国、挪威。其中，沙特的原油进口量达8492万吨，伊拉克为6012万吨。而我国能源进口又严重依赖于海上运输，其中进口石油的90%以上要通过海上运输，如何保障海上运输安全、缓解资源约束成为我国维护能源安全、推进全面建设社会主义现代化国家的重要任务。印度洋位于亚洲、非洲、澳洲和南极洲之间，印度洋海域（如波斯湾、阿拉伯海、孟加拉湾等）以及周边国家（如沙特阿拉伯、伊朗、科威特等）都蕴藏着大量油气资源，被称为世界能源带。特别是中东和非洲能源资源十分丰富，其中中东因石油储量被称为世界"油库"，在世界占有举足轻重的地位。中东的石油储量占全球的60%以上，至少有80—90个油田的最终可采储量超过10亿桶，其中33个超大油田的储量在50亿桶以上。世界最大的加瓦尔油田的可采储量近1000亿桶。中东的石油还具有储量大、分布集中、油田大、油质好、开采成本低、距海近、运输方便等优势。目前,中东石油产量约占世界总产量的40%,出口量约占世界总出口量的2/3。按照目前的开采水平,世界石油储量可以开采40年左右,而中东石油可以开采80年。中东石油在未来20年内仍将继续称霸世界石油市场。另外,中东还有丰富的天然气资源,目前已探明占世界天然气总储量的40%以上,其中沙特阿拉伯、伊朗和卡塔尔天然气资源最为丰富。油气资源丰富,开采成本低,使得石油成为多数中东国家的经济命脉,并在很大程度上影响着本地区的政局变化及其同域外大国的关系。而北美以及中国、印度等新兴国家是中东石油最重要的市场。目前,中国从中东进口的石油资源占进口总额的一半以上。中东的能源资源对中国的持续发展十分重要。再加上中国从非洲进口的石油资源占进口总额的30%,使得中国进口的石油中有80%要通过印度洋运输。与此同时,中国需要的其他重要资源的进口量也大增。例如,中国从印度进口的铁矿石和钢材就占对印进口额的50%—60%。这使得印度洋通道成为中国加快经济社会发展的"生命线"。可以预见,未来中国经印度洋的能源资源贸易量和对外贸易量将会持续增加,必须全力保护中国在印度洋的利益。而目前印度洋的安全环境却不佳,存在恐怖主义、海盗、走私等活动。例如,索马里海盗就经常抢船劫货、绑架船员、勒索赎金[①],对印度洋的运输安全造成了严重影响。据统计,2001年索马里海盗劫持事件为37起,2008年为125起,每年勒索的赎金总额达上亿美元。就是在联合国极力打击各种海盗行为的情况下,海洋也不平静。据国际海事局(IMB)发布的全球海盗事件报告,2020年新冠肺炎疫情肆虐全球,但海盗活动依然严重破坏国际航运业的健康发展。2020年发生海盗事件达195起,涉及非洲、南美洲、东南亚、东亚、南亚次大陆的28个国家和地区。其中非洲发生88起(主要集中在几内亚湾,共70起),东南亚发生62起。尼日利亚、印度尼西亚、新加坡海峡、贝宁、加纳合计达104起,约占全年全球总数的53.3%。尼日利亚已连续3年成为海盗事件数量最多的国家。全球发生海盗事件超过3起的港口或水域共有22个,比2019年增加9个,累计有88艘次在航船舶受到海盗袭扰,船籍涉及38个国家和地区,有34名船员被劫持为人质。因此,印度洋从来没有像今天这样对我国的战略、安全影响如此之

---

① 索马里位于非洲东部索马里半岛上,东濒印度洋,北临亚丁湾,陆邻吉布提,面积约为63.76万平方千米,2019年总人口为1540万。

大，未来维护我国在印度洋上的能源资源运输安全和贸易通道安全具有举足轻重的地位。

四、拓展国际市场的需要

目前，中国是"世界工厂"，需要不断拓展商品市场和广泛吸引外资。中国除了要继续巩固提高同欧、美、日等发达国家的经贸合作外，还需大力发展同南亚、东南亚、西亚、非洲等新兴市场的合作。印度洋周边国家正涵盖了南亚、东南亚、西亚和非洲市场，且几乎全是发展中国家，是世界经济增长潜力最大和最重要的新兴市场之一。由于印度洋联系国家的广泛性和我国对外开放要扩大同发展中国家经贸合作的现实性能有机地结合起来，这使得印度洋在中国对外开放战略中居于十分重要的地位，应引起我们高度重视。尤其是东南亚和南亚市场，已成为世界关注的热点。东南亚是世界最具活力的市场之一，南亚是世界最具潜力的市场之一，而中国与这两大市场相毗邻，有很好的地缘优势与其开展贸易和经济技术合作。东南亚一直是中国对外开放的重点地区之一，双边贸易和经济技术合作成就斐然。同南亚国家的贸易与合作虽有波折，但近年发展很快。印度已成为中国在南亚地区的最大贸易伙伴。中国同巴基斯坦、尼泊尔、孟加拉国等的经贸合作一直保持较好状态。中国同西亚国家的经贸合作也呈扩大之势。中国同非洲国家一直保持较好的关系，并进行了广泛的经贸合作，尤其是中国对非洲国家提供的不带任何政治色彩的经济技术援助，赢得了非洲人民的广泛赞誉，为进一步加强中非合作奠定了良好的基础。目前，世界上很多国家包括欧、美、日等发达国家都非常重视印度洋周边国家市场，并加大了与其经贸合作的力度。中国作为正在快速发展和与该地区邻近的大国，更不能放弃这一广阔的市场。特别是南亚国家人口众多，经济发展加快，市场前景广阔，我们更应该与其加强合作。因此，重视与印度洋周边国家的经贸合作是我国进一步拓展国际市场和扩大对外开放深度、广度的战略需要。

五、发展同印度洋周边国家友好关系的需要

当前，和平、发展、合作已成为世界的主流。中国要加快现代化建设就要充分利用这一环境发展经济。虽然中国经过长期努力，已与多个国家

相互建立了战略合作伙伴关系或睦邻友好关系，周边环境有了较大的改善。但也应看到，中国所处的周边环境相对较复杂，要处理不同国家不同层次的国际关系，一些区域还存在不稳定的因素，例如中印边界问题、伊朗问题、巴以问题、印巴问题等，这影响了中国的周边安全和制约了对印度洋沿岸国家的开放。尤其是印度国内还有一部分人对中国不友好，视中国为"潜在敌人"，阻碍了两国关系的正常开展。正如有的学者所指出的那样：印度不仅要做南亚的大国，还要做世界的大国。他们不仅把印度洋作为自己的"势力范围"，而且联合其他国家制衡中国，以实现其"支配南亚、制衡中国、控制印度洋、跻身世界大国"的战略目标。

20世纪70年代以前，印度认为对其安全的威胁主要来自陆地，其中北部的中国是"长期的潜在对手"，西部的巴基斯坦是"现实的主要敌人"，因而印度军事战略的重点是攻巴防华，遏阻来自陆地的威胁。20世纪90年代以来，印度虽然实行了改革开放的政策以促进经济发展，但其军费的开支却不断增加，并不顾国际社会的压力进行核试验和购买先进武器。为了充当"印度洋警察"和使印度洋真正成为"印度人的海洋"，印度计划建立一支基础设施完善，以航母为核心的现代化大型远洋舰队，实现其由沿海防御向远洋作战的转变。自1992年以来，印度先后同俄罗斯、法国、印度尼西亚、新加坡、美国、菲律宾、日本等举行了联合军事演习，与东盟、欧美等国家的高层互访不断。2004年1月印度总理瓦杰帕伊还表示，印度的"势力范围是从西部的曼德海峡到东部的马六甲海峡"①。2014年印度总理莫迪执政后，由于印度经济持续发展，其对印度洋的依赖越来越高，其不但及时调整海洋安全战略，而且与美国、日本、澳大利亚等国加强了海洋合作，以确保海洋安全、自由。这些都表明印度等国家正在扩大它的势力范围。在这种状况下，中国的印度洋利益迫切需要得到保护，应采取有效措施维护我国同印度洋周边国家的和平与安宁，以保障中国面向印度洋开放战略的实施。

六、应对美国战略转移的需要

英国地缘政治学家麦金德曾说："谁控制了欧亚大陆，谁就支配了全球。"第二次世界大战结束后，世界战略重心从欧洲转移到中东，美国以

---

① 江亚平：《解析印度海洋大国梦》，载《参考消息》2004年1月29日。

及其他国家就围绕中东的石油资源控制权而展开争夺。从地缘政治角度考虑，伊拉克处于中东的中心地带，不仅是当时中东的地区大国，而且油气资源丰富，其石油储量居世界第二，是世界石油市场举足轻重的供应者，在中东的地缘政治经济中占据重要地位。掌制伊拉克的石油对整个海湾地区的石油供应和欧佩克的石油政策都将产生重要影响，从而减少美国经济受世界石油影响的不确定性，还可控制从这里进口大量油气资源的未来的有可能挑战美国的竞争者和潜在对手。由此，中东地区一直处于多事之秋。1948年、1956年以色列在美国支持下对阿拉伯国家进行了两次战争。1967年6月5日以色列再次向埃及发动袭击，爆发了第三次中东战争。1973年10月，埃及、叙利亚为收复失地向以色列开战，爆发了第四次中东战争（又称十月战争，阿拉伯国家称"斋月战争"，以色列称"赎罪日战争"或"十八天战争"）。1980年9月22日，伊拉克和伊朗爆发了"两伊战争"[①]。1982年6月6日，以色列出动陆海空军10万多人对黎巴嫩境内的巴勒斯坦解放组织游击队和叙利亚驻军发动了大规模的进攻，爆发了"第五次中东战争"（又称"黎以战争"或"黎巴嫩战争"）。1990年8月2日，伊拉克军队入侵科威特，1991年1月16日以美国为首的多国部队对科威特和伊拉克境内的伊拉克军队发动军事进攻，爆发了"海湾战争"。2003年3月20日，以美国和英国为主的联合部队，以伊拉克隐藏有大规模杀伤性武器并暗中支持恐怖分子为借口，正式宣布对伊拉克开战，"伊拉克战争"爆发[②]。美国发动的海湾战争和伊拉克战争不仅动用了其驻扎在海湾和印度洋地区的军事力量[③]，而且改变了世界格局。美国通过第一次海湾战争，打击了伊拉克地区霸权主义，控制了海湾地区局势；通过伊拉克战争废除了萨达姆政权，控制了伊拉克这一欧亚大陆的核心地带。另外，

---

① 1988年8月20日，伊拉克、伊朗双方正式停火。至此，持续8年的两伊战争结束。这场战争使双方死亡约100万人，伤约170万人，相当于四次中东战争人员伤亡总数的17倍，双方经济损失高达9000亿美元以上（1991年伊朗宣布，直接、间接损失653530亿里亚尔，约9340亿美元）。

② 2003年5月1日，萨达姆政权被推翻。2011年12月15日，美国驻伊拉克部队在巴格达附近的军事基地举行了降旗仪式，标志着伊拉克战争正式结束。持续9年多的伊拉克战争中，美国耗费军费7630亿美元，超过朝鲜、越南战争的费用；有近4500名美军官兵丧生，约3.2万人受伤；有超过10万名伊拉克人死亡，造成几百万人民流离失所，无家可归。

③ 1991年海湾战争中，空袭伊拉克的B-52远程轰炸机和部分核潜艇来自美国在印度洋的迪戈加西亚军事基地。2001年的阿富汗战争，美国也提供了空袭塔利班武装的B-2和B-52远程轰炸机。

美国于1999年还发起"科索沃战争"①，2001年10月7日发起"阿富汗战争"②，美国及其西方盟国通过科索沃战争实现了对欧洲地区的整合，加快了北约东扩的步伐，挤压了俄罗斯的战略空间；通过阿富汗战争实现了首次进驻中亚，增加了对南亚局势的影响力。2011年又发生由法英美主导的利比亚战争③，这也是西方争夺地中海出海口控制权，增强控制北非石油资源，削弱俄罗斯、中国、印度等国家在北非的影响力的战争。

20世纪90年代后，随着亚太特别是中国和印度经济的崛起，深刻地改变了全球经济格局和战略关系。由于美国认为亚太地区是全球地缘战略力量最集中的地区，其有巨大的利益，而中、印的崛起会影响其战略利益。于是，美国把目光瞄准了亚太。不仅进一步加强了美国在印度洋以及印度洋周边国家的军事基地建设，而且联合其他国家围堵中国进入印度洋，以遏制中国的发展。但由于2001年的"9·11"事件打乱了美国的全球战略部署，使得美国在亚太的影响力下降。于是，2009年美国国务卿希拉里提出了重返东南亚的口号。之后，美国对亚太的投入越来越大，以构筑由其主导的、以欧洲为中心的、以亚太和中东为两大支点的全球安全体系。2011年10月，美国国务卿希拉里发表《美国的太平洋世纪》称，美国

---

① 科索沃战争是由科索沃危机引发的，而科索沃危机的根源在于1991年南斯拉夫社会主义联邦共和国分裂为5个独立国家。由于领土、财产和利益分割上的矛盾以及原本存在的民族纠纷和宗教冲突，各共和国间和各国内的不同民族间先后发生规模不等的战争。科索沃位于南联盟塞尔维亚共和国西南部，面积约10887平方千米，人口200余万，其中90%以上是阿尔巴尼亚族。由于历史原因，科索沃的塞、阿两族长期不和，阿族要求建立"科索沃共和国"。1989年2月27日，塞尔维亚共产党领导人宣布取消科索沃的自治省地位，以压制阿族的民族主义运动，由此激发了阿族的对抗情绪，阿族与塞族的冲突日益激烈。1997年以后不断发生武装冲突事件，伤亡人员日趋增多，约30万人流离失所，沦为难民。从1998年年底起，以美国为首的北约开始介入科索沃危机。1999年3月24日，北约以"保护人权"之名，对南联盟发动了代号为"盟军"的空袭行动，科索沃战争爆发。6月10日，北约正式宣布暂停对南联盟的空袭。同一天，联合国安理会通过了关于政治解决科索沃问题的决议，科索沃战争落下帷幕。北约19个国家中有13个国家（美、英、法、德、意、加、荷、挪、比、土、葡、西、丹）直接参加了对南联盟的空中打击，投入飞机1200架，出动3.2万多架次，致使80多万难民流离失所。2008年2月17日科索沃正式宣布独立。

② 2001年美国发生了"9·11"事件，美国认定本·拉登及其领导的"基地"组织是凶手，同年10月17日，美国向阿富汗塔利班开战，标志着反恐战争的开始。12月塔利班政府倒台。2011年5月1日基地组织头目本·拉登被美军击毙。美国总统巴拉克·奥巴马宣布于2011年7月开始逐步从阿富汗撤军，到2014年12月31日前完全撤出。

③ 2010年年底至2011年年初中东北非爆发大规模游行示威，2月26日联合国安理会通过决议对利比亚实施制裁，包括武器禁运、冻结卡扎菲及其部分家庭成员的资产等。3月19日，法国在巴黎召开落实联合国安理会有关利比亚决议的国际会议。随后，多国联军对利比亚有关目标实施多轮军事打击。10月20日，利比亚执政当局武装占领卡扎菲的家乡苏尔特，卡扎菲被捕后因伤重死亡，卡扎菲时代正式终结。

将"把外交、经济、战略和其他方面大幅增加的投入锁定在亚太地区"。2018年5月30日，美国国防部部长正式宣布太平洋司令部将改名为印度太平洋司令部。这标志着美国已把太平洋和印度洋联结成为一个整体。2019年6月1日，美国国防部还发布了《印太战略报告》。2020年美国国务卿蓬佩奥访印期间，与印度签署了《地理空间合作基本交流与合作协议》（BECA），印美将实现信息情报实时共享、后勤供应保障合作。另外，美国还引诱斯里兰卡、马尔代夫等国家选边站。甚至远在欧洲的英国、法国等也正准备加入美国主导的"印太战略"，以遏制中国。美国的战略重点已转移到印太，这在很大程度上是将目光转移到中国身上。随着美国将战略重点转到印太，中国周边就不断出现问题（如南海问题、缅甸问题等）。对于中国来讲，周边不仅是走出去的基础，而且是成为世界大国的关键之一。实施印度洋战略有利于中国与印度洋沿岸国家发展友好合作关系，走出亚太，进入印度洋，打破美国等国家对中国的战略包围。

七、保障中国印度洋利益的需要

目前，西方大国纷纷进入印度洋。而中国与美国、印度等国家的互信水平一直较低，它们对中国进入印度洋十分敏感，并企图联手围堵中国。印度认为，印度洋是"印度之洋"，是其发展军事力量、实现"远海歼敌"和争当世界大国的"战略之洋""命运之洋"。印度开国总理尼赫鲁曾说："印度'要在陆地上生存，我们必须统领海洋'。"印度前外交部长、国防部部长贾斯旺特·辛格在其《印度的防务》一书中也明确指出："失去对印度洋的控制是印度近代亡国的重要分水岭"。2000年6月2日他在新加坡国防与战略研究院发表演讲时强调："印度关注的安全环境以及潜在的安全考虑包括从海湾到马六甲海峡的印度西边、南边和东边地区，西北边的中亚，东北亚的中国和东南亚。" 2001年4月，他访美时向美国表示："印度在从海湾到南海地区拥有广泛的战略利益。"[1]因此，印度一直把控制印度洋作为其重要战略目标，不断发展军事力量，实施"远海歼敌"计划[2]，加强对印度洋的控制，不允许外国插手和进入。印度一方

---

[1] 崔志鹰：《为崛起服务的印度外交战略》，载《欧亚观察》2001年第4期第39页。
[2] 印度过去的战略是"近海防御"和"区域威慑"，现在正转向"远洋进攻"。所谓的"远海歼敌"战略，就是通过对印度海军的建设和发展，使印度海军在"西起波斯湾、东抵马六甲海峡、北及中亚、南至赤道"的安全利益范围内，能够应对各种海上威胁和具备"远海歼敌"能力。

面通过发展经济成为经济大国，增强其在世界的经济影响；另一方面通过多元化外交成为政治大国，扩大其在印度洋和世界的影响。同时，在国防军事领域努力成为军事强国，不仅制定了"北防中国，西攻巴基斯坦，南通印度洋，东扩势力范围"的战略，而且将控制印度洋作为发展海军的战略依托，努力建立一支现代化的具有远洋攻击能力的海军，增强其在印度洋的影响。特别是20世纪90年代实行"东向"政策以来，印度不仅进一步强化了其在印度洋的军事存在，而且把其影响力和活动范围逐步扩大到南中国海及太平洋地区。其"东向"政策的重心已从过去"分享中国经济繁荣"转向"防范中国势力扩张"。美国更是一直高度关注印度洋地区的动态，因为美国历来认为，自己在中东和印度洋有着十分重要的战略利益。美国不仅一直在实施岛链战略，在中国东部强化关岛的军事核心地位，加大对太平洋三个岛链的军事基地和兵力投入，使其成为亚太地区军事部署、调度、投放中心。同时，与日、韩建立同盟关系，把大量先进武器卖给中国台湾。在南部以保护所谓南海通航自由和保护盟国名义插手中国南海事务，与菲律宾、越南、新加坡、泰国等进行军事合作，极力拉拢越南、缅甸等东南亚国家，酝酿在南海常驻航母舰群或常规舰群准备，在菲律宾、印度尼西亚、马来西亚、泰国等地建立永久性的"联络办公室"。在西南"联印防华"，在印度洋建立迪戈加西亚军事基地，在印度洋周边国家也建立了大量军事基地。在西部入驻中亚，发起阿富汗战争，插手西藏、新疆等内政。北部积极渗透蒙古，大力卷入朝鲜半岛事务，打压朝鲜。美国总统奥巴马提出了新的军事战略构想，从伊拉克和阿富汗陆续撤军，将战略重心转回亚太地区，打造以美国、日本、澳大利亚和印度4个国家为核心的准军事联盟，大力推进"亚洲版北约"形成。2010年美国高调介入了南海争端，2011年11月，奥巴马总统首次正式参加东亚峰会，会上美国提出了TPP（跨太平洋伙伴关系协议），意欲形成以美国为主导的新机制，重塑亚太经济秩序。美国国务卿希拉里则第10次出访亚太地区，发表了第5次亚太政策讲话，还历史性地访问了缅甸，以进一步强化美国在亚太地区角色。2011年12月19日，美国、日本、印度在华盛顿举行了三方会谈，尽管议题为"有共同利益的地区与全球性问题"，但重点是亚太问题尤其是海上安全和反恐问题。一方面积极鼓励和支持印度在国际社会（尤其是亚太地区）发挥更大的作用和影响，另一方面推动印度向美、日两国靠拢。11月,澳大利亚同意美国在其北部的基地(达尔文港)部署2500名海军陆战队队员,以进一步密切持续多年的美澳同盟关系。同时,澳大利亚努力与日本加强防务合作。其针对中国的战略目的不言而喻①。日本是世界经济强国,但能源资源短缺,印度洋航线是其"生命线",其80%的石油要通过印度洋航线进口,每年还有超过2000亿美元的出口货物需通过印度洋到达中东和欧洲,它对印度洋航线的依赖程度是所有发达国家中最大的,其军事力量也早已涉足印度洋。而近年来中国为扩大开放,改善了与印度洋沿岸国家的关系,加强了与印度洋沿岸国家的经贸合作,促进了本地区的共同繁荣发展,但中国的行为没有能得到印度、美国等国家的理解与支持。特别是中国海军舰队为打击索马里海盗重返印度洋、为保卫国家利益建设航母、为加强经贸合作援建或承包建设斯里兰卡的汉班托塔港(Hanbantota)、孟加拉国的吉大港(Chittagong)、巴基斯坦的瓜德尔港(Gwadar)、缅甸的实兑港(Sittwe)等后,引起了美、印等国的高度关注,并称中国正在实施所谓的"珍珠链战略"②"中国要与印度争霸,争夺印度洋的控制权"。2009年美国国际安全专家罗伯特·卡普兰还在美国《外交事务》杂志上称:"印度洋将取代太平洋和大西洋成为21世纪的全球中心,中印将在21世纪打响印度洋制海权的争夺战。"他认为,印度正从印度洋东西两个方向扩大其影响力,而中国正由太平洋向印度洋延伸触角,这会使双方发生碰撞。它们还将纯粹的商业合作项目、承建的民用港口说成是中国要在印度洋建立基地,搜集情报,投放军事力量,保护石油运输。例如,它们就将中国援建的斯里兰卡汉班托塔港说成是中国海军"挺进印度洋的一块基石",是"中国海上珍珠链战略布局中的一粒珍珠"。新加坡认为汉班托塔港与新加坡港差不多一样大,且几乎所有到新加坡的轮船都要从汉班托塔港经过,这使现有航线上增加了一个跟新加坡竞争的港口③。印度认为中国援建的汉班托塔港可以

---

① 《港媒:美组织亚洲"北约"围堵中国》,http://news.sina.com.cn/c/2012-03-23/110024163325.shtml。

② "珍珠链战略"是国外媒体认为中国正在通过各种方式取得在巴基斯坦、孟加拉国、斯里兰卡、缅甸、柬埔寨、泰国等国家的港口或机场的建设权,而这些港口可以作为中国停泊军舰的海外基地,这些基地连接起来像一串珍珠,由此认为中国在实施所谓的"珍珠链战略"。

③ 新加坡以前就担心中国在泰国的克拉地峡(Kra Isthmus)修建一条102千米长的运河作为连接印度洋和太平洋的通道,就可不经过马六甲海峡,这将使中国降低对马六甲海峡的依赖,影响新加坡港口发展。

供航空母舰停靠。其他国家也认为,目前穿越印度洋的主航线距离汉班托塔港只有几十海里,中国如果在汉班托塔港建立军事力量,不仅可以让中国从这里经过的航线变得更加安全,从而确保中国的石油等资源供应,而且会对印度洋的地缘政治带来影响。特别是中国将汉班托塔港与中国承建的位于印度洋沿岸的其他港口相结合,中国将把整个印度洋石油航线纳入自己的有效控制之下,由此中国将在印度洋获得更大的主动权,也将改变印度洋、南亚和东南亚的地缘政治格局。面对美国将中国作为战略竞争对手甚至敌人以及西方国家和印度对中国的钳制与封锁,或者为应对所谓的"珍珠链战略"和防止"亚洲版北约"——"四国安全机制"的形成,中国不仅要保持高度警惕,做好应对准备,而且要加快实施印度洋战略的步伐,扩大中国在印度洋的影响力。

八、防止印度洋变为印度之洋的需要

从地理位置看,印度洋周边地区共有47个国家,其中36个国家可直接通向印度洋。该地区的人口数量约占世界人口总量的1/3[①]。在印度洋沿岸国家中,印度的地理位置最重要,它东临孟加拉湾,西濒阿拉伯海,北靠喜马拉雅山,南瞰印度洋,国土面积约为298万平方千米。从综合国力看,目前印度是印度洋周边国家中唯一的大国,未来印度的目标是成为"世界大国"。由于印度洋沿岸没有世界强国,且自然条件好,印度海军可以自由地出入印度洋和快速地从不同方向集结力量,以应对突发事件。所以,印度对印度洋的海上运输和安全影响力巨大。从地缘战略看,印度的地缘优势突出,最南端的科摩林角伸入印度洋1600千米,几乎处于北印度洋正中位置。以此为圆心,在1200海里为半径的弧线附近,东有马六甲海峡,西有亚丁湾口。除了海岸以外,印度还有许多能限制进出印度洋的地理通道,如西南的好望角,西北的霍尔木兹海峡,西面的红海以及东面的马六甲海峡、龙目海峡和巽他海峡。这使得印度很容易控制这条从中东到东南亚的印度洋航线。在历史上,印度就有许多人认为印度之所以沦为英国殖民地,是因为印度失去了对印度洋的控制权。印度总统尼赫鲁说:"从古到今,发展海上力量,建立海权,这是强盛国家的共同特

---

① 宋立炜、孙晔飞:《印度洋会成为"印度之洋"吗》,http://mil.gmw.cn/2011-06/03/content_2044989.htm。

点。"印度外交家潘尼迦在其所著的《印度与印度洋》一书中曾说:"印度的前途不决定于陆地的边界,而决定于从两面围绕印度的广阔海洋","印度的安危系于印度洋,民族的利益在于印度洋,未来的伟大也在于印度洋"。印度的"海权之父"潘尼迦还提出"钢圈理论",即在圈内打造一支强大的、足以保卫内海的海军,使印度近海变成一个安全区。印度独立后,其领导人成为海权论的信奉者,并十分重视对印度洋的控制。他们认为,印度要成为"有声有色的大国"必须控制印度洋。即使从现实角度看,印度洋也是其"生命线",其进口的石油80%要通过印度洋。2000年4月,印度国防部部长费尔南德斯提出"海军新战略构想",宣称"从阿拉伯海的北面到南中国海,都是印度的利益范围"。2004年6月印度海军参谋长辛格上将发表《海军新作战学说》,强调海军的任务不应只限于进行"控制海上交通线和进行海战",而且还要有能力"到达敌方海域,控制敌方滨海地区"。所以,无论是从历史还是现实看印度,都十分重视印度洋,并希望成为世界重要的海权国。随着印度综合实力和印度洋战略地位的提升,印度越来越重视印度洋,不仅制定了以控制印度洋为目的的"东进太平洋、西出大西洋、南下非洲"的战略,而且不断在印度洋建基地,搞演习,围堵中国。一是加快扩军步伐,与美国签署了核协议,向美国、俄罗斯等国购买先进武器,努力发展能巡航整个印度洋的远洋舰队,准备部署美国的反导系统,还发展潜艇、导弹、航空母舰等,其空军的续航能力和作战半径达千公里以上。二是巩固与中印之间的邻国关系。三是多次宣称从地中海到太平洋之间的广大地区是其利益范围,积极防范外来势力染指印度洋,在环印度洋地区构建"印度圈"。印度洋十分庞大,牵涉世界各国的利益,印度本无权独霸印度洋。但印度历来把印度洋看成是自己的海洋,不希望其他外来势力进入,而且把其他进入印度洋的国家看作威胁。但由于美国的地位以及美国已在印度洋上建立了军事基地,在其不能赶走美国的情况下,现在印度又希望仅与美国分享印度洋。如果说起初印度还将重点放在阿拉伯海和孟加拉湾的话,自1971年印度取得第三次印巴战争胜利特别是20世纪90年代通过改革开放经济快速崛起后,印度在经济、军事实力等方面全面超过了巴基斯坦,其战略重心已从防范巴基斯坦转向防范中国,从控制陆地转向了控制印度洋。四是对印度洋战略进行延伸,扩大海军活动范围,控制印度洋的"咽喉点",发挥在国际竞争中讨价还价的作用。印度在安达曼岛设立远东海军司令部，在安达曼—尼科巴群岛部署战机，监视孟加拉湾、安达曼海、马六甲海峡的过往船只，延伸其海军东部抵达的范围。在马达加斯加和毛里求斯开通了监听站。从国外购买先进雷达扩大对印度洋海岸和海上的监视范围。推进海军训练舰艇进行环球航行，到南非、阿拉斯加、太平洋等地区进行演习。五是加强与印度洋周边关键国家的关系，调整其远离沿海地区的军事部署，打造向远方地点投送力量的平台。近年来，印度加强了与斯里兰卡、孟加拉国、马尔代夫等周边国家的军事合作，强化了对其控制，以"抵消中国的影响"。斯里兰卡内战一结束，印度就积极地参与重建。斯里兰卡已允许印度在坎凯桑图赖（KKS）地区建设港口，在Palaali地区建立机场。对过去不太听话的孟加拉国，印度也积极改善关系。2010年1月孟加拉国总理哈西娜访问印度，6月印度和孟加拉国决定在梅加拉亚邦（Meghalaya）和特里普拉邦（Tripura）设立8个边境自由贸易区促进双边经贸往来。8月7日印度财政部长慕克吉访问孟加拉国，与孟加拉国财政部长穆希特签署了印度政府向孟加拉国提供10亿美元发展贷款的协议①。2011年9月7印度总理曼莫汗·辛格对孟加拉国进行了访问，印孟两国总理就巩固双边经济合作、联合反恐等一系列问题举行了会谈，会谈结束后两国领导人共同签署了关于加强经济合作的框架协议、加强边界管理的意向书，以及印度向孟加拉国和尼泊尔提供过境便利等文件。此外，两国还就渔业、教育、电视等领域的合作签署了谅解备忘录。印度还承诺采取措施解决印孟贸易不平衡的问题，并表示印度将向孟加拉国46项纺织品提供更大幅度的免税待遇。同时，孟加拉国同意对在本国境内寻求庇护的印度分离主义势力进行打击，对印度的反恐行动提供协助。这是印度总理自1999年以来首次访问孟加拉国②，双方解决了长期悬而未决的划界问题，其目的之一显然也是拉拢孟加拉国。对于马尔代夫，由于地缘关系，印度与马尔代夫一直保持着密切的关系，并长期视马尔代夫为其势力范围。1965年马尔代夫宣布独立后，印度是首个发表声明承认的国家。1988年印度应马尔代夫政府请求，制定了代号为"仙人掌"的行动计划，成功挫败了一场计划推翻于

---

① 根据协议，印度提供的贷款将用于在孟加拉国进行的14项基础设施的建设，其中大部分为通讯项目，印度公司将包揽绝大部分项目的建设工程。

② "印度总理结束对孟加拉国的访问"，http://news.sina.com.cn/o/2011-09-07/152323120874.shtml。

1988年11月3日经民选产生的马政府图谋，两国关系得以加深。印度海军船只不仅长期在马尔代夫多个海岸进行巡逻并监视其航道，而且两国海岸警卫队还经常进行联合演习。近年来，印度担心马尔代夫与中国走近，不断以马尔代夫为平台向南延伸海军抵达范围，加大在西南印度洋的军事存在。2009年马尔代夫纳希德政府和印度签署了一项军事协议，将马尔代夫纳入印度的安全网络。马尔代夫政府已同意向印度政府长期租赁使用其南部的诸多岛屿，而印度将开发这些岛屿作为实施海军计划、扩大海军活动范围、收集印度洋情报站、监视各国往返于非洲航线的重要跳板，以打通印度与非洲东南角莫桑比克海峡之间联系，弥补海湾与马六甲海峡间的战略空白[1]。这充分显示了印度称霸印度洋的雄心壮志。随着中国与印度洋沿岸国家（包括马尔代夫、斯里兰卡、孟加拉国、塞舌尔、毛里求斯、缅甸等）关系的改善，经贸合作的加强，印度对中国的猜忌越来越大，它不认为中国的目的是保障自身航路安全，而是认为中国在南亚及印度洋的行动是在突破美国的岛链封锁和抗衡印度在印度洋的势力，威胁印度的海洋利益。于是，印度不仅与西方一起炒作所谓的"珍珠链战略"，而且积极争取以美国为首的西方国家的支持，成为西方包围、封锁中国的马前卒。2012年2月7日马尔代夫发生政变，前总统纳希德被迫下台。不到24个小时，印度就承认了瓦希德政府。纳希德为了得到印度的支持还称，"世界上再没人比我更爱印度了"，"中国毫无疑问将会在马尔代夫扮演更活跃的角色"[2]。16日，印度宣布派外交秘书兰詹·马泰赴马尔代夫斡旋。但据《印度时报》报道，马泰此行的另一个重要任务是"防止印度在马尔代夫的影响力输给中国"。因为印度不希望新上台的瓦希德政府"倒向中国"。在此情况下，中国必须实施印度洋战略，以防止印度把印度洋变为印度之洋。

总之，印度洋沿岸地区是关系中国周边安全的重要战略区域。在世界经济全球化、区域经济一体化、周边经济一体化加快推进的今天，印度洋沿岸地区不仅在世界格局中的战略地为显著提高，而且对中国未来的开放

---

[1] 近年来，由于中东局势不稳定和苏伊士运河的通过能力有限，许多商船和超级油轮开始绕道南非的好望角进入大西洋。如果控制这条海上交通线不仅对维护印度的通道安全有重要意义，而且对印度发展与东南非洲国家的经贸合作也非常重要。同时，还有利于控制对这条航线有需求国家（如中国、巴基斯坦等）的运输通道。

[2] 《印欲阻马尔代夫新政府"倒向中国"》，http://finance.sina.com.cn/roll/20120217/142911401344.shtml。

格局会产生重大影响。面对当今和未来的经济发展态势，维护印度洋航道安全、加快推进中国与印度洋沿岸国家的经贸合作进程十分迫切。而且加这有利于中国加强"南南合作"和争取更广泛的力量推动世界政治经济秩序的建立，有利于沟通"三亚""两洋"，使中国、东盟、南盟三大市场连为一体，为中国经济发展开辟更加广阔的空间。同时也为中国西部省份寻找到了另一便捷出境通道，加快西部地区经济发展，缩小东西差距，为促进边疆稳定、民族团结和中国周边安全做出新贡献。因此，必须高度重视和加快推进中国印度洋战略的实施，以拓展开放空间和发展空间，以开放促改革、促发展，为全国全面建设小康社会、加快经济全球化进程和现代化建设做出历史性贡献。

专题报告二

中国实施印度洋战略的前景分析

中国实施印度洋战略意义重大,既会遇到许多问题,也有不少有利条件,但机遇大于挑战,其前景广阔。自20世纪70年代末以来,印度洋及其边界地区在世界地缘政治和全球地缘战争中具有越来越重要的意义。这是一个多元化的地区,一个在政治、人口、经济和环境方面具有巨大多样性与冲突的区域,同时也是一个复杂的地缘政治框架,外国势力和地方国家的利益表现出相互交融的特点。自"冷战"结束以来,该地区一直处于一个极度不稳定的区域重组的时期,且目前仍处于区域调整的状态。考虑到其战略能源资源的重要性、战略航道的重要性,未来的环印度洋地区仍将是世界地缘政治形式最复杂的地区之一。

一、中国进入印度洋的不利因素

(一)美国因素

"二战"后,随着英国实力的削弱,美国和苏联的崛起,英国在不断收缩海外庞大的殖民体系的同时也不断将势力从印度洋撤出,而印度洋这一战略水域及其周边地区很快成为美苏扩张势力范围的一个场所。随着印度洋战略地位的提升,美国并没有因为"冷战"结束而收缩海外基地,反而不断在印度洋及其周边地区充实和建设基地,加快向中东、南亚、中亚、非洲、澳洲扩张。过去,美国在印度洋具有重要战略地位的迪戈加西亚建立了军事基地[①],该基地位于印度洋正中心的位置,是天然良港,可作为远洋轮船的补给基地。美军在这里建有海军和空军联合基地,驻有2000多名士兵,并储备了大量作战物资。其军港可供第五舰队的航母停

---

① 迪戈加西亚位于印度洋中部,为查戈斯群岛的主岛,距印度南端1700千米,距澳大利亚4500千米,距非洲大陆450千米。

靠，其军用机场可起降超大型战略轰炸机（B-52）。它是美国在印度洋上的战略支点。近年来，美国发动的海湾战争、伊拉克战争、阿富汗战争，就以其作为轰炸基地，这里被称为"印度洋上不沉的航空母舰"。

为控制中东石油，美国加强了在中东地区的军事部署。美国第五舰队的司令部就驻扎在巴林，与伊朗隔海相望，是美国在中东整个军事基地海空力量的一个指挥中心，也是美国在中东军事部署中牵制伊朗的一张王牌。美国空军也以安全为由，在阿联酋哈弗拉空军基地部署了最先进的F-22"猛禽"隐形战斗机。目前，该基地已驻扎美军KC-10空中加油机以及有人驾驶U-2和无人驾驶"全球鹰"等侦察机。另外，美国还考虑在波斯湾部署"漂浮基地"——两栖运输船坞舰"庞塞"号作为扫雷直升机、快艇以及突击队的支援基地。美国常年在印度洋上拥有3艘航母战斗群，军事基地遍布印度洋。目前美国海军"林肯"号和"企业"号2个航母战斗群也游弋在海湾附近区域。同时美军还向该地区增派扫雷艇和探雷直升机，升级其水雷探测和排雷能力。据美国中央司令部称，目前共有12.5万美军部署在伊朗附近，其中9万人在阿富汗境内及周边地区，2万人在近东地区某处，1.5万到2万人在军舰上待命。2012年3月13日，美印陆军举行代号"Yudh Abhyas 2012（印度当地语言：准备战争）"的联合军事演习，以交换双方在特殊地带作战的经验和技能。4月8日至18日，由美国和中东9国联合举行的10国空军军事演习在海湾国家巴林举行，军演的代号为"大联动2012"。这场联合演习被外界称为"1+9"军演，参与国包括了美国以及其他9个中东国家：巴林、约旦、沙特阿拉伯、阿曼、阿联酋、科威特、埃及、土耳其和巴基斯坦。4月30日至5月1日，美国参加了在阿联酋举行的为期两天、代号为"忠诚岛屿"的海湾阿拉伯国家联合部队军演。"忠诚岛屿"军演主要针对以阿联酋为代表的海湾阿拉伯国家与伊朗之间对"三岛"的分歧[①]。5月7日至28日在约旦举行了代号为Eager Lion 12大规模联合军事演习。此次军演参演士兵达8000人，来自五大洲17个国家。演习目的是加强参演国家军事联系，提高协同应对威胁、恐怖主义和危机的能力[②]。可以说，美国是印度洋真正的霸主。

---

① "三岛"是指阿联酋和伊朗有争议的阿布穆萨岛、大通布岛和小通布岛。伊朗可通过在3座岛上部署反舰导弹，达到完全控制霍尔木兹海峡的目的。

② "媒体称美国约旦等17国今起军演或加剧中东紧张"，http://finance.qq.com/a/20120507/003810.htm。

近年来，美国重返亚太的步伐加快，其对印度洋的重视程度不断提高。美国的军舰不仅频繁停靠越南、菲律宾等港口，进行访问或军事演习，还与菲律宾协商，向菲增兵，并积极提升与越南、泰国、马来西亚、印尼、文莱等国的关系。在新加坡部署了濒海战斗舰，与澳大利亚开展联合军事演习，而澳大利亚则为美海军进出其港口提供方便。2011年美国宣布将在澳大利亚北部的达尔文驻军，2012年美军又盯上了澳大利亚在印度洋的海外领地科科斯群岛，正考虑在迪戈加西亚岛东部的科科斯群岛上部署无人机，以用于监视南海[1]。美国还在也门建立反恐基地。也门不仅是亚洲的门户，还是联结亚非两大洲的桥梁。可以说，谁掌握了也门，谁就控制了亚丁湾，谁控制了亚丁湾，谁就控制了印度洋的"黄金水道"。另外，美国还十分重视对印度洋西部的塞舌尔群岛的控制和影响[2]。尽管美国在塞舌尔的使馆已关闭（美国在塞舌尔的事务由美驻毛里求斯大使馆兼管），但其仍然努力和塞舌尔维持友好关系，不仅经常向塞舌尔捐献药品、海岸警卫队船只等物资，将其打造为驻中东美军和海军职员在西印度洋上的娱乐休息场所，而且在塞舌尔设有一个无人机小组，自2009年起部署MQ-9"死神"无人机[3]。虽然美国宣称是用于侦察东非海岸沿线海盗活动，但由于该无人机是一种杀伤力较大的新型无人作战飞机，可以执行情报、监视与侦察任务，2007年1月30日，美国从毛里求斯派遣大使卡布莱拉（Cesar Cabrera）和非洲之角的海军上将理查德赫特（Rear Admiral Richard Hunt）前往塞舌尔，赶在中国胡锦涛主席访问之前与塞舌尔政府会谈。2010年4月1日美国海军在塞舌尔西部海域还与海盗发生交火，缴获其母舰，击沉一艘小艇，俘虏5名海盗。2011年12月和2012年4月，美国还有两架MQ-9"死神"无人机在塞舌尔坠毁。这些说明美国在塞舌尔活动频繁。

在美国的对外战略中，遏制中国的崛起是一个重要目标。美国不仅将

---

[1] 科科斯群岛位于澳大利亚与斯里兰卡之间的印度洋海域，属于澳大利亚的海外领地，主要由两大环状珊瑚岛组成。澳国防部长斯蒂芬·史密斯曾透露，科科斯群岛可用于建设美澳空军联合基地，但美澳双方计划将该岛用作无人机基地尚属首次。美澳官员认为，此处是部署美军侦察机和"全球鹰"无人机的理想地点，它能够用于监视南海。

[2] 塞舌尔于1976年独立，过去是西欧国家通往印度的重要贸易通道。英法在19世纪就开始争夺。如今，塞舌尔群岛比以往更加重要。

[3] 目前，美国空军的无人机主要包括较大型的RQ-4"全球鹰"无人机、中型的MQ-9"死神"无人机、小型的"捕食者"无人机三种。但"全球鹰""捕食者"和"死神"都没有隐形能力。

中国的邻国看成自己应该争取的盟友，而且利用中国与周边国家的矛盾来围堵中国。日本、韩国、澳大利亚、印度、越南等国家都成为美国利用的对象。除了日本、韩国等国家外，美国还十分看重印度这张牌，希望通过拔高印度的地位，刺激印度与中国争锋，造成两个亚洲大国对立。早在2005年3月美国国务卿赖斯访问印度期间，美国就说要帮助印度成为"21世纪的一个世界强国"。而印度也十分愿意充当美国围堵中国的马前卒。印度是世界上仅有的3个支持美国建立导弹防御系统的国家之一，而印度也得到美国不一般的支持。美印建立长期战略伙伴关系，支持印度成为联合国安理会常任理事国，支持印度崛起，放松向印度出口军民两用高科技设备的限制，在核供应国集团等国际组织中支持印度，为印度洋地区提供安全保障等。

（二）印度因素

印度是唯一深入印度洋的沿岸国家。"海权之父"马汉在一个世纪前预言，"谁控制了印度洋谁就统治了亚洲。印度洋在21世纪是通向七大海域的钥匙，世界的命运将在这些水域见分晓。"印度海权之父潘尼迦指出，"印度的前途不取决于陆地的边境，而取决于从三面环绕印度的广阔海洋。"他说，至少在15世纪葡萄牙人到来之前，印度人一直在印度洋上处于主导地位。独立之后，印度一定要站出来肩负起印度洋和平安全的担子，否则，印度未来就只有俯首听命于任何夺得印度洋霸权的国家。印度开国总理尼赫鲁说："为了陆上安全，必须要有强大的海防。"为此，印度一直认为自己是印度洋地区最重要的国家，视印度洋为"印度之洋"，不愿意将印度洋拱手让人。尽管南亚地区近半个多世纪以来一直是印度与巴基斯坦争锋，但现在"中国要素"却对印度的政治、军事、安全等决策有重要影响。随着近年来印度经济的发展和综合国力的提升，其追寻"大国梦"的步伐加快。印度认为，随着其对印度洋的安全需求持续增大，确保印度洋的战略利益和海上石油通道的安全成为头等大事，由此它制定了立足南亚、面向印度洋、争当世界大国的目标。因为印度认为控制印度洋是争当地区和世界大国的基础。印度总理辛格在2004年12月的高级军官年会上说，要"确保印度本土、沿海以及200海里专属经济区的安全"并要求军队开辟多个军火来源国，尽快完成年度军事采购。2007年年初，印度国防部部长安东尼说，印度政府将使海军获得实行海上控制、海上封锁和低烈度海上军事行动所需的能力。同年1月8日他还说："印度拥有成为一个重要的海上国家的潜力和能力。我甚至敢说，印度洋事实上可能会成为印度的'新丝绸之路'。印度洋的海岸从南非一直延伸至澳大利亚。"① 他希望能在整个印度洋投放其海军力量。印度退役陆军准将拉胡尔·邦斯莱说："过去10年来，印度领导人一直在从波斯湾到东盟区域确定国家的利益范围。从军事角度说，这一声明对印度未来的军事战略具有深远的影响。""印度未来几十年将成为一个地区大国和海上强国。"② 所以，印度一方面加强军事力量的发展，不惜投入重金从俄罗斯购买戈尔什科夫号航母、T-90坦克、苏-30战斗机，从以色列购买"费尔康"和"巴拉克"防空系统，还购买潜艇、导弹驱逐舰、护卫舰等大型主战军舰以及海洋监测卫星及海上监视装备，以此来加强海空防御能力和对印度洋实施24小时的监控，以确保其在印度洋的绝对支配地位。根据印度新制定的"海军战略构想"，印度海军正加紧从"区域性威慑与控制"向远洋战略转变。印度海军的目标是全面控制印度洋，进入太平洋，在2013年前，打造一支以3艘航母为骨干，外加200艘战舰的庞大舰队。为尽早建成"蓝水海军"，印度提出了一项为期22年的海军现代化项目，准备投资620亿美元，以升级其水面舰艇、潜艇及海航飞机，其中包括一项正在实施的代号为"75号工程"的潜艇建造计划。这一计划的目标是打造24艘装备远程巡航导弹的攻击潜艇和数艘核动力潜艇，并在未来30年内加入海军现役。印度国防部还投入数十亿美元向法国购买6艘"鱼"级潜艇。目前，印度的空军实力名列世界第四，海军力量也进入世界十强。另一方面利用其地缘优势在印度洋西面的阿明迪维群岛、东面的安达曼-尼科巴群岛建立军事基地。目前，印度已经建立了一支强大的拥有航空母舰的海军，分为东西两大海军舰队，分别防守孟加拉湾和阿拉伯海。特别是安达曼-尼科巴群岛，从北至南有500多个小岛，绵延数百公里，在战略上与次大陆主体形成环抱孟加拉湾之势，是太平洋和印度洋的交通咽喉，是扼守马六甲海峡的重要门户。这里的航道是往返于波斯湾地区和东南亚及日本、韩国、中国之间的

---

① "外媒：印度谋求主导印度洋 但不会成为美国盟友"，http://news.qq.com/a/20070212/001545.htm。

② "外媒：印度谋求主导印度洋 但不会成为美国盟友"，http://news.qq.com/a/20070212/001545.htm。

巨型油轮的必经之路，具有重大战略意义。1973年，印度在群岛建立了海军前沿基地，以作为对进出孟加拉湾船只的侦察站和警戒中心。目前，安达曼-尼科巴群岛是印度7个中央直辖区之一，在该岛设立了海军第四军区，与原先的东部、南部、西部海军司令部属同一级别。2006年1月9日至14日，印度海军还和斯里兰卡、孟加拉国、缅甸、泰国、印尼、新加坡、马来西亚以及澳大利亚8国海军的12艘大型军舰在安达曼-尼科巴群岛附近海域展开了多科目的"米兰2006"联合军事演习[①]。目前，这里已成为印度对东印度洋周边地区及东南亚地区施加影响的前哨基地。2008年，印度还向毛里求斯政府提出租借阿加莱加群岛的请求。阿加莱加群岛位于印度洋西南部和印度最南端，由北岛、南岛组成，距印度科钦海军基地西南约1700海里，距马尔代夫的阿杜环礁西南约1200英里，距美国海军在印度洋上的军事基地迪戈加西亚岛西南约960海里，面积约70平方千米，人口为400余人。控制阿加莱加群岛既有利于印度对来往于印度洋南部海域的军、民用船舶实施监控，从而控制印度洋南部的能源运输通道；也有利于印度建立燃油补给站，控制莫桑比克海峡这一战略通道，帮助印度有效封锁马达加斯加与印度半岛最南端海域之间的宽阔洋面；还有利于印度加强与非洲东南部马达加斯加、科摩罗、莫桑比克、南非等国家的联系。

尽管印度十分不愿与别国分享印度洋，但由于印度在印度洋上封锁不了美国，就希望与美国合作。印美从1992年就开始在印度沿海地区举行代号为"马拉巴尔"的系列军事演习。2005年9月，两国在印度西部沿海举行代号为"马拉巴尔05"的军事演习，演习内容为海上封锁、防空和反潜演练。本次演习分两个阶段，第一阶段的演习8月12日至23日在印度西南军港科钦港外水域举行，主要是进行海上救援军事演习。第二阶段的演习从25日开始，历时10天，在印度西部沿海果阿海域展开，双方参加人员达1万多人。2005年6月28日，美国国防部部长拉姆斯菲尔德与到访的印度国防部部长普拉纳布·慕克吉签署了一份为期10年的印美防务合作协议，这份"美印国防合作新框架"的协议包括两国联合生产武器、相关技术转移以及在导弹防御体系方面开展合作。对于美国重返亚太，印度不仅欢迎"美国在亚太地区驻军"，而且视美国为一种维护亚洲稳定、和平和安全的要素。美国也支持印度，帮助印度争夺"印度洋"，一方面是将其作为

---

① "米兰"联合军演原计划在2005年举行，但由于2004年发生了印度洋海啸被推迟。

平衡中国、维护亚洲安全和稳定的重要因素；另一方面是想联手将中国赶出印度洋，让印度洋成为美印势力范围的共治之洋。对于印美合作，印度宣称是中国的举动刺激了印美的合作。印度之所以对中国大加防范，不仅是印度视印度洋为"印度之洋"，更重要的是中印存在领土争议、印度认为中国支持了其敌人巴基斯坦等，使双方互信水平较低。所以，印度长期以来将中国作为假想敌，对中国层层设防。目前，印度把全国1/4（约25万）的兵力部署在靠近中国的北部和东部边境，还建立了边境部队和喜马拉雅军团。在经济方面，印度也经常以安全为题对中国的商品和投资实行限制。进入21世纪以来，尽管印度的经济增长率很高，达6%以上，但与中国10%左右的增长率相比仍然有差距。从吸引外国直接投资来看，2010年印度吸引外国直接投资总额为237亿美元，比2009年下降31%；而中国2010年吸引外国直接投资达1057.4亿美元，比2009年增长17.4%。中印之间经济发展差距的拉大，更增加了印度的不安全感，因而其总是想联手其他国家对付中国。它不仅从印度洋沿岸国家寻找合作伙伴，努力控制南亚，而且将目标面向世界，美国、俄罗斯、日本、越南等都成为其争取的对象，自然在印度洋上也就不封锁它们。而美国等也看准了印度的心理，全力拉拢印度。而对于中国进入印度洋，印度则十分担忧。印度经常宣称中国在印度洋上经营"珍珠链战略"，说中国在缅甸、斯里兰卡、孟加拉国、巴基斯坦修建的港口是在围困印度。2011年5月28日《印度时报》发表文章称，中国正谋求扩张海军军力，希望借助缅甸进入印度洋。其论点之一是2010年中国"广州"号、"巢湖"号在完成印度洋的海盗打击任务后停靠在靠近仰光的蒂拉瓦港。它还援引"消息人士"的话对缅甸进行警告说，在答应中国要求之前，必须考虑到印度对中国海军扩张的担忧。对于中国海军到索马里打击海盗和在巴基斯坦、孟加拉国等国家进行补给，印度又担心中国借机永驻印度洋。实际上，中国到索马里打击海盗总共才派出3艘军舰，不可能与拥有天时地利条件的印度竞争，也不可能与其他国家争霸印度洋，但印度仍然将中国作威胁。为了应对中国的影响，印度还进军南海。印度媒体称，印度到中国"后院"南海是为了应对中国在印度洋的"珍珠链战略"。"如果印度洋不是印度的海洋，那么南海也就不是中国的南海。""既然中国在印度周边发挥了如此多的影响力，印度有权利加强和越南、日本的经济、军事合作。"在非洲地区，印度也与中国竞争。可见，中国进入印度洋，面临的一个重要对手就是印度。

（三）日本因素

印度洋是日本的"生命线"，日本不仅80%以上的石油要通过印度洋运输，而且每年还有超过2000亿美元（约占90%）的出口货物需通过印度洋运输。仅在亚丁湾，世界每年就有约2万艘船只经过，而在经过亚丁湾的船只中，有10%来自日本。过去由于印度洋运输比较安全，日本对印度洋重视不够，而"二战"后日本受宪法制约，其军事力量也无法涉足印度洋。所以，日本在很长一段时间一直在忙着与美国一起构筑第一岛链封锁中国。21世纪以来，印度洋的形势发生了变化，日本加快了进入印度洋的步伐。一是以给印度洋过往船只加油的形式进入印度洋。2001年美国发生"9·11"恐怖袭击后，日本颁布了《反恐怖特别措施法》等3个相关法案，允许政府向国外派遣战舰，以支持美国领导的对阿富汗军事行动，从而首开日本自"二战"以来向海外战场派兵的先例。日本海上自卫队向印度洋派遣"淡海"号补给舰和"村雨"号护卫舰，于2001年12月开始在印度洋供油。供油目的在于支援从事海上围剿恐怖分子和打击武器及毒品走私的多国部队舰只，是美国主导的"反恐战争"的一环。供油对象包括美国、英国、加拿大、法国、德国和巴基斯坦等。截至2009年12月底，日本共无偿供油938次，总计约51万千升，价值约244亿日元。二是以打击索马里海盗为名进入印度洋。2009年3月，日本向索马里附近海域派遣自卫队舰队，保护通过该海域的日本船只不受海盗袭击。2011年7月，日本政府将海上自卫队在索马里附近海域打击海盗的活动期限再延长一年。根据这一决定，海上自卫队将继续在索马里附近海域驻扎两艘驱逐舰、两架P－3C巡逻机以及大约580名自卫队队员。三是谋求在非洲吉布提建立基地。2010年，日本以打击亚丁湾海域海盗为名，计划耗资4000万美元在位于红海南端的非洲国家吉布提建立首个海外军事基地。部署在亚丁湾的打击海盗的多国部队中的日本舰队司令北川敬三说："这将是日本在国外唯一的基地，也是在非洲的首个。我们在这里部署，旨在打击海盗和自卫。"北川还说，日本将在吉布提兴建一个军营，用作安置军事人员和物资。而目前日本自卫队成员驻扎在当地的美军基地内[①]。四是与印度等国家进行

---

① "日本将在非洲国家吉布提建首个海外军事基地"，http://www.china.com.cn/military/txt/2010-04/27/content_19914078.htm。

军事演习扩大对印度洋周边国家的影响。由于日印在战略上各有所需，印度欲将影响扩大到太平洋，而日本也积极将势力范围扩大到印度洋，使得双方相互依赖的程度提升。过去，日本自卫队就与美国、澳大利亚、韩国和俄罗斯等举行过联合军演。2007年4月16日，日本海上自卫队和美国、印度海军的军舰在日本房总半岛附近的太平洋海域进行联合训练。2009年，日本再次参加美印海军的联合演习。2011年11月2日，日本防卫大臣一川保夫与到访的印度国防部部长安东尼举行了会谈，双方就2012年举行日本海上自卫队与印度海军的首次联合军演达成了协议。12月19日，在日本积极推动下，美国、日本和印度在华盛顿首次就有共同利益的地区和全球性问题举行三边对话。12月27日，日本首相野田佳彦访问印度，宣布日本将加入明年的印美联合海军演习。2012年，日本外长玄叶光一郎在印度首都新德里与印度外长克里希纳会谈，双方不仅讨论了如何应对印度洋海盗、海底资源开发以及环境对策问题，而且就尽早构建局长级海洋合作磋商机制达成共识，并计划在2012年下半年进行首次联合演习。这是迄今为止的首次双边联合演习。五是积极与印度改善政治关系。早在2000年日本就与印度建立了全球性伙伴关系。2006年，日本外相麻生太郎提出"自由繁荣之弧"的价值观和外交路线。2008年，日印两国同意在安全领域建立全面合作机制。2010年年底，日本推出的防卫计划大纲中，强调要与价值观一致的国家加强双边安全合作，其中特别提到要与同日本有"共同利益"的印度合作。2010年7月，两国正式建立了首次外交和防务部门副部长级对话机制，即"2+2"对话。2010年10月，印度总理辛格访问了日本，并签署了两国经济合作协定。2011年10月，印度外长克里希纳访日，与日本外相玄叶光一郎举行战略对话，除了加强经济联系之外，还在海洋等问题上加强双方的安保合作。六是加强经贸合作。近年来，印度已成为日本官方发展援助最多的国家。2011年2月16日，日本与印度签订了《全面经济伙伴协议（EPA）》，日本取消了从印度进口货物87%的关税，在未来10年内将取消94%的双边关税。印度对从日本进口的产品将关税降至17.4%。日本取消征收的税关产品包括：海产品、部分农产品、大部分酒类饮品、纺织品、石化和化学产品、混凝土和珠宝。只有大米、小麦、油、牛奶、糖、皮革和皮革产品还未取消关税。本协定在当年8月初生效。印度商业和工业部发布的数据显示，日印贸易总额至2014年可能增至

250亿美元。2010—2011年财政年度，印日双边贸易总额为138亿美元，较上一财年度增加近35亿美元。2011年12月，日本首相野田佳彦访问印度，双方就进一步扩大海上安全领域的合作达成了共识，承诺向"德里—孟买工业走廊"项目援助90亿美元，包括建设一条货运铁路和其他基础设施。2012年4月30日，日本外务大臣玄叶光一郎、经济产业大臣枝野幸男和印度外交部部长S.M.克里希纳、商业和工业部长阿南德·夏尔马在印度首都新德里举行首次部长级经济对话，同意加强基础设施建设合作，并就扩大对日稀土出口达成共识。2012年8月起，印度将向日本出口用于汽车生产的3种轻稀土类元素，出口量占日本总需求量的1成多。玄叶光一郎称"日本和印度是重要伙伴"，有相同的政治价值观和战略利益。克里希纳说，除了日本援助印度基础设施项目外，双方还谈及民用核能合作。另外，日印两国还将货币互换协议额度由30亿美元提高到150亿美元。这使日本与印度的关系急剧升温，两国关系进一步深化。而日印合作构筑的弧形线，对中国进入印度洋构成了威胁。

（四）俄罗斯因素

"冷战"时期，苏联就同印度保持着具有盟友性质的特殊关系。1947年苏联与印度建交。1971年两国签订"和平友好合作条约"。之后，苏联入侵阿富汗就是期望打通其印度洋的出海口。1991年苏联解体后，俄罗斯逐步加大与印度交往的力度，以扩大对印度洋的影响力。1993年，俄罗斯总统叶利钦访问印度，两国签订了"俄印友好合作条约""俄印防务合作协定"等九项协定。1997年3月，印度总理高达访问俄罗斯，俄明确提出两国建立战略伙伴关系，重申支持印度成为联合国安理会常任理事国。1998年5月印核试后，俄反对对印进行经济制裁。12月，俄总理普里马科夫就对印进行了正式访问。21世纪以来，印俄关系得到进一步加强。2000年10月2日至5日，俄总统普京访印，双方发表联合声明，签署了10多项文件，双方明确宣布建立战略伙伴关系，签订了30亿美元的军售合同，决定两国首脑举行年度会晤。2001年1月，俄罗斯的"潘捷列耶夫海军上将"号和"维诺格拉多夫海军上将"号导弹驱逐舰和一艘保障船组成的远洋舰艇编队历时74天，行程1.3万海里，参加了印度独立50周年的海军大阅兵。这使俄海军编队的身影开始出现在印度洋。2001年11月4—7日，印度总理瓦杰帕伊访问俄罗斯，双方签署了关于国际恐怖主义的莫斯科宣言。2002年12月3日至5日俄总统普京访印，双方签署了《关于进一步加强两国战略伙伴关系的德里宣言》和关于加强经济技术合作、电信合作、打击国际恐怖主义等内容的8个文件。2003年5月印度和俄罗斯两国海军在阿拉伯海首次举行了规模空前的联合军事演习。这是自苏联解体以来，俄罗斯武装力量在海外举行的最大规模军事演习。2003年11日至13日印度总理瓦杰帕伊对俄罗斯进行访问，俄印领导人就国际和地区重大问题进行了讨论并签署了联合宣言。两国不仅签署了在经贸、能源、军事技术、空间技术等方面加强合作的一系列文件，而且就印度向俄购买"戈尔什科夫元帅"号航空母舰以及舰载飞机等价值约15亿美元的军火进行了洽谈。两国军方还商定将定期举行联合军事演习，这进一步巩固和加强了两国的战略伙伴关系。2003年2月7日，俄罗斯国防部长谢尔盖·伊万诺夫宣布俄罗斯准备向印度洋派遣一支作战舰队；5月，俄罗斯派出其太平洋舰队的两艘大型反潜舰和一艘油轮前往印度洋，参加与印度海军联合举行的军事演习。2006年2月15日，俄印举行"因陀罗-2005"军演。2008年12月，俄罗斯再次派太平洋舰队访问印度港口城市莫尔穆冈，参加于2009年1月举行的"印度-2009"军事演习。俄太平洋舰队发言人罗曼·马尔科夫说："这显示了俄罗斯海军在世界各大洋中保护国家利益的能力。" 2011年12月15日，印度总理辛格访问俄罗斯前说，印度与俄罗斯的关系与两国同其他友好国家的关系相比较具有某种不可比拟性。"我们之间建立了一种特别的、具有特权性的战略伙伴关系。" 12月16日，俄印发表联合声明，两国打算合作生产卫星导航设备，向"格洛纳斯"系统民用用户提供服务。俄罗斯太空系统副主管格雷戈里·斯图派克（Grigory Stupak）在12月13日表示，格洛纳斯的优先市场是拉丁美洲和印度。2012年1月，俄罗斯海军总司令弗拉基米尔·韦索茨基海军上将访印，同印度海军司令尼尔马勒·沃尔马举行了会晤，双方表示未来将进一步加强专业性合作，不仅要举行联合军演，还将分享印度洋的海洋环境信息，并在打击索马里海盗等方面加强协作。目前，印度已成为俄制武器的最大客户，俄制武器占印度军队武器总量的近70%。近年来，俄印不仅政治关系维持在较好水平，已建立了年度首脑会议以及国防、航天、化石燃料和核能等方面的合作机制，而且正在大力发展经贸合作关系，扩大经贸合作规模。俄罗斯与印度已举行了10多次政府间经贸、科技与文化合作委员会会议，两国签署了许多合作协议。两国银行正在积极开展合作，支持两国公司参与经济特区建设，两国还决定在和平利用核能领域加强合作。俄罗斯已在印度南部的泰米尔纳德邦建设了库丹库拉姆核电站。2006年俄印贸易额为39亿美元，2008年上升到70亿美元。俄罗斯主要从印度进口烟草、茶、咖啡、医药等产品，出口电子设备、航空装备等。双方计划将双边贸易从目前的100亿美元左右提高到2015年的200亿美元。另外，俄罗斯在叙利亚的塔尔图斯港有一处后勤基地，可永久驻扎。

（五）英国、法国以及其他国家因素

在英国殖民印度时期，印度洋成为大英帝国统治下印度的"内湖"。1532年葡萄牙人迪戈加西亚在印度洋发现了迪戈加西亚岛。1810年该岛被英国占领，成为英属毛里求斯的属地。在"二战"期间曾作为英国空军基地和海军停泊港。第二次世界大战以后，随着英国实力衰落，印度洋及其周边地区脱离了"英国治下的和平"。但英国至今在印度洋中部有查戈斯群岛，包括2300个岛屿，总面积约60平方千米。在查戈斯群岛南端是迪戈加西亚岛。2010年4月1日英国宣称，要在英属印度洋领地查戈斯群岛原始水域周围建立世界上最大的海洋自然保护区。该自然保护区将覆盖查戈斯群岛25万平方英里（65万平方千米）的海域。1966年，英美签订协议，将迪戈加西亚岛租给美国50年，将于2016年到期。英国与美国在该岛上合作共同建立了一个军事基地，但主要由美军在操作，作为海军舰队的中继补给站。现为美国在印度洋的海空军基地。英法不仅在印度洋周边国家（如塞舌尔）建有使馆，而且还派出海军参加打击索马里海盗的行动。2012年1月，正在印度洋护航的"维多利亚堡垒"号皇家海军军舰发现了海盗船，擒获13名索马里海盗。

法国在印度洋西部有留尼汪岛和马约特岛；南部有克罗泽群岛和凯尔盖朗群岛；中部有阿姆斯特丹岛和圣保罗岛。凯尔盖朗群岛（Kerguele Islands）又名忧伤岛，位于南纬48°30′—49°30′、东经68°42′—70°35′之间，由主岛凯尔盖朗和300多个岛屿组成，面积7215平方千米。1772年法国人凯尔盖朗到达后成为法国领地。1950年法国在主岛的法兰西港建立永久性基地和科研中心。克罗泽群岛（Crozet Islands）

位于凯尔盖朗群岛西方，南纬46°、东经50°—52°，由20个岛屿组成，面积515平方千米，主要包括5个部分，从西北向东南方分别为：阿波特尔群岛（Apôtres）、科雄岛（Aux Cochons）、潘关群岛（Pingouins）、波塞西翁岛（La Possession）和东岛（l'Est）。现有人居住，主要为科学考察人员。阿姆斯特丹岛（le Amsterdam），又名新阿姆斯特丹岛，面积58平方千米，也有人居住，主要为科学考察人员。圣保罗岛（Île Saint-Paul），距离阿姆斯特丹岛85千米，无人居住。马约特岛（Mayotte），全称为马约特集体领地[①]，位于莫桑比克海峡，与大科摩罗岛、昂儒昂岛、莫埃利岛共同组成科摩罗群岛。马约特岛包括大陆地岛、小陆地岛以及周围一些小岛，首府和最大城市为马穆楚。面积为374平方千米，人口约18万。1500年，马约特岛成为伊斯兰教的君主领地。1503年，马约特岛被葡萄牙探险者发现，但未侵占。15世纪时阿拉伯人入侵该岛，并使该岛居民改信伊斯兰教。16世纪葡萄牙人和法国人到达马约特。之后，马尔加什人开始统治马约特岛和科摩罗。18世纪末，萨卡拉瓦人（马达加斯加岛上马拉加西族之一支）侵略并定居该岛，同时传入了马拉加西方言，1843年法国控制马约特，使其成为殖民地。20世纪初期，马约特、科摩罗群岛其他岛屿及马达加斯加岛成为一个法国海外领地。1975年，科摩罗群岛最北端三个穆斯林占优势的岛屿宣布独立，马约特岛的穆斯林和基督教徒则选择归属法国。法国遂将马约特与科摩罗其余各岛分开管理。1976年法国政府给予该岛一个特殊的地位——集体领地。该岛居民原来要求建省，但遭法国政府拒绝。根据2001年7月11日颁布的法律，它为一个"省级行政区域"，并且有权利在2010年选择成为全权的法国省。2009年3月28日，马约特岛举行全民公决，95.2%的投票者赞成在2011年成为法国的海外省，即法国的第101个省。马约特使用法国国旗，使用法国法定货币——欧元。法国在马约特有驻军，并且征税。法语是当地唯一官方语言，政府机构和学校只能使用法语。

  目前，法国海军在印度洋海域常驻的舰艇有10艘，经常与印度洋沿岸国家进行军事演习。尤其与印度关系密切，不仅与印度海军进行军事交

[①] 该岛也被邻近的东非印度洋岛国科摩罗宣称所有。自1976年起，马约特与法国保持一种特殊的关系，是法国的集体领地。这是一种介乎海外领地与海外省之间的行政建制。它在法国国民议会与参议院中各有1名代表。该领地由1名高级专员和经选举产生的有17名议员的总议会管理。司法制度则仿效法国体制。

流,而且每年都与印度海军举行联合军事演习。2003年9月,法国海军印度洋地区司令卢梭少将访问印度,就与印度海军的合作事宜举行了会谈。2006年2月,法国"戴高乐"号航空母舰离开其南部母港,前往中东地区和印度洋进行为期3个月的访问。先后与沙特阿拉伯、印度、阿联酋、阿曼等进行联合军事演习。2008年,法国在联合国大会上发起一项提议,打算采取和英国、俄罗斯相似的做法:要求增加自己的领海面积。这部分海域在印度洋南部,扩大的领海范围约100万平方千米。2010年9月24日法国电信表示,将耗资5650万欧元修建一条新的名为LION2的印度洋海缆,该海底光缆全长3000千米,将通过法国留尼汪岛、毛里求斯及马达加斯加连接欧洲、非洲及亚洲。这条海缆将在肯尼亚及马约特设立陆地站,使其能够为肯尼亚、马达加斯加、毛里求斯的用户提供宽带服务。另外,法国海军还与其他国家一起进入印度洋打击索马里海盗,而且抓捕了数十名海盗,其中多人被押送至巴黎接受审判。

另外,澳大利亚在印度洋南部有赫德岛;东部有科科斯群岛和圣诞岛。南非在印度洋西部有爱德华王子群岛。也门有索科特拉群岛。

(六)受"中国威胁论"的影响

随着中国的崛起,对印度洋的依赖程度越来越大。目前,中国无论是从中东进口石油,还是从非洲进口石油,都要经过印度洋。这使得印度洋的"能源通道"和"贸易通道"的安全关乎中国的总体安全。但中国进入印度洋面临着"中国威胁论"的困扰。美国正在打造"亚洲北约",并借机布局印度洋。根据美国的设想,"亚洲北约"是拥有相同民主价值观的美国亚洲盟友的联合体,包括印度、日本、新加坡、韩国和澳大利亚等具有"自由民主价值观"的国家。2007年8月27日,美国合众新闻网刊发的题为《中国在印度洋挑战美国》的文章称,1999年以来中国一直在悄无声息地、从未停止地增强其挑战美国、澳大利亚和日本的军事能力。要避免这种情况变为现实,印度应该加入美澳日同盟,不要顾及北京的反对。日本首相安倍晋三2007年8月22日访问印度时表示,日本致力于在欧亚大陆外围建立"自由与繁荣之弧",同时提出所谓的"大亚洲外交"。"如果日本和印度以这种方法联合起来,这个'大亚洲'将逐渐演变成一张覆盖整个太平洋地区的大网,把美国和澳大利亚也包括在内。"① 除美国在印度洋的霸权性存在和影响外，印度洋周边国家特别是印度对中国进入印度洋十分敏感。中国向亚丁湾、索马里海域派军舰护航，世界许多媒体就发出"中国向印度洋渗透""中国发展海军帝国"等"中国威胁论"论调。日本退役海军中将金田秀昭说，拥有能远洋行动的强大海军的中国，"对日本而言将是非常危险的，日本应该密切关注中国的动向"。美国亚太战略问题研究所教授唐纳德·伯林说："中国将不会允许印度在这一水域为所欲为。它将寻求确立自己的地位，以确保其海上通道。"2008年12月29日，美国《世界论坛报》评论文章则称，中国要想实现复兴，进入印度洋是必然选择。"中国军舰此番经过印度洋进入亚丁湾显然是中国长期驻留印度洋的第一步，而在印度人看来，中国海军长期进入印度洋毫无疑问是对印度在这一地区权威的挑战。"2009年8月11日，《今日印度》援引印度海军上将梅赫塔的话称："中国可能会对其主张越来越自信，尤其是对其邻国……我们应该阻止中国涉足印度洋。"在印度洋，中国已经或者正在马尔代夫、缅甸、孟加拉国、斯里兰卡、巴基斯坦等地建立军舰和商船可以共用的港口，中国的"珍珠链战略"对印度形成挑战。这种战略与葡萄牙、荷兰、法国、英国等曾经的帝国的做法没有什么不同。另外，中国通过对外援助等方法与许多非洲国家建立密切关系，新的"珍珠链"将很快在靠近安哥拉的南大西洋和靠近苏丹的红海沿岸建立起来②。印度对中国进入印度洋更为担心。印度历来把印度洋当成自己的后院，担心中国在印度洋区域构建自己的影响范围。印度旁遮普大学政治学系主任拉希德·汉说："瓜德尔项目将使中国人有机会首次在阿拉伯海和西印度洋地区建立自己的基地。"③ 印度政策研究中心学者布拉马·切拉尼称，在"国际主义"的幌子下打击海盗为中国提供了一个成就其全球大国野心的机会。而除此之外，中国的另一个目标便是"铲除"印度在印度洋的主导地位。切拉尼说："在印度洋展示军事存在，并加强在太平洋的海军力量是中国即将布下的海洋棋局的一部分。中国的海军建设对日本和印度构成了直接挑战，也冲击了美国的利益。"如果中国能够

---

① "印美日澳新联合军演遏制中国海军进入印度洋"，http://war.163.com/07/0906/09/3NMS0JTD00011232_2.html。

② "美媒：中国要想复兴 进入印度洋是必然选择"，http://news.qq.com/a/20081231/000918.htm。

③ "美刊：中国力量进入印度洋 印度担心中国海军"，http://news.sina.com.cn/c/2002-11-22/0754814951.html。

在印度洋投放力量并对地区内的航道和国家增强影响力，那么它将成为亚洲的头号大国。为此，切拉尼呼吁印度联合美国和日本共同封堵中国进入印度洋的门户。他说，在印度洋拥有巨大战略纵深的印度应实行"海洋禁入"战略，以阻止北京主导亚洲。"印度应该同日本、美国及其他友好海军共同在战略要塞部署海军力量。"他还说，印度同日本的海军合作已不可避免[①]。2011年8月24日，印度《商业标准报》网站刊发了防务分析家阿贾伊·苏克拉的文章：要获得海上控制权，印度必须强化打造水下战力，至少需要24艘潜艇才能阻止中国从南海进入印度洋的通道[②]。2011年7月，中国大洋矿产资源研究开发协会宣布已获得国际海底管理局（ISA）的批准，勘探位于西南印度洋中脊的多金属硫化物矿区。但印度决策层认为，"这不仅说明了北京试图攫取印度洋地区的资源，还可能在为不久的将来向该地区部署海军铺路"。印度海军情报局担心，ISA的批准为中国在该海域进行水文地理测量及部署军舰巡逻提供了法律权利。它认为，深海测量完全可为中国核动力潜艇在印度洋扩大巡航提供条件。此外，中国可能在印度洋施放传感浮标，监测往来的外国潜艇（包括印度的）[③]。可见，中国进入印度洋会遭遇西方以及印度等的不信任。

此外，由于印度洋距离中国较远以及印度洋已成为群雄逐鹿的场所，中国要进入印度洋需要有强大的经济、科技、军事等力量支撑，而中国仍然是发展中国家。不要说与美国、英国等大国在印度洋竞争，就是与印度竞争都很困难。因为中国要进入印度洋要经过南海、穿过马六甲海峡才能到达，以现在中国的海军实力要这样长距离地与印度竞争或对抗是不可能的。同时，中国进入印度洋沿岸国家的许多项目都是工商企业进行的，它们考虑更多是商业利益，而不是发展军民两用的设施，更不是军事基地。另外，中国在印度洋或印度洋沿岸国家没有军事基地或由自己掌控的后勤补给基地，而在缺少这样的设施的条件下对于中国来说进入印度洋只能是一条"危途"。因此，中国进入印度洋会受到许多自身因素的制约。

---

① "印度学者：联合美日'封堵'中国进入印度洋"，http://www.360doc.com/content/09/0123/09/14381_2387515.shtml。

② "印媒称至少需24艘潜艇才能阻止中国进入印度洋"，http://news.ifeng.com/mil/4/detail_2011_08/24/8644734_0.shtml。

③ "印中竞争印度洋海底"，http://world.people.com.cn/GB/15827404.html。

二、中国进入印度洋的有利因素

（一）世界经济全球化、区域经济一体化加速推进

20世纪90年代以来，随着冷战的结束和现代高科技突飞猛进的发展，世界经济全球化加速推进，各国各个地区的相互影响和相互依存度上升。为了迎接全球化的挑战，世界很多国家或地区积极参与和推进各类区域、跨区域和次区域合作组织，这不仅使得世界各类区域合作组织迅速发展，而且成为当代世界经济和政治发展的大趋势和显著特点，并对世界格局的发展和变化产生了重大影响。如果说19世纪是欧洲世纪，20世纪是北美世纪，随着20世纪90年代以来世界经济中心逐步向亚洲转移，那么21世纪将是亚洲世纪。于是，亚太地区的各类区域组织迅速增加，签署了自由贸易协定200多个。中国西南周边也是各类区域组织活跃的地区，南亚地区早在1985年就成立了"南亚区域合作联盟"（简称"南盟"）。近年来，南亚和印度洋地区的区域组织也日趋活跃，2002年第12届南盟首脑会议通过《南亚自由贸易协定框架条约》，加快了南亚自由贸易区进程。目前，中国、美国、日本、澳大利亚、缅甸等都成为该组织的观察员。另外，该区域还有环印度洋合作联盟（1995年成立，成员有印度、澳大利亚、南非、肯尼亚、毛里求斯、新加坡、阿曼、孟加拉国、泰国、塞舌尔、阿联酋、伊朗等）、孟印斯缅泰尼不区域经济合作组织（BIMSTEC，又称为环孟加拉湾多领域经济技术合作组织或环孟加拉湾经济合作组织）、恒河—湄公河区域经济合作组织、海湾国家合作委员会、东盟、非盟、大湄公河次区域经济合作、孟中印缅地区经济合作组织、中国—东盟自由贸易区、印度—东盟自由贸易区等多个组织和合作机制。这些区域合作组织相互联系，相互影响，共同构成了一张网，不断促进国家或地区间的经贸合作。中国也正在推动各类区域经济合作组织建立和实施自贸区战略，再加上西南周边国家都想搭乘中国经济高速增长的"快车"，这为中国实施印度洋战略创造了条件。

（二）中国与印度洋沿岸国家关系不断改善

20世纪90年代以来，中国在睦邻友好政策的推动下，以更加积极进取的姿态全方位开拓周边，增强与周边国家的政治互信，深化经济合作，扩大共同利益，使中国同印度洋沿岸国家关系大幅改善，为我国实施印度洋

战略创造了更加良好和稳定的环境。在东南亚，1996年7月，中国成为东盟国家"全面对话伙伴"国；1997年中国与东盟领导人举行首次会晤，确定双方建立面向21世纪的睦邻互信伙伴关系，并由此确定了"10+1"合作机制；2002年11月4日，中国和东盟领导人签署了《中国东盟全面经济合作框架协议》；2003年10月，中国正式加入《东南亚友好合作条约》，并与东盟签署建立"面向和平与繁荣的战略伙伴关系"的联合宣言。在次区域经济合作方面，2010年1月1日，中国—东盟自由贸易区正式建成；中、柬、越、老、缅、泰6国领导人先后举行大湄公河次区域经济合作领导人会议，共商合作发展大计。在南亚，高层互访不断，关系日益改善。2003年6月，印度总理瓦杰帕伊来华访问，两国总理签署了《中印关系原则和全面合作宣言》；2005年6月，温家宝总理访问印度期间签署了《中华人民共和国与印度共和国联合声明》和《解决中印两国边境问题的政治指导原则》等文件，两国领导人同意，建立中印面向和平与繁荣的战略合作伙伴关系；2006年，胡锦涛主席访印，双方签署了实施"加强制度化联系和对话机制"等10项战略。2008年，印度总理访华，两国又签署了《关于21世纪共同展望》等文件。2010年，温家宝总理访问印度，双方发表《中印联合公报》，宣布建立两国国家元首、政府首脑定期互访机制，开通总理热线，建立外长年度互访机制，重申通过谈判协商，寻求公平、合理、双方都可以接受的边界问题解决方案，在问题解决前切实维护边境地区和平与安宁。两国还签署了涉及经济、文化、环保、媒体等领域的多个合作文件。另外，中国与南亚其他国家以及与中东国家、非洲国家的关系也长期保持友好，中国与缅甸、孟加拉国、巴基斯坦等建立了战略合作伙伴关系或全面合作伙伴关系，与巴基斯坦建立了自由贸易区，正与海合会商谈自由贸易区建设问题，中国已成为"南盟"观察员，印度、孟加拉国等正在实施"向东看"战略等。中国已拥有的推动中国与印度洋沿岸国家合作的政治、经济优势，为我们进入印度洋奠定了坚实的基础。

（三）部分国家对中国进入印度洋并不反对

印度洋其实是大国博弈的舞台，小的国家对印度洋是没有多大发言权的。在印度洋周边国家中，并不是所有国家都对中国进入印度洋持反对态度。例如，巴基斯坦、孟加拉国、斯里兰卡、缅甸、塞舌尔等国家就不反对中国。巴基斯坦东与印度毗邻，西与伊朗接壤，南面对印度洋，西北和阿富汗相连，东北与中国新疆接壤。巴海军不仅在印度洋的海湾地区、阿拉伯海域扮演着十分重要的角色，而且对印度洋持开放态度。巴国防部部长穆克塔尔曾表示，各国应联合起来、加强合作，共同解决海上反恐的问题。中巴已建立了全天候友谊，是和平共处的好邻居、风雨同舟的好兄弟、可以信赖的好朋友、共同发展的好伙伴，巴不仅希望与中国加强经贸合作，也希望与中国加强在印度洋的合作。中巴两国先后举行了"友谊—2004"、"友谊—2006"、"友谊—2010"等反恐联合训练[1]。2007年3月8日至11日，由"连云港"号导弹护卫舰和"三明"号导弹护卫舰组成的中国海军舰艇编队，参加了在巴基斯坦附近北阿拉伯海举行的"和平07"多国海上联合军事演习。此次参演，创下中国海军历史上诸多第一：第一次参加海上多国联合军演，第一次不带补给船远航，第一次在海外真正使用武器，第一次用英语指挥联合编队……2009年3月5—15日，中国海军又参加了在巴港口城市卡拉奇举行的代号为"和平09"的多国海上联合军事演习，2011年3月8日至12日，中国海军第八批护航编队赴亚丁湾、索马里海域途中，再次参加由巴基斯坦组织的"和平11"多国海上联合军演[2]。这显示了各方共同承担责任、促进地区和平的决心。2012年1月5日，国务委员兼国防部部长梁光烈在北京会见了到访的巴基斯坦陆军参谋长基亚尼一行。4月25日，国务委员兼国防部部长梁光烈在北京又会见了来访的巴基斯坦海军参谋长桑迪拉一行。梁光烈说，长期以来，中巴两军一直保持着密切的友好合作关系，两军在高层往来、装备技术、联合训练、抢险救灾等领域的友好交流与合作不断深入。今后，希望双方继续增进战略沟通，增加人员往来，深化务实合作，推进两军关系，特别是两国海军关系不断深入发展。孟加拉国位于孟加拉湾之北，东南与缅甸为邻，其他都与印度连接。1975年10月4日中国与孟加拉国建立外交关系后，双方在政治、经济、军事、文化等各个领域进行了卓有成效的合作，使得两国友好合作关系一直不断向前发展。同时，两国在一系列重大国际和地区

---

[1] 2005年11月24日由"深圳"号导弹驱逐舰、"微山湖"号综合补给舰组成的中国海军舰艇编队，在结束对巴基斯坦为期3天的友好访问后，首次在阿拉伯海北部海区与巴海军举行了代号为"中巴友谊—2005"、以联合搜救为主要内容的演习。

[2] 代号为"和平"的多国海上联合军演由巴基斯坦海军倡导并主办，中国、美国、英国、法国、巴基斯坦、澳大利亚、土耳其等12个国家的海军派舰艇、飞机或特种部队参加。"和平-11"中国海军派出2艘导弹护卫舰、2架舰载直升机和70名特战队员参演。

性问题上看法基本一致，在国际事务中密切配合。2010年3月15日孟加拉国外长迪普·穆尼在一场新闻发布会上称，孟加拉国力图说服中国政府利用孟加拉国最大的印度洋沿岸海港——吉大港，将其作为云南省的对外出口通道。目前，中国已基本同意资助建设孟加拉国吉大港和修建连接两国的公路与铁路。中国与斯里兰卡双方关系也十分友好，并为斯里兰卡汉班托塔港一期工程提供了3亿美元的低息贷款。中国与缅甸之间的油气管道项目已开工建设，还参加了缅甸实兑港工程承包，中国昆明到皎漂的国际大通道也签署了协议。中国与塞舌尔自1976年6月30日建交以来，两国友好合作关系稳步发展。塞总统勒内、副总统米歇尔等先后访问中国，我国姬鹏飞副总理、钱其琛副总理、李鹏总理、国家主席胡锦涛等先后访问塞舌尔。中国帮塞建有普拉兰（Praslin）机场、塞马埃（Roche Caiman）奥林匹克游泳池、马埃住房等，中国大使馆建在塞舌尔首都维多利亚的圣路易斯山上。2010年10月，中国海军"和平方舟"号医院船曾访问塞舌尔。2011年12月1日，中国国防部部长梁光烈访问塞舌尔，双方就进一步发展两国两军友好合作关系和国际地区形势交换了意见。塞方感谢中国在维护印度洋海域航行安全方面做出的努力及对塞的支持和帮助，并邀请中国海军护航编队执行任务期间到塞进行补给和休整。据外媒报道，塞外长亚已邀请中国政府在马埃岛设立军事基地，以加强打击海盗[①]。对于此问题，2011年12月12日，国防部新闻事务局官员表示，根据护航行动和其他远航任务需要，中方会考虑在塞舌尔和其他国家的合适港口进行补给或休整。就是与印度的关系也不断改善。2003年11月，中印两国海军在上海以外海域举行了首次海上联合搜救演习。2004年，中国举行例行军事演习时邀请了印度军事观察员赴现场观摩。2005年5月，印度参谋长联席会议主席及海军总司令阿伦·普拉卡什上将共同向到访的中国人民解放军总参谋长梁光烈正式发出邀请，希望能与中国海军在印度洋沿岸举行两国海军军事演习。2005年11月印度也邀请中国高级军事代表团现场观摩印度陆军举行的"沙漠打击行动"演习。同年11月28日中国海军编队抵达印度科钦港，中印海军举行了以联合搜救为主要内容的非传统安全领域演习。2006年5月时任印度国防部部长的慕克吉对中国进行访问，两国国防部部长签订了一

---

① "塞舌尔邀中国建军事基地打击海盗"，http://news.xinhuanet.com/world/2011-12/04/c_122372996.htm。

项历史性的谅解备忘录,以寻求两国军事训练和演习交流合作的制度化,其中的内容就包括在联合搜救、打击海盗、反恐等符合双方利益的领域展开联合军事演习和训练项目。

(四)中国与印度洋沿岸国家经济互补性大

印度洋沿岸国家主要是发展中国家,经济社会发展相对落后,人民生活相对贫困。尽管近年来经济发展取得长足进展,但经济发展水平与中国相比仍有较大差距。这使得中国的许多产品在印度洋沿岸国家都有很大市场。同时,印度洋沿岸国家资源丰富、通道条件优越,中国可直接或间接地从这些国家进口很多产品以满足生产生活需求。以中印为例,印度是"世界办公室",以信息技术(尤其是软件业)为主的服务业发展快、实力强,而中国是"世界工厂",制造业很发达。双方经济、产业、资源的互补性为中国与印度洋沿岸国家的经贸合作提供了较好的环境。同时,加强合作,有利于充分发挥各自的优势和互通有无,有利于各国参与国际经济合作与竞争,有利于提升本国在世界政治经济格局中的地位,有利于协调各方利益、化解多种矛盾和分歧,有利于共同应对各种风险和维护区域稳定,从而促进经济共同发展,摆脱贫困。因此,扩大同中国的合作是印度洋沿岸国家的共同愿望。这为中国实施印度洋战略提供了条件。

(五)中国已与印度洋沿岸国家开展了广泛的经贸合作

近年来,印度洋周边国家特别是印度经济快速发展,市场需求不断扩大,使得世界许多国家纷纷进入印度洋周边国家。中国在中央"与邻为善、以邻为伴"和"睦邻、安邻、富邻"周边外交方针政策的指导下,不仅提出了"大国是关键、周边是首要、发展中国家是基础"的政策,而且高度重视对印度洋沿岸国家的开放与合作。因为这有利于更好地推进"三亚"(东亚、东南亚、南亚)、"两洋"(太平洋和印度洋)的结合,把最有活力和潜力的世界三大新兴市场紧密联系起来,加快人流、物流、信息流,实现共同发展,促进边疆社会稳定,提升我国的综合国力,改善中国与印度沿岸国家的关系。于是,中国与印度洋周边国家的经贸合作得到广泛开展。在经贸方面,2011年中国与东盟贸易额达3628.54亿美元,与南亚贸易额达974.27亿美元,与西亚的贸易额达2337.53亿美元,与非洲的贸易额也超过1500亿美元。另外,中国与印度洋沿岸国家的工程承包、劳务合作、人文交流等也广泛开展起来。目前,印度洋周边国家是中国实施"走出去"战略最重要的地区之一,也是中国承接工程承包最多的地区之一。在印度洋沿岸国家中,中国就参与了巴基斯坦瓜达尔、缅甸皎漂、斯里兰卡汉班托塔等港口建设。这为中国加快实施印度洋战略提供了良好的支撑平台。

(六)印度洋空间广阔,已有多国通过打击索马里海盗进入其中

由于印度洋面积巨大、空间广阔,任何国家都难以独霸印度洋。目前,在地缘战略上印度洋是各国军事力量部署的"软肋",其中最重要的是美国在迪戈加西亚岛建立的军事基地[①],但距离周围沿岸地区达几千千米,这就意味着在印度洋上有巨大的战略真空,这也是印度洋正成为各个强国激烈角逐的战场的重要原因。近年来,亚丁湾、索马里海盗十分猖獗,经常抢掠印度洋的商船,危及过往客商的生命和财产安全,使得打击索马里海盗成为国际社会的共同责任。2008年10月7日联合国通过了1838号决议,呼吁各国根据《联合国海洋法公约》部署海军联合打击索马里海盗。于是,美、英、法、意、俄、印、韩、日等国家纷纷派军舰到印度洋亚丁湾护航。中国的运输商船也多次受到海盗袭击,2008年11月13日,天津远洋渔业公司所属的"天裕8号"渔船在肯尼迪海域被索马里海盗劫持。12月17日,中国交通运输集团所属的"振华4"号轮船在亚丁湾海域遭到海盗袭击。2009年2月25日,中国远洋公司的"雁荡海"号货轮在亚丁湾中部海域遭遇海盗袭击。10月19日,中国货轮"德新海"号在印度洋摩加迪沙东偏南980海里被海盗武装劫持。2010年11月18日,中远航运股份有限公司所属的"乐从"轮在印度洋北部的阿拉伯海被海盗袭击。在此情况下,中国根据联合国1838号决议于2008年12月26日派海军舰队进入印度洋,参与护航和打击海盗[②]。自2009年1月中国海军向亚丁湾、索马里海域派出舰艇护航,至2012年3月,共派出11批护航编队28艘

[①] 迪戈加西亚基地是美国在印度洋上的战略支点,位于印度洋中部,为查戈斯群岛的主岛,该岛距印度南端1700千米,距澳大利亚4500千米,距非洲大陆450千米。1532年葡萄牙人迪戈加西亚到达此处,于是该岛以其名字命名。1810年被英国占领,成为英属毛里求斯的属地。1966年英美签订协议后,成为美国在印度洋的唯一的海空军基地。该岛不仅是天然良港,可作为远洋轮船的燃料补给站,而且战略地位重要,在"二战"期间就作为英国空军基地和重要海军停泊港,在近年来美国发动的海湾战争、伊拉克战争、阿富汗战争中也发挥了作战基地和后勤补给基地的作用,被称为"印度洋上不沉的航空母舰"。

[②] 2009年1月6日上午11时抵达亚丁湾、索马里海域预定海区,开始首次护航。

次舰艇，完成431批4543艘船舶的伴随护航，其中一半以上为外国船只，护航成功率达100%。中国海军共解救被追击的船舶48艘，接护被劫后获释船舶8艘，保护航经索马里海域中外船舶安全，维护该海域的航运秩序。中方还多次与欧盟合作为联合国粮食计划署运粮船护航。而且，自2008年年底赴亚丁湾、索马里海域执行护航任务以来，中国海军护航编队已在吉布提、阿曼、也门等国港口进行过补给。中国通过打击索马里海盗的方式进入印度洋，不仅合情合理，而且代价最小。它既可保护我国在印度洋的利益，也有利于将中国打造成一个负责任的地区秩序维护者。

专题报告三
我国与环印度洋地区国家的共同利益分析

环印度洋地区由位于印度洋沿岸且经济上都依赖印度洋提供海上交通通道的近40个国家和地区构成，包括南亚、东南亚、中东、非洲以及大洋洲五大板块，约占世界总面积的1/5，域内人口42亿多，超过世界总人口的一半。当前，环印度洋地区既是我国扩大对外开放、拓展发展空间的重要周边，也是我国推进高质量共建"一带一路"、推动构建人类命运共同体的关键地区，我国与环印度洋地区国家有着广泛的共同利益。

一、政治层面：我国与环印度洋地区国家面临共同威胁

（一）环印度洋地区国家正承受较大的地缘风险

地缘政治对于国家发展的重要性不言而喻。国家的发展必然离不开地缘政治条件的影响，特别是在全球化观念日益增强的今天，对外合作发展成为不可避免的趋势。就地缘政治的角度而言，与大西洋和太平洋相比，印度洋的封闭性是独一无二的，其与外部世界的海上联通大多限于少数几个瓶颈点。印度洋地区的地理位置相对封闭也更容易被控制。亚欧大陆位于印度洋的北边，所以印度洋的海上交通只能依附于马六甲海峡、望加锡海峡、曼德海峡、苏伊士运河等几个咽喉通道。为了节省时间和成本，几乎所有海上运输都是通过这些非常狭窄的通道进行的。这种特别的地理结构，使印度洋的位置变得至关重要。随着国际上各方贸易的增加，印度洋地缘政治的重要性愈发明显。

从21世纪以来，印度洋在国际上的战略重要性不断提高。印度洋区域是多层次和多级的世界。[1]印度洋地区复杂的地缘政治不仅为环印度洋地

---

[1] Kaplan R D. Center stage for the twenty-first century: power plays in the Indian Ocean[J]. Foreign Affairs, 2009: 16-32.

区国家带来了机遇，而且带来了挑战和冲突，以及不容忽视的地缘风险。2019年6月13日，日本首相首访伊朗之际，两艘油轮在霍尔木兹海峡以东阿曼湾突遭袭击，海湾地区局势骤然紧张，市场担忧情绪导致国际原油价格在亚洲交易时段直线飙升，布伦特原油价格一度上涨逾4%。①然而，我国通过建立环印度洋地区海上战略支点，能够提升相关国家抵御地缘风险的能力。我国企业在相关国家的投资项目中，风险评估和管理能够促进合作国提前选择避险策略，完善应急预案。

（二）我国在环印度洋地区的大国竞争问题突出

环印度洋地区新兴市场的不断发展与政治局势的紧张，都使环印度洋地区在世界上的关注度不断提高。环印度洋地区所包含的国家众多，且区域外众多国家也对印度洋地区干涉颇多，域内外大国都存在着竞争和博弈。颇为复杂的利益交织，严重影响了印度洋区域的政治局面，也使得我国在环印度洋地区的大国竞争问题更加突出。

印度是印度洋地区内的核心大国，在区域内有着较大的话语权。印度独立以来的战略目标之一就是在政治、经济和军事多个方面控制印度洋。由于印度特殊的地理位置，其在印度洋扩张势力有着很大的优势。②莫迪上台以来，也采取了一系列的措施来扩大印度在印度洋区域的影响力。一方面，莫迪在2015年访问了斯里兰卡、毛里求斯和塞舌尔，并签署了多项协议，建立了一系列的合作。另一方面，印度"季风计划"的明确提出，表现出了印度企图进一步扩大在区域文化、商业等多个方面的影响力，也能从中窥见印度政府的外交野心。③

美国作为世界大国，一直希望凭借强大的海军实力来称霸海洋，且已在世界上多个海域取得了主导的地位。自"冷战"结束后，美国逐渐在世界范围内拥有更多的话语权，如今的印度洋也由美国占据了主导地位。但是到现在，中印两国经济都在迅速发展，在环印度洋地区的外交能力也在提升，这让美国在印度洋的控制地位受到威胁。④美国在印度洋采取了

---

① 《十大地缘政治风险影响分析》，江苏省进出口商会，2019年6月13日，http://www.jccief.org.cn/v-1-13111.aspx。
② 郝笃刚、刘建忠、周桥、韩志军：《"一带一路"建设在印度洋地区面临的地缘风险分析》，载《世界地理研究》，2018年第27卷第6期，第14—23页。
③ 时宏远：《莫迪政府的印度洋政策》，载《国际问题研究》，2018年第1期，第105—123页。
④ 王晓文：《21世纪美国的印度洋战略与美国霸权》，载《世界经济与政治论坛》，2014年第4期，第20—32页。

"霸权均势"的策略，避免印度洋有更多大国崛起，来确保自己在印度洋拥有的霸权地位。美国在印度洋地区与多个国家结盟。澳大利亚在《2013国防白皮书》中，也明确说明了要加强在印度洋地区与美国的合作。目前在印度洋海域内，美国已有3个海军基地。美国在印度洋最为重要的战略利益就是确保印度洋地区战略通道的安全，特别是对能源通道的掌控。

我国也一直把印度洋视为一个关键的外交和战略舞台。一方面，中国需要维护海上通道的安全。鉴于中国的石油资源严重缺乏，加之海外贸易的不断发展，中国的外贸和能源都极地依赖印度洋地区。① 另一方面，印度洋一直以来都是中国对外交往和对外合作的一个关键区域。环印度洋地区也是我国"一带一路"倡议中具有较为重要的作用的地区，也是我国赋予长远发展规划的地区。中国是世界上的贸易大国，印度洋对于我国来说，从贸易和能源运输上看都是极其重要的通道，与此同时，它也是美国及日本牵制中国发展的一个重要途径。所以说，印度洋地区的地缘政治局势与我国在印度洋海域的利益有着紧密的联系。② 在环印度洋地区建设海上战略支点，十分有助于缓解印度洋地区较为封闭的地缘政治形势，也有利于我国在印度洋周边地区的长远发展。③

二、经济层面：我国与环印度洋地区国家经济亟待发展

（一）环印度洋地区国家城镇化水平需要提高

国家发展进程中十分重要的指标就是城镇化水平，就目前而言，环印度洋地区国家城镇化水平较低。根据美国经济学家钱纳里与塞尔昆的研究数据可知，城镇化与经济发展两者间存在着一种对数关系，城镇化对于国家经济发展具有带动作用。一般来说，城镇化分为三个阶段，即中心集中型城市化、郊区城市化和去城市化。④ 城镇化推动国家经济发展体现在以下三个方面：第一，城镇化发展的本质即将人口和资源不断聚集，这种聚

---

① 郑迪：《21世纪中国的印度洋地区战略：利益诉求与政策选择》，载《印度洋经济体研究》，2017年第6期，第28—45页。
② 陈利君、胡娟：《海洋世纪与中国的战略抉择——兼论印度洋对中国的意义及应对之策》，载《云南社会科学》，2012年第6期，第88—92页。
③ 吴良、秦奇、张丹等：《印度洋通道及其对中国地缘环境影响》，载《地理科学进展》，2018年第37卷第11期，第1510—1520页。
④ 王丽青、邹柏松：《欧美发达国家城镇化发展和投融资模式的经验性做法及其借鉴》，载《商业经济研究》，2017年第6期，第181—182页。

集效应会为市场带来许多吸引力，使得市场成为区域内的一个焦点。①第二，城镇化能使该地区的产业结构得到优化和改善，产生"产业效应"，促进国家经济的增长。第三，城镇化有利于经济体形成一种"规模效应"。劳动力和资本的集中能够使企业规模扩大，而消费人群的集中使市场需求不断扩大，有利于企业实现盈利。另外，城镇化导致的人口集中会使城镇服务的水平提高，居民的生活水平会有所提高。②

从整体上来说，环印度洋地区国家的城镇化水平是比较低的。世界平均城镇化水平为53%，大部分环印度洋地区国家都没有达到这一水平。区域内少数几个城镇化水平较高的国家，如新加坡，国土面积较小，其城镇化的数据具有较低的说服力。南亚和非洲大部分国家的城镇化水平远低于平均水平。我国在环印度洋地区建设海上战略支点有利于吸引外来企业的投资，资本的进入十分有利于东道国城镇化的发展，能极大地促进城镇化水平较低的国家实现城镇化的建设。③

（二）区域内对于能源运输的需求急剧增加

尽管世界已经进入了喷气式飞机时代与信息时代，全球和2/3的石油供应仍是通过海上运输的。世界各国都在依赖海运集装箱来获取经济全球化的最终成果，其中，印度洋占世界集装箱运输总量的一半，而从印度洋沿岸的中东地区到太平洋的运输路线内的石油运输量是全世界石油产品运输量的70%。另外，上亿的印度人民和中国人民正在加入全球中产阶级行列，这也带动了大量的石油消费，到2030年，世界能源需求将增长50%，其中近一半的增长贡献将来自印度和中国。

据报道，印度将很快成为仅次于美国、中国和日本的世界第四大能源消费国，此外，预计在2025年之前，印度将超过日本，成为仅次于美国和中国的世界第三大石油净进口国。④印度90%以上的能源消费依赖于石油，而其中90%的石油是通过阿拉伯海从波斯湾进口的。由于印度在21世

---

① 刘赛红、朱建：《金融发展、城镇化与城乡居民收入差距关系实证》，载《经济地理》，2017年第37卷第8期，第46—52页。
② 贺茉莉：《新型城镇化与经济增长质量的关系研究》，载《农业经济》，2018年第7期，第92—93页。
③ 黄思明、王璟谛：《国外发达国家地方债经验借鉴》，载《经济研究参考》，2015年第53期，第29—33页。
④ Danyluk B, MacDonald J A, Tuggle R. Energy Futures in Asia: Perspectives on India's Energy Security Strategy and Policies[M]. Booz Allen Hamilton, 2007.

纪中叶之前很可能成为世界上人口最多的国家，为了满足其人口急剧增加的能源需求，其从印度洋地区西南部的莫桑比克的煤炭进口量将大幅增加，其从南非、印度尼西亚和澳大利亚等印度洋国家进口煤炭的数量也将增加。在未来，尽管印度将继续从卡塔尔、马来西亚和印度尼西亚进口天然气，且还可能从非洲南部向印度洋西部地区输送大量液化天然气。在印度洋区域内，从波斯湾到南亚和东亚的海运航线仍会持续拥堵。

随着印度经济的繁荣发展，印度与环印度洋地区国家的能源贸易合作范围也在迅速扩大。以印度和伊朗这两个环印度洋地区国家的合作为例，伊朗已经成为印度对抗巴基斯坦的战略后方基地，也是其未来的能源合作伙伴。为了加大能源行业的合作，印度一直在帮助伊朗建设阿拉伯海上的查巴哈港。2005年，印度和伊朗签署了一项价值数十亿美元的协议，伊朗将在自签署协议算起的未来25年内，每年向印度供应750万吨液化天然气。此外，为了加大对于中东和南亚的能源运输管道的连接，关于从伊朗通过巴基斯坦到印度的能源管道的建设问题也一直处于讨论之中。

对于我国自身的能源环境来说，我国对原油的需求在1995—2005年已经增长了一倍，到2020年，我国每天将进口近200万桶原油，这是沙特阿拉伯计划产量的一半。[1]在我国进口的原油中，85%以上将通过安全形势严峻的马六甲海峡并穿越印度洋运输，因此，我国迫切需要寻求通往国内的替代能源路线，以及从中亚、巴基斯坦进入中国的陆上航线。[2]国防分析人士托马斯·帕姆（Thomas P.m.）指出，没有任何海洋比印度洋更需要提升战略稳定性，印度洋可以说是全球四大洋中海运安全威胁程度最高的。习近平主席针对由我国的海路脆弱性引起的能源环境安全问题难以得到保障的现状提出应加强相关建设，这也说明了我国对于马六甲海峡的依赖性过于严重，我国必须以某种方式改变现状。马六甲海峡的困境意味着我们必须建设新的海上战略支点，来使用环印度洋地区港口将石油和其他能源产品通过道路或管道向北运送到我国境内，以便油轮不必通过马六甲海峡航行到达目的地，同时能使得我国将海军力量转向印度洋。[3]

---

[1]　MacDonald J A, Donahue A, Danyluk B. Energy Futures in Asia[M]. Booz-Allen & Hamilton, 2004.

[2]　Erickson A, Collins G. Beijing's energy security strategy: the significance of a Chinese state-owned tanker fleet[J]. Orbis, 2007, 51（4）：665-684.

[3]　Holmes J R, Yoshihara T. China and the United States in the Indian Ocean: an emerging strategic triangle?[J]. Naval War College Review, 2008, 61（3）：40-60.

为了缓解世界能源的运输压力，解除经济发展的能源限制，我国企业在孟加拉海湾的吉大港区域内，一直在积极建设开发集装箱港口设施；为巴基斯坦瓜达尔港口的建造提供资金、技术和人力的援助，并在距离瓜达尔港以东110公里处，修建了公路以增强区域的连通性；在斯里兰卡南部海岸的哈巴托塔港与位于曼德海峡附近的吉布提港建造了航运补给基地，等等。我国在为自身解决能源运输问题的同时，也在为当代世界各国创造安全且互联互通的能源运输环境。在环印度洋地区建立海上战略支点，符合区域内各国对于加强石油等能源运输产业升级的共同目标。

（三）世界经济向集团化发展

"二战"以后，世界经济一直都在不断向集团化发展，并且未来这个趋势会越来越明显，会随着经济全球化趋势的加深而不断深化。对于地区而言，集团化的形成不仅是经济发展的必然，也是国家稳定、安全地发展经济的重要战略。环印度洋地区的国家产业密集、文化背景相似，有发展区域集团化的条件。集团化的形成有以下几个原因：第一，在各国经济发展的过程中，难免出现一些矛盾。单个国家的发展除了要借助国内资源，更要借助国际市场的资源。在利用全球资源的同时，也必须接受国际竞争带来的冲击。此时，国家间的集团合作可能在更大程度上实现产业互补，从而实现互利共赢。在环印度洋地区，避免同质化竞争对于一个国家的发展十分重要，集团化可以有效避免这一现象。同时，由于环印度洋地区很多国家经济水平较弱，集团化也可以最大限度地保护这些国家不受到同质化竞争的影响。第二，集团化可以使各国追求市场多元化。单一市场对于经济发展很不利，存在着很大的风险。① 通过建立环印度洋地区战略支点，能够增强各个国家之间的经济合作，实现市场多元化。第三，集团化的形成有利于提高区域在国际上的谈判地位。环印度洋地区有很多国际地位较低的小国，其经济发展往往会受到外来大国的限制。而集团化的形成给区域内的国家带来了共同的利益，有利于带动更多国家的发展。②

虽然经济集团化给区域带来的好处十分显著，但是环印度洋地区互联互通水平不高，并没有形成区域经济的一体化。我国在环印度洋地区建立

---

① 陆亨俊：《亚洲经济衰退的重要启示》，《经济参考报》（北京），2002年5月15日。
② 王昊：《世界经济区域集团化发展的理论分析与启示》，载《北京行政学院学报》，2004年第1期，第33—37页。

的海上战略支点不仅可以增加环印度洋区域的互联互通水平，而且给环印度洋区域建立区域集团化带来了极大的动力。联结蓬勃发展的新兴国家和经济与产业较为发达的国家，可以预见，这给我国本身以及环印度洋区域的国家，特别是经济还落后的国家带来了新的发展机遇。[①]

三、安全层面：我国与环印度洋地区国家安全利益一致

近年来，恐怖主义、非法移民、人口贩卖、贩毒、洗钱等犯罪活动逐渐国际化，我国与环印度洋地区国家在应对这些非传统安全问题上表现出高度统一。维护各国安全利益，坚决打击非传统安全问题活动的犯罪分子与行为，要求我国与环印度洋地区国家在安全合作层面上做进一步的推进与拓展，形成完善的警务合作联盟和体系，共同打击跨国犯罪活动。我国在环印度洋地区建设海上战略支点对于该安全合作的框架建设具有十分重要的意义。

如今我国处于社会飞速发展的时期，威胁我国稳定与安全的因素逐渐增多，犯罪形式正在新型化，这些问题都使得我国的安全形势十分严峻。随着我国"一带一路"倡议的推进、各双边及多边经济平台的建设，非传统安全问题逐渐突显。例如，我国的西南边境地区，是我国外交辐射东南、亚南亚的主要窗口，而"三股势力"猖獗，不仅使得社会安全受到极大威胁，而且对于我国开展对外合作也极具阻力，"三股势力"不仅是我国面对的一大安全威胁，也是世界范围内的头号公敌。"民粹主义"打着人民的名义在我国范围内扩散，也使得部分原本就处于紧张态势的国家间关系陷入僵局。新型毒品的出现、从境外贩运的新路径等，为我国应对毒品问题增加了难度。疾病预防、贩运人口、洗钱、金融诈骗、网络犯罪等呈现出跨国犯罪的趋势，由于国家间的安全合作机制不完善等，也就使得我国在侦破此类案件时效率较低、成本大大增加。

环印度洋地区具有极其复杂的地缘政治环境，这使得该地区的安全与和平问题也变得十分复杂与严峻，使得环印度洋地区存在着许多潜在冲突、明显冲突、暴乱与战争，该地区国家间的关系也难以缓和。环印度洋地区内有着数以千计的部族，部族间不同的文化促成了不同的部族文明与

[①] 智宇琛、马文琤、杨玉鑫：《"一带一路"为世界经济增长注入新动能》，载《中国外资》，2017年第11期，第18—20页。

宗教信仰。在这个区域内，巨大的文化信仰差异毫无疑问的引发了许多种族、宗教冲突。而且由于社会体制不同、经济发达程度不对等，在同一国家的不同地区内也会发生暴力冲突等问题。区域内国家的政治混乱也是造成该地区不稳定的一大因素，国家政治制度的缺陷、其他国家干涉内政、国家凝聚力薄弱、国家内地区的贫富差距等都进一步使得非法犯罪活动泛滥。环印度洋地区的和平与安全问题是多层次、多因素共同作用的结果，无法通过短时间内的协调消除，需要环印度洋地区各个国家和国际社会共同努力去营造一个和平稳定的区域环境。

随着印度改革政策的不断深入，其社会、经济都有了较快的发展，但在其经济快速发展的同时，社会不稳定的问题也越发严峻。印度社会贫困问题以及贫富分化严重，诱发了国内种族冲突。印度国内几乎人人都有宗教信仰，不同的宗教文化又会引发一系列的宗教矛盾。在这种宗教国家，宗教极端主义极易滋生，而印度社会的制度缺陷、贫富分化、宗教问题等又为极端宗教主义的蔓延提供了沃土。印度的那加兰邦、曼尼普尔邦及邻近地区就包含在世界三大毒品产区之一的"金三角"之中，到今天，印度仍是世界上最大的药用罂粟生产国，在高额利润的驱使下，合法药用罂粟流入黑市被制成毒品，[①]毒品的生产与走私一直是印度安全与稳定的严重威胁之一。此外，印度国内性犯罪率极高，疾病控制问题也是印度社会的巨大难题，而要解决这一系列社会问题，只有发展经济，消除贫富两极分化才能使社会矛盾得到缓和，从而进一步降低犯罪率。印度分裂恐怖主义势力，已经严重干扰印度的经济发展和政治稳定，反政府武装组织的不断扩张，使得动荡不安的社会和经济状况更加严峻。[②]

巴基斯坦国内的安全形势也不容乐观，俾路支省一直是暴力事件的高发区，造成动乱频发的根本原因是邻国阿富汗恐怖主义势力的渗透，而且俾路支经济较为落后，往往这样的地区就是恐怖主义盛行的沃土。巴基斯坦是一个以伊斯兰教为官方宗教的国家，但是伊斯兰教也分为逊尼派和什叶派两个派别，派别不同就极容易被一些不良分子利用，滋生极端宗教主义，从而

---

① 杨翠柏：《印度洋地区毒品泛滥的危害与南亚国家禁毒展望》，载《南亚研究季刊》，2000年第1期，第61—62页。

② 《分裂恐怖主义势力 印度大国梦的隐忧》，环球网国际新闻，2011年11月30日，http://world.huanqiu.com/roll/2011-11/2221363_4.html?agt=15417。

导致教派袭击事件经常发生。①巴基斯坦西北边境地区与阿富汗交界处是主要的毒品生产基地，与大多数国家的毒品问题一样，毒品的种植、走私、泛滥，毒品问题也是巴基斯坦的社会毒瘤。同样，巴基斯坦也存在非法移民、洗钱、拐卖、网络诈骗等社会犯罪问题，且日趋跨国化。

阿富汗相比其他环印度洋地区国家，国内政治比较脆弱，反政府武装塔利班组织的自杀式恐怖袭击、路边炸弹、暴乱等都使阿富汗的国内安全形势急剧恶化。②阿富汗国内政治形势复杂与其历史渊源、人口构成、地区文化等都有深刻的关系。阿富汗与巴基斯坦交界地区是世界三大毒品生产地之一，随着阿富汗政府和国际禁毒组织对毒品的治理，阿富汗国内的毒品问题虽然得到了缓减，罂粟种植面积持续减少，但是毒品问题并没有得到真正的解决。毒品经济是恐怖组织主要的经费来源，毒品经济的存在继而使得恐怖组织势力持续扩张，③甚至毒品势力都成为独立武装势力的一员。此外，阿富汗国内也存在宗教问题，阿富汗国内40%的人口都是伊斯兰教徒，极端宗教主义也长期存在于阿富汗国内。

除此之外，缅甸、伊朗、伊拉克、印度尼西亚、以色列等环印度洋地区国家，国内的安全形势也不容乐观，通过以上对环印度洋地区部分国家安全形势的分析，大致可知，该地区的国家所面临的安全问题都是大同小异的，不同国家之间由于历史沿革、民族构成、文化差异、地缘政治等原因造成国内的主要安全问题会有一定的差别，但整个环印度洋地区的国家主要表现出来的安全威胁还是十分清晰的，主要有"三股势力"、毒品、网络、经济及人口的犯罪问题；并且这些问题都有跨国化犯罪的现象及趋势，我国的安全问题也与其一致，这些问题在各个国家之间相互交织、相互影响，并形成一个巨大的犯罪网络，将我国与环印国家联结在一起。我国与环印国家急需形成统一的战线联盟，共同打击"三股势力"以及跨国犯罪等行为，打造和平稳定的国际社会环境，这样才能实现各国的和平稳定发展。从这个角度看，我国与环印度洋地区国家之间具有一致的安全利益。

---

① 冀开运：《巴基斯坦俾路支省社会冲突解析》，载《中东问题研究》，2016年总第4期，第101、104页。
② 方金英：《当前阿富汗安全形势及其前景》，载《现代国际关系》，2006年第6期，第47页。
③ 朱永彪、杨云安：《阿富汗安全形势及其对中亚的影响》，载《兰州大学学报》（社会科学版），2010年第38卷第5期，第61页。

专题报告四

中国实施印度洋战略的对策建议

由于印度洋战略的地位提升和亚洲经济的崛起，不仅欧美等发达国家在加速接近亚洲和进入印度洋，而且印度等地区大国也在加快印度洋的开发。同时，它们还联手防范中国进入印度洋，遏制中国崛起。中国如果不及时实施印度洋战略，加快走向印度洋的步伐，不仅未来中国的经济发展会受到影响，而且难以成为有世界影响力的大国。为了更好地实施印度洋战略，中国应采取以下措施：

一、加快发展军事工业，打造强大的蓝水海军

贸易是经济增长的发动机，但贸易不能缔造和平。财富是国家实力的象征，但财富却总带来战争。中国要实现伟大复兴，成为世界强国，离不开海上力量的复兴。尽管当今世界各国为了自己的利益矛盾重重，即使美、日、欧之间也是如此，但它们面对中国的崛起和进入印度洋却总是"不谋而合"且配合十分默契。例如它们都炒作"中国威胁论"，都对中国出海进行封锁，都不卖先进武器和高科技给中国，都打着人权旗号干涉中国内政，都打压中国升值人民币，都对中国频频发起反倾销等，其目的就是要阻止中国崛起成为世界大国。尽管中国崛起需要许多因素，但绝不能离开海洋。美国人艾·塞·马汉在《海权论》中指出，一个国家会"向海而兴，背海而衰"。可见，强国必须强海。由于"海权"是一个国家"控制、开发和利用海洋的能力的体现"，所以中国崛起必须高度重视海洋和海权。而要获得海权，必须有强大的军事力量作为支撑。只有加快发展军事工业，加强海军建设，打造强大的蓝水海军，才能保障中国日益庞大的海外利益，才能使自己的印度洋利益不受别国控制，才能稳定周边，维护国家主权完整和民族独立。因此，中国不仅要实施印度洋战略，而且

要依靠军事力量来支撑中国实施印度洋战略。特别是在当代国际关系下，我们不仅要努力提高中国经济实力、军事实力和科技实力，为维护中国远洋和海外利益奠定坚实基础，而且要适应世界海洋和海军发展的大趋势，加强海军军事力量，在加强近海综合作战能力的基础上，积极发展航母、潜艇等先进武器①，并适时建立印度洋舰队，以提高中国远海防卫作战能力，拓展战略防御纵深。要通过发展先进武器和建设强大的海军增强对一些国家的威慑力②。同时，必须处理好硬实力与软实力的关系。不断加强软实力建设，大力宣传中国的和平、合作思想以及中国的海洋制度和文化，增强中国对印度洋周边国家的吸引力，逐步消除误解和"中国威胁论"，最大限度地维护中国在印度洋的利益。

二、正确处理和平、合作与竞争的关系

客观地讲，世界新兴国家的崛起正在改变世界经济和政治格局。中国的崛起也同其他国家的崛起一样会给世界许多国家带来发展机遇，但也会给某些国家带来压力，从而引起它们的不满。尽管中国热爱和平，推进合作，寻求共同发展，也不想在世界上称霸，即使在15世纪中国明王朝的海军曾是印度洋乃至世界上最强大的海上力量的时候，中国"七下西洋"的目的也是促进世界文明的交流和世界和谐，从未占领别国领土，但中国对海洋求和平、谋合作、促发展的观点至今仍然未得到全世界特别是一些西方大国的认可。尽管中国作为正在快速发展的大国，需要维护自己的国家利益和保护自己的能源通道。而印度洋已成为中国从中东、非洲进口石油和中国向欧洲、中东、非洲等出口货物的重要通道，这使得中国是印度洋的利益攸关方。但它们总是认为中国进入印度洋是要与其竞争或控制印度洋的战略航运通道。尽管当今世界各大国纷纷在印度洋上进行角力，极大地影响了"和谐印度洋"的建设，但它们并不欢迎追求"和谐印度洋"建设的中国进入印度洋，以致中国还未进入印度洋就遇到了许多麻烦。这使得印度洋的局势十分复杂。为此，我们需要正确处理好和平、合作与竞争的关系。一方面中国需要进入印度洋，走向深蓝和远洋，以保障中国在印度洋的国家利益；另一方面要贯彻和谐世界、和谐周边的外交方针，坚持

---

① 中国走向印度洋需要有远距离的"力量投送"能力，而航母是"力量投送"的支柱。
② 成功的威慑既要有足够的海上实力，又要有坚定的维权意志，并让这种意志以可感知的方式传递给对方，使其不能对中国产生幻想。

互信、互利、平等、协作的新安全观，避免与印度、美国等发生激烈冲突。而且走和平、合作之路，是中国进入印度洋和确保通道安全的最佳途径，也是成本最低的途径。为此，要坚持走和平发展的道路，积极维护国际海洋新秩序，将和平、合作、发展、和谐作为中国进入印度洋的基本原则，努力构建和谐印度洋。要向世界宣布，中国的印度洋战略是和平、合作、发展、和谐的战略，与西方传统海洋战略有着本质的区别。中国进入印度洋的目的是与其他国家共同和平地分享印度洋带来的巨大经济利益，是为了确保本国船只的运行安全与航道的通畅，是为了维护自己的国家利益，获得能源和资源，而不是要争夺印度洋控制权，称霸印度洋。中国愿意与印度洋沿岸各国，在政治上相互尊重、平等协商；在经济上相互合作、优势互补；在文化上相互借鉴、求同存异；在安全上相互信任、加强合作。我们不以追求绝对制海权为目标，并反对任何一个国家在该地区谋求霸权。同时，也要采取措施反对他国对中国的包围和封锁，反对别国在印度洋上称霸，以便让别人了解中国的印度洋战略不会妨碍和威胁任何人，从而促进和平、安宁、合作、和谐印度洋的构建。

三、担负大国责任，促进和谐印度洋构建

随着中国国力的增强和海外经济利益的拓展，中国建设海洋强国和实施印度洋战略的趋势已无可避免。因此，必须重新认识印度洋的重要性，不断加大对印度洋的投入，在扩展、维护和保障中国的印度洋的利益和航线安全的同时，与印度洋周边国家共同维护印度洋秩序。目前，印度洋安全环境不佳，任何国家都难以单独应对恐怖主义、海盗、跨国犯罪、生态环境等问题，这需要国际社会共同努力才能有效防范，才能加快和谐印度洋的构建。中国作为正在崛起的大国，也要担负大国责任，共同促进和谐印度洋建设。虽然现在在印度洋上有多国护航，但由于缺乏统一规划，各国军舰还处于"各自为政"的状态，重复巡航、全程护航造成了极大的资源浪费。为了合理配置各国海军的护航力量、提高打击亚丁湾和索马里海盗的效率，2009年11月6日，在北京召开了亚丁湾护航国际合作协调会议，讨论了在亚丁湾实行分区护航合作的问题。2010年1月，在美国纽约召开了联合国索马里海盗问题联络小组全会，讨论了分区护航合作的原则。2012年2月23日，在中国南京举行了首届国际护航研讨会，中方表示

愿在自主自愿、平等协商原则的基础上，与有关方面继续加强军事行动的协调及信息共享。今后中国要继续担负大国责任，积极消除印度洋安全隐患，维护航线安全。要及时调整海军职能，重点发展海军远海护航作战能力，提高中国在印度洋长期驻守护航的综合保障能力，保卫我国远洋船只不受侵犯，保卫我国在印度洋的经济利益。要将多边协作作为中国进入印度洋的首选战略，充分利用中国参与印度洋护航和打击索马里海盗的机遇，加大对其他国家船只的人道主义救援，维护印度洋安全，以显示中国作为负责任大国的形象。发挥联合国特别是安理会在维护国际和平与安全方面的核心作用，推进国际合作护航，共同保护各国商船，有效协调各国打击索马里海盗的行动。积极推进国际社会对索马里的援助，并切实兑现援助承诺，以促进索马里实现政局稳定、经济发展、社会安宁，切断索马里海盗产生的根源。积极参与印度洋的国际合作，重点加强与印度洋周边国家的军事合作和海上安全合作，维护共同利益。

四、继续改善与印度洋周边国家的关系

印度洋周边国家主要是发展中国家，在国际和地区事务中有广泛的共同利益。印度洋既是生命之洋，又可能成为冲突之洋。为了降低中国进入印度洋的成本，减少中国进入印度洋受到的猜疑和误判，避免军事摩擦或军事冲突，在存在冲突可能的印度洋地区获得友谊十分重要，必须进一步改善与印度洋周边国家的关系，以减少印度洋周边国家对中国进入印度洋的排斥。近年来，尽管中国与印度洋周边国家关系得到了很大改善，但也有一些国家对中国不友好。因此，中国要实施好印度洋战略必须贯彻和谐印度洋战略，进一步改善和加强与印度洋周边国家的睦邻友好关系。在坚持原则的情况下，中国应主动采取更加灵活的措施，大幅提高中国的"软实力"，以不断消除其对中国的恐惧情绪。要处理好硬实力与软实力、大国与小国、近期与长远的关系；处理好与国际大国、印度洋周边国家的关系，尽量避免与其发生冲突和摩擦，以加快推动和谐印度洋建设。要加强与印度洋沿岸国家在联合国、南盟、东盟地区论坛、上海合作组织等多边组织中的协调与配合，推进多边事务合作。要加强与印度洋实际控制国——美国和参与打击索马里海盗国家的沟通与协调，努力改善与澳大利亚、新加坡、马来西亚、泰国等国家的关系，为中国进入印度洋减少阻

力。继续加强与印度洋周边国家政府部门、立法机构、政党和地方的交流与合作，保持高层交往频繁的势头，相互尊重和照顾彼此的关切。特别是要重视与印度改善关系。因为印度是世界正在崛起的大国，也是防范中国进入印度洋最卖力的国家。中国要积极促进地区和平，支持和鼓励印巴和解，因为印巴和解有利于中国实现自己的战略利益和构建和谐印度洋。积极支持印度洋周边国家维护国家主权、民族团结和领土完整。同时，我们要充分利用已拥有的与印度相邻国家都是中国的友好国家这一条件，积极与这些国家改善关系，为扩大双方的经贸合作提供优惠政策，为它们的国内经济建设提供支持，为其安全保障提供帮助，为其合法权益提供道义上的支持。由此打造一个环印度洋周边国家的友好国家体系，巩固我国在印度洋的利益，并使之成为中国在印度洋上的永不沉没的"航空母舰"。另外，还要实施海上多边主义外交政策，加强与印度洋沿岸国家的军事交流和演习，经常开展海军舰艇编队出访，与环印度洋地区国家举行各种不同形式的演习、训练、巡逻、航线考察等活动，以更加积极主动的姿态、更为积极的方式参与印度洋海事安全活动。中国的海军舰艇编队也要进行环球出访，并加强对印度洋沿线的情报搜集，为我国海军进入印度洋提供可靠的情报支持。

五、加快建立基地，提高后勤保障能力

印度洋面积大、航线多、安全问题突出，而又距离中国较远，没有强大的后勤保障做支撑，就难以长期保持在印度洋地区的军事存在和打破西方大国对印度洋的垄断，也难以全面维护我国的印度洋利益。特别是对一个在印度洋没有领土的国家来说，如果没有自己的基地，不仅过往的船只补给困难，而且成本很高。从处理印度洋危机来看，也应建立基地。因为基地对于一个国家在短期内集结力量应对突发事件有重要作用。对于进入印度洋的海军来讲，没有基地不仅难以彰显实力，也难以提高远程作战能力。在这样的情况下，中国要进入印度洋，要么借助他国的基地提供保障，要么建立自己的基地提供保障。但如果长期依靠别国的基地，就容易受别人控制，就很难应对突发事件。当然，我们建立的基地不一定是军事基地，特别是在近期不宜以建立军事基地为目的。因此，今后中国要利用长期以来与印度洋沿岸国家建立的良好关系，选择一些战略地位重要且对

航线维护有较大帮助的港口作为战略支撑点或补给基地，增加在印度洋地区的军事存在，以提高补给效率和应急反应能力。这些国家包括缅甸、孟加拉国、斯里兰卡、马尔代夫、巴基斯坦、伊朗、也门、塞舌尔、毛里求斯、马达加斯加等地。如果能在印度洋东部的缅甸（或孟加拉国）、北部的巴基斯坦（或也门）、西部的塞舌尔（或毛里求斯）建立基地，就可形成一个特殊的遥相呼应的战略三角关系，这对中国构建"印度洋战略"和确保我国印度洋利益将发挥巨大作用。在印度洋建立基地前，应加强南海基地的建设，以缩短到达印度洋的时间。同时，建立一支印度洋应急部队，一旦印度洋有事，能快速到达并开展反恐、救险、撤侨、护航等活动，以提高应急反应能力。

六、建设直达印度洋的国际大通道

要从国家战略高度合理布局中国西南和西部直达印度洋的国际大通道，并不断增加投入，提升公路等级，加快铁路建设，开辟更多航线，尽快让具有优势的沿边省份形成通江达海、连接周边的高效运输网络体系。从区位优势来看，云南和新疆是中国最有优势的省份。云南可以通过缅甸修建直达印度洋的国际大通道；新疆可以通过巴基斯坦修建直达印度洋的国际大通道。一旦这两大战略通道形成，就可以改变中国传统的地缘政治结构，使中国在印度洋通道中占据特殊的位置。新疆毗邻中亚、南亚和俄罗斯等，与巴基斯坦、阿富汗等国家相连，区位条件好，是我国向西开放的桥头堡，其辐射的中亚、中东是世界的能源基地。上海合作组织的建立和中哈石油管道的建成标志着新疆建设陆上国际大通道时代来临。依托新疆建设直达印度洋的陆上能源安全大通道有利于我国拓展新的能源进口渠道，加快新疆以及周边国家能源资源开发，维护中国能源安全。特别是巴基斯坦前总统穆沙拉夫提出愿成为中国的能源走廊以及多条能源走廊在巴基斯坦交会，使得新疆有能力成为中国进入印度洋的重要通道。与新疆相比，云南的优势也十分明显。首先，路线短。从昆明到印度洋沿岸的缅甸皎漂港只有1800千米，从中缅边境到印度洋沿岸港口更近，到缅甸皎漂、孟加拉国吉大港、印度加尔各答港都只有1200千米左右。这不仅比绕道沿海进入印度洋近3000—6000千米，而且比新疆乌鲁木齐通过巴基斯坦或中国沿海到印度洋的距离还要短。其次，建设和运营成本低。从昆明到印度洋由于路线短和不必穿越沙漠、戈壁以及像喀喇昆仑山这样的高山，建设成本比新疆低，而且云南气候自然条件好，可以全天候24小时开放和运营，不会像新疆那样每年都有极端天气难以常年运营。再次，国际环境好。从云南建设直达印度洋的国际大通道许多都是泛亚铁路、亚洲公路网的线路，它能得到许多国家的支持，遇到的阻力相对较小。目前的中缅油气管道就是为将印度洋周边国家的石油送到中国而建设的。而从新疆修建直达印度洋的国际大通道需要建设"新丝绸之路"，这容易引起相关国家的猜忌。最后，前期工作充分。1999年云南就将建设中国连接东南亚、南亚的国际大通道列为全省三大战略目标之一，目前境内的高等级公路已完成，铁路正在修建。再经过孟中印缅论坛等机制10多年的讨论，建设国际大通道已基本形成共识，其中孟加拉国、缅甸十分积极，中缅还签署了相关协议。而新疆方面的通道现在大多还停留在构想阶段。因此，要重点加强云南经缅甸的直达印度洋的国际大通道建设。国家有关部门要加快编制中国陆路直达印度洋的国际大通道建设规划，强化资金筹措，使西部省份形成集公路、铁路、水运、航空、通信、管道、电力等为一体的多元化的互联互通的便捷、安全、高效的现代综合立体通道体系。积极与东南亚、南亚国家建立互联互通的合作机制，加强信息沟通、政策磋商、规划对接，签署多边或双边国际大通道建设协议或备忘录，携手共建国际大通道，促进互联互通。建立国际大通道建设协调机构，与周边国家签署交通运输、物流、通关便利化协议，改善通关环境，努力消除运输通关的非物理性障碍，提高通关效率。在铁路方面，依托泛亚铁路网建设，大力推进云南境内的铁路建设，支持和帮助境外战略铁路建设。在公路方面，依托亚洲公路网建设，提高云南公路等级和路网密度，建设连接周边的高速公路网。在航空方面，建设、提升一批机场，支持昆明新机场取得第五航权，支持腾冲、芒市、西双版纳、丽江等机场成为国际口岸机场，开辟更多航线。在水运方面，提高澜沧江—湄公河的通航能力，加快推进中缅陆水联运、中越陆水联运。在信息通道方面，以泛亚光纤网为依托，加强通信和网络平台建设。在管道方面，以中缅油气管道建设为依托，建设更多、连接更广的油气管道网络。在电力通道方面，扩大与越、老、缅等国家的电力输送规模，促进电力互联互通。另外，新疆到巴基斯坦的通道也是中国直通印度洋和非洲的战略通道，也要加快启动。修建该通道不要只瞄准中国援建的瓜达尔，还可考虑卡拉奇、凯西姆等港口。

七、推进区域经贸合作，促进共同发展

坚持对外开放的基本国策，坚持"引进来"与"走出去"相结合，充分发挥区位优势，扩大开放领域，优化开放结构，提高开放质量，完善内外联动机制，加快与印度洋沿岸国家经济合作步伐。继续贯彻"与邻为善、以邻为伴"的周边外交方针，坚持互利共赢的开放战略，加强同印度洋周边国家的睦邻友好和务实合作，积极开展区域经济合作，努力扩大同印度洋周边各国利益的汇合点，努力促进共同发展。按照"政治互信、经济互补、资源共享、市场融通、协同推进、互利共赢"的原则，努力构建良性互动、优势互补、合作共赢、共同繁荣发展的合作机制。建立对话机制，加强区域内各国政策和利益的协调，妥善处理矛盾和分歧。加强与印度洋沿岸国家的密切配合，不断挖掘合作潜力，广辟合作途径，扩大合作规模，推动中国与印度洋沿岸国家的互利合作持续深入发展。积极与印度洋周边国家开展工程承包、设计咨询和劳务合作，共同落实并完成好已商定的大型合作项目和中方援建项目，大力开展基础设施、经贸、文化、能源、旅游、反恐和国际事务等领域的合作，推动友好合作伙伴关系不断向前发展。以东南亚、南亚为重点，深入推进与印度洋沿岸国家的经贸合作，多进口国内紧缺的资源类产品，以满足国内需求，努力扩大贸易规模。加快推进与印度洋周边国家的产业合作，扩大投资规模，提高与印度洋周边国家区域合作水平。积极推进西部省份与长三角、珠三角、环渤海各省区的经济合作，进一步创新合作机制，大力承接发达地区产业转移。加快沿国际大通道和节点城市经济建设，建设工业园区、物流园区等，打造对外经济走廊。加快建立风险防范机制，完善管理办法，共同应对合作风险。在建立合作机制的过程中，要尊重和照顾邻国的合作利益和关切，合理承担国际义务，适当增加援助，坚决维护和平与安全，坚决反对和遏制毒品、非法移民、赌博等违法行为和社会丑恶现象，共同营造和平稳定、平等互信、合作共赢的地区环境。

专题报告五

后新冠疫情时代中国开拓印度洋出海大通道战略新问题研究

出海大通道的建设涉及我国的政治、经济和国家安全，是国家未来发展的利益所在。在后疫情时代，新冠肺炎疫情给全球带来了深刻影响，国际形势发生了巨大转变，中美战略竞争全面升级给我国发展带来了前所未有的挑战。在新时期，我国必须清楚认识开拓出海大通道的必要性和紧迫性，抓住时代机遇，迎接开拓出海大通道的机遇与挑战。推动"两洋出海"战略格局的形成，促进"一带一路"倡议的深入发展，保障我国的海洋权益，建设海洋强国。

一、后新冠疫情时代中国开拓出海大通道的机遇与挑战

2020年以来，新冠肺炎疫情在全球蔓延，已有200多个国家和地区出现确诊病例。疫情对全球经济发展造成了前所未有的冲击，2020年6月世界银行发布的报告显示全球经济将萎缩5.2%。[1]国际货币基金组织已将全球GDP增速预测从1月份的3.3%下调至-4.4%，这是20世纪30年代"大萧条"以来最严重的经济衰退。[2]疫情也给中国周边国家和地区的经济和社会发展带来了前所未有的挑战。

（一）新冠疫情对环印度洋地区的影响

1. 经济面临大幅下滑

中国周边地区大部分为发展中国家，经济发展严重依赖国际贸易、旅游以及国际投资等。受疫情以及全球经济下行的影响，周边国家和地区遭

---

[1] "Global Economic Prospects", A World Bank Group Flagship Report, June 2020, p. 3.
[2] "A long, uneven and uncertain ascent", imfblog, Oct. 13, 2020, https://blogs.imf.org/2020/10/13/a-long-uneven-and-uncertain-ascent/.

遇了严重的经济衰退，大部分国家GDP呈负增长（如下表所示）。

2019—2020年中国周边部分国家GDP发展变化

国家	2019 年 GDP	2020 年 GDP（预测）
印度	4.2%	−3.2%
缅甸	6.3%	1.5%
泰国	2.4%	−5.0%
巴基斯坦	1.9%	−2.6%
孟加拉国	8.2%	1.6%
伊朗	−8.2%	−5.3%
马尔代夫	5.2%	−13%

来源：根据世界银行2020年6月全球经济预测报告整理。

此外，疫情也影响了一些国家的主要产业，例如旅游业。近年来，旅游业已成为许多发展中国家的主导产业，在一些环印度洋地区国家中，旅游业占国内生产总值的1/3以上。[①]新冠肺炎蔓延引发了该行业前所未有的危机。旅行限制、出入境限制导致国际游客大幅减少，国际旅游业的发展跌入低谷。对于依赖旅游业的国家来说，疫情加剧了国家经济的脆弱性。马尔代夫旅游业占该国GDP的70%，据世界银行预测，马尔代夫将是受到疫情影响最严重的南亚国家，国内生产总值预计萎缩将近13%。[②]泰国尽管在抗击疫情方面表现出色，但是旅游业低迷使其经济陷入衰退。据联合国发布的报告显示，泰国的旅游业将损失470亿美元，经济至少萎缩5%，并需要两年多时间才能恢复到疫情暴发前的水平。[③]

2. 出口贸易受到严重冲击

新冠肺炎疫情持续蔓延，促使各国采取封锁措施，工厂停工产量骤减，贸易运输中断以及市场需求低迷，导致2020年上半年国际贸易几近停止。据世界贸易组织预测国际贸易将下降13%—32%，其中亚洲地区的贸

---

① "Cross-Border Mobility, Covid-19 and global trade", World Trade Organization, Aug. 25, 2020, p. 4.
② "Maldives Development Update", The World Bank, June 2020, p. 24.
③ "Major impact from COVID-19 to Thailand's economy, vulnerable houeholds, firms: report", The World Bank, June 30, 2020, https://www.worldbank.org/en/news/press-release/2020/06/30/major-impact-from-covid-19-to-thailands-economy-vulnerable-households-firms-report.

易将下降13%—34%①,这给依靠出口贸易的国家带来了毁灭性的打击。例如,制造业占孟加拉国出口总额的95%以上,其中80%的商品销往欧洲和美国。由于疫情影响,国际需求急剧下降,孟加拉国出口至少下降20%,而出口的下降可能导致该国2020年GDP至少下降2%—3%。②

此外,疫情也在一定程度上影响了石油的出口。自疫情暴发以来,石油需求急剧下降,据国际能源署估计,2020年上半年全球石油供应平均为9977万桶/天,较2019年下半年供应减少107万桶/天,也较2019年上半年减少54万桶/天。③国际石油价格暴跌了50%以上,这造成了伊朗和阿联酋等石油出口国的经济动荡。然而随着商品和服务出口收入的下降、国外投资的减少,再加上货币的贬值,许多发展中国家已经无力偿还数十年来累积的巨额债务。与此同时,疫情带来的医疗卫生服务需求高涨,医疗卫生相关用品进口大幅增加,为抗击疫情的财政支出也在不断增大,这给大部分国家的财政带来巨大压力。随着政府财政赤字的进一步扩大,周边大部分国家将面临严重的国际收支危机。

3. 产业供应链面临中断的风险

随着经济全球化的深入发展,各国供应链之间的联系越来越紧密,而中国是全球供应链的核心一环,已成为全球供应链网络的中心。依托世界银行和联合国贸发会议共同发布的"世界综合贸易解决方案"(WITS)数据库,观察了全球近200个经济体从中国进口的商品,中间品在全部进口中的占比平均达到20.32%。④疫情影响到了中国向其他国家出口中间产品,而对中国中间产品依赖度较高的周边国家普遍面临着供应链危机。例如,武汉汽车工业、光电子信息以及生物制药领域在全球供应链中处于重要位置,但是受疫情影响,相关产业停产,这给印度的制药领域带来了巨大冲击。尽管印度的仿制药生产全球领先,但是其70%的原材料都来自中

---

① "World Economic Situation And Prospects: September 2020 Briefing, NO.141", United Nations, Sept. 01,2020, https://www.un.org/development/desa/dpad/publication/world-economic-situation-and-prospects-september-2020-briefing-no-141/.

② "UN/DESA Policy Brief #71:COVID-19 pandemic deals a huge blow to the manufacturing exports from LDCs", United Nations, May 14,2020, https://www.un.org/development/desa/dpad/publication/un-desa-policy-brief-71-covid-19-pandemic-deals-a-huge-blow-to-the-manufacturing-exports-from-ldcs/.

③ 祁新:《国际油价大幅下跌回顾及2020年国际油价走势分析》,载《中国能源》,2020年第9期。

④ "Trade Summary For China 2018", WITS, https://wits.worldbank.org/countrysnapshot/en/CHN.

国，其中1/3来自武汉。①中国和印度制药领域产业链的中断也对全球其他国家造成了影响，相关国家纷纷调整产业链并鼓励本地生产，以减轻产业链中断的影响。

随着疫情在全球的蔓延，各国产业链中断的风险在不断增大，对全球产业供应链的安全也造成了挑战。例如，印度的信息技术和软件产业，该产业在印度的出口总额中占将近45%，对印度GDP的贡献率将近8%。②然而由于疫情影响，印度大量企业面临停产停工，而其主要出口市场美国和欧洲也是疫情严重的地区。这极大地影响了印度软件的出口，使整个产业供应链面临风险。此外，疫情也使马来西亚、新加坡、泰国的电子元器件供应链受到了不同程度的影响。此外，还影响了周边国家产业链的转型升级。东南亚地区是承接中国产业转移的重要基地，其中服装加工等劳动密集型产业发展最快。由于疫情影响，大量服装企业濒临破产，原本进行产业升级的国家由于缺乏资金而被迫放弃，使其产业转型升级的努力遭受重大打击。

4. 面临着公共卫生危机的挑战

在中国周边地区几乎所有国家都有确诊病例，在全球确诊排名前50的国家中中国周边国家就至少有8个。其中印度疫情最为严重，全球排名第二，并且还处在暴发蔓延的趋势中。尽管东南亚国家在控制第一波疫情的时候表现出色，成为国际社会抗击疫情的典范。但是随着第二波疫情的来袭，一些国家防线崩溃，缅甸在短短两个多月的时间内确诊人数突破6万，这给缅甸的医疗卫生系统带来了巨大压力，也提升了周边国家抗击疫情的难度，泰国、老挝等国纷纷关闭边境口岸以阻止疫情的蔓延。而中国周边大部分为发展中国家，医疗卫生水平较低，不仅缺乏足够的医疗卫生用品，检测能力也达不到要求。面对重大公共卫生危机的挑战，大部分国家缺乏足够的资金抵御疫情的影响。随着疫情在全球的二次蔓延，周边国家可能会持续遭受疫情的影响，加深这些国家的公共卫生危机。

5. 加剧社会不稳定状况

疫情导致各国失业率居高不下，对经济的影响可能会使全球1亿人口

---

① "The impact of COVID-19 on global supply chains", Oxford business group, April 24, 2020, https://oxfordbusinessgroup.com/news/impact-covid-19-global-supply-chains.

② "Managing the impact of COVID-19 on India's supply chains", July 2020, p. 54.

陷入极端贫困。① 此外，疫情还加剧了全球粮食不安全状况，据世界粮食计划署估计，疫情的蔓延可能会使全球营养不良的人口从8300万增加至1.32亿，到2020年年底还将有1.35亿人长期面临粮食不安全的风险。② 疫情激化了社会矛盾，引发了政治、经济等领域的动荡。例如，疫情在泰国造成了广泛的失业，据估计有830万人将失去工作和收入，其中有很大一部分是年轻人。③ 民众生活陷入困境，看不到希望的年轻人纷纷涌上街头，将矛头指向政府，要求总理下台、修改宪法并限制国王的权力。抗议浪潮已经持续了几个月，引发了泰国政治、经济等领域的连锁危机，造成了社会的持续动荡。

（二）后新冠疫情时代中国开拓出海大通道面临的挑战

1. 逆全球化思潮兴起

疫情重创了全球经济的发展，在一定程度上导致逆全球化思潮不断兴起。逆全球化的概念与全球化相对应，是既对立又统一的关系。全球化主要是指经济上的概念，是商品、技术、信息、服务、资金等生产要素跨越国界和地区的流动，使得世界日益联系成为一个整体。而逆全球化主要是指全球化在经济和政治方面存在某种程度的倒退或停滞。④ 逆全球化思潮由来已久，早在2008年金融危机的时候就已经出现，此次新冠肺炎疫情在一定程度上加剧了这一思潮的发展。

导致逆全球化现象出现的主要原因有：首先，经济全球化在一定程度上造成全球利益分配不均，发达国家与发展中国家的贫富差距日益增大。发达国家在全球化进程中处于主导地位，而发展中国家由于自身实力的差距在全球化进程中处于被动地位，并且越来越依靠全球产业链的发展，经济全球化在一定程度上加剧了发展中国家经济的脆弱性。在此次疫情中发展中国家受到的冲击最大，据联合国开发计划署预测，2020年发展中国家

---

① "Projected poverty impacts of COVID-19（coronavirus）", The World Bank, June 08, 2020, https://www.worldbank.org/en/topic/poverty/brief/projected-poverty-impacts-of-COVID-19.

② "The State of Food Security and Nutrition in the World（SOFI）Report 2020", United Nations World Food Programme, July 21, 2020, p. 8.

③ "Major impact from COVID-19 to Thailand's economy, vulnerable houeholds, firms: report", The World Bank, June 30, 2020, https://www.worldbank.org/en/news/press-release/2020/06/30/major-impact-from-covid-19-to-thailands-economy-vulnerable-households-firms-report.

④ 孙依然：《逆全球化的根源与中国的应对选择》，载《浙江学刊》，2017年第5期第5页。

将损失至少2200亿美元的收入。①而因疫情产生的巨额债务将拖垮发展中国家数十年的发展。其次，随着全球产业布局的一体化，发达国家纷纷向发展中国家转移制造产业，导致发达国家就业急剧减少、贫富差距增大、产业空心化现象严重。最后，经济全球化导致大量生产资料向少数几个产业高度集中，容易引发经济危机。

后疫情时代逆全球化在政治上主要表现为民粹主义。例如，美国的一系列"退团"行动、英国"脱欧"、欧洲国家极右翼民粹主义政党的兴起，以及疫情期间西方国家将主要责任"甩锅"给中国，将"病毒政治化"并且大肆渲染"中国威胁论"，引发中美关系的动荡。在经济上主要表现为贸易保护主义。例如，中美在贸易领域的摩擦，这是当今"逆全球化"最重要的表现。②美国打击中国企业，并对中国出口的商品征收大额关税。此外，西方国家打击中国5G技术的发展，撤回在中国的产业链，力图使制造业回流等。在社会文化上主要表现为排外主义、反移民等。例如，2015年后欧洲的难民危机越来越严重，大量来自中东和北非的难民涌入欧洲。不仅抢占了当地民众的工作机会、福利保障，还引起了宗教文化冲突，对社会安全稳定造成了影响。一些极右翼政党趁机崛起，其反移民言论以及游行加剧了欧洲社会对于移民问题的意见分歧。美国政府也颁布了一系列反移民的政策措施，像"禁穆令"、在美墨边境建墙等，导致美国社会进一步分裂。在亚洲，罗兴亚难民问题也困扰着缅甸和孟加拉国的发展。而疫情期间的封锁隔离措施，也在一定程度上加剧了国际社会的反移民和排外主义倾向。

我国开拓出海战略大通道不仅是为了保障我国的能源安全和国家安全，而且顺应了经济全球化的潮流。"逆全球化"思潮的再度兴起，给我国在后疫情时代开拓出海战略大通道营造了不利的国际环境，将会给我国在政治、经济和文化上带来一系列的挑战。

---

① "COVID-19: Looming crisis in developing countries threatens to devastate economies and ramp up inequality", United Nations Development Programme, Mar. 30, 2020, https://www.undp.org/content/undp/en/home/news-centre/news/2020/COVID19_Crisis_in_developing_countries_threatens_devastate_economies.html.

② 万广华、朱美华：《"逆全球化"：特征、起因与前瞻》，载《学术月刊》，2020年第7期第35页。

2. 中美战略竞争全面升级

自从特朗普上台执政以来美国对华政策发生了重大转向,中美关系发生了深刻的转变,从以往的战略合作者转变为战略竞争者。在2017年特朗普政府发布的首份《国家安全战略报告》中全面阐述了其"美国优先"理念,将中国定义为修正主义国家、战略竞争者,认为中国挑战了美国的力量、影响力和国家利益,并试图削弱美国的安全和繁荣。该《报告》认为美国对中国长时间实施的接触战略是错误的,中国并没有按照美国的利益和期望发展。相反地,美国认为中国想要塑造一个与美国价值观和利益相对立的世界,寻求在印度洋和太平洋地区取代美国,扩大社会主义经济模式的范围,并重新塑造地区秩序。①此外,该《报告》在阐述中美在印太地区竞争时指出尽管美国寻求与中国继续合作,但中国正在利用其经济和军事威胁来迫使其他国家接受中国的政治和安全议程。中国在印太地区的基础设施投资以及贸易战略强化了其地缘政治意图,中国在南海建立的军事化前哨基地威胁了贸易自由和其他国家的主权,并威胁了地区安全稳定。②这份《报告》是"冷战"结束以来美国将中国定位为"战略竞争者",并且以应对"中国威胁"为战略导向的首份国家安全报告。表明了美国对华战略认知发生了深刻的转向,美国已将中国视为全球性的首要战略竞争者,将全方位展开与中国的竞争。

后疫情时代中美战略竞争全面升级主要表现在以下两个方面:首先在政治上,政治意识形态之争是美国对华政策的重要组成部分。2020年7月,美国国务卿蓬佩奥发表演讲宣布特朗普政府将以意识形态为基础建立全球反华联盟,企图加剧中美意识形态的对立。③此外,美国以意识形态为基础加大了对中国香港、新疆和西藏的"人权攻击",并指责中国对美国进行政治渗透,对南亚和东南亚等国扩展政治意识形态。2020年7月21日,美国国务院以中国干涉美国内政、偷窃美国知识产权、开展商业间谍活动要求中国关闭其驻休斯敦领事馆,并宣布制裁中国高级官员,撤销中国香港在其外交和贸易关系中的特殊地位,宣布中国在南海的海洋主张是

---

① "National Security Strategy of the United States of America", The White House, December 2017, pp. 2-25.

② "National Security Strategy of the United States of America", The White House, December 2017, p. 46.

③ "Communist China and the Free World's Future", The White House, July 23, 2020, https://www.state.gov/communist-china-and-the-free-worlds-future/.

非法的。①美国在政治上对华战略不断升级导致中美关系降至历史冰点。

其次在经济上，经济安全被视为美国国家安全利益的核心。2020年5月，美国白宫还向国会提交了一份《美国对中华人民共和国战略方针》的报告，在报告中详细介绍了美国对中国的战略，认为中国在经济、价值观和安全领域对美国的国家利益构成了三大挑战。并认为中国的"一带一路"建设是为了实现中国的全球利益、满足中国国内的经济需求，对美国的经济利益构成了挑战。②对此，美国为推动制造业回流，在全世界发动了"去中国化"运动，企图与中国的产业链脱钩。在贸易领域发动对中国的贸易战，对中国的商品加征大额关税，迫使中国加大对美国商品的进口，进一步开放金融市场。此外，还加大对中国的技术限制，打压中国的高科技企业，对中国的5G技术进行全球"围堵"，发动对于中国的"科技战"。

中美战略竞争的全面升级对于后疫情时代中国开拓出海战略大通道带来了许多不利的影响：一是恶化了中国的地缘政治环境。中国开拓出海战略大通道主要面向印度洋和太平洋，而印太地区是美国对华开展地缘政治竞争的重点。美国一再强调印太地区海上通道的自由，并将印度拉进中美竞争的战略轨道，企图利用印度平衡中国在印度洋的力量，体现了美国对中国在印度洋地区影响力不断增强的重视程度。③二是造成中国周边国家面临"选边站"的难题。周边国家是中国开拓出海通道的重要战略依托，美国对东南亚、南亚各国的政治经济有着广泛和长期的影响，而中美竞争的全面升级将会给一些国家的对外政策造成影响，不可避免地会导致周边国家的战略分化，这将不利于营造中国建设出海通道的有利国际环境。

3. 中国周边地区局势动荡

（1）中印关系问题。2020年6月，印军违背承诺再次越过实控线蓄意发动对中方的挑衅攻击，中印两国军队在边境加勒万河谷地区爆发了严重的冲突，这是自2017年洞朗危机以来中印两国爆发的最严重的军事对峙事件。近年来印度屡次挑衅我国边界，给我国的领土主权和国家安全构成了

---

① "Officials Push U.S.-China Relations Toward Point of No Return", The New York Times, https://www.nytimes.com/2020/07/25/world/asia/us-china-trump-xi.amp.html.

② "United States Strategic Approach to the People's Republic of China", The White House, May 2020, pp. 2-7.

③ 吴心伯：《论中美战略竞争》，载《世界经济与政治》，2020年第5期。

严峻挑战。随着中印边境冲突的爆发，印度国内"反华情绪"高涨，多地还爆发了针对中国的示威游行活动，发起了抵制"中国制造"的运动。印度的行为加剧了中国在南亚地区地缘战略环境的复杂性，增加了中印之间关系的不确定性。

此外，印度还位于我国开辟出海大通道的重要关节点上。印度特殊的地理位置使得印度对于印度洋非常重视，正如印度外交家潘尼迦所说的："谁控制了印度洋，谁就能主宰和控制整个印度。"[1]因此，印度出于对印度洋霸权的追求，对于中国在印度洋上的经济活动非常敏感，将我国在印度洋沿岸各国建立的港口视为包围印度的"珍珠链"，与周边各国的经济合作项目也被打上了"地缘政治"的标签。[2]认为中国进入印度洋带有政治和军事意图，主要在于与印度争夺海上霸权。更为重要的是，中国的"海上丝绸之路"以及"开辟出海大通道战略"与印度的"海洋战略"相冲突。对此，近年来，印度加强了其海上军事力量的发展，并将其海权不断扩展至中国南海，给我国开辟出海战略大通道带来了一定的挑战。

（2）中国台湾问题。中国台湾问题事关我国的内政，但是近年来美国不断强化发展与中国台湾地区的关系，一次次挑战中国的"底线"。2020年3月，美国众议院通过"台北法案"进一步发展与台湾地区的关系。疫情期间，台美双方以合作抗疫为借口强化了双边关系，台美高层交往有所突破，2020年5月美国国务卿蓬佩奥还公开发表声明祝贺蔡英文连任。[3]此外，台美在军事安全领域的关系也不断深化，不仅宣布加大对台军售还派海军陆战队前往中国台湾进行联合演练。美国的"以台制华"战略严重冲击了中国海峡两岸的关系，威胁了中国的国家安全，对于我国开拓太平洋出海通道带来了巨大挑战。

中国台湾有着非常重要的地理位置，位于太平洋第一岛链的中央，既是西太平洋南北航线的枢纽，也是亚欧大陆东入太平洋的桥头堡，与中国大陆距离最近，被称为"不沉的航空母舰"。此外，台湾地区也是我国突破第一岛链封锁的重要突破口，在我国东部海域出海通道中占据着重要的

---

[1] [印] 潘尼迦：《印度和印度洋：略论海权对印度历史的影响》，北京：世界知识出版社1965年版，第89页。

[2] 邹应猛、龚贤周：《"印太"语境下印度的印度洋战略及其地缘政治的影响》，载《世界经济与政治论坛》，2019 年第 4 期第 171 页。

[3] 严安林《新冠疫情暴发以来台湾当局与美国关系新进展、原因及其影响前景》，载《台湾研究》，2020 年第 4 期第 13 页。

位置。但是随着中美竞争的全面升级、海峡两岸关系的不断恶化，台湾问题必将是中国开辟出海通道的重要障碍。

（3）南海问题。随着中美战略竞争的全面升级，南海的局势成为国际社会关注的重点。2020年7月，美国政府宣布拒绝承认中国在南海的海上主张，认为这不符合《联合国海洋法公约》，这一声明标志着美国在南海局势上态度的重大转变。[①]仅2020年上半年，美国就派出近3000架次军机、60余艘次军舰，不断在南海强化其军事部署。[②]美国的行为旨在扰乱南海局势，为推进"印太战略"制造事端。南海连接着印度洋与太平洋，在中国的"两洋出海"战略格局中占据着非常重要的位置，而美国挑动南海冲突，不仅恶化了地区安全局势，也不利于我国出海战略大通道的开拓。

4. 疫情影响的持续性与反复性

疫情影响的持续性体现在：第一，时间的持续性。从历史上的几次大流行来看，疫情影响的时间跨度都较长，如查士丁尼瘟疫和欧洲的"黑死病"。而在疫苗没有完全研制和推广之前，疫情的影响短时间内难以消除。第二，对全球经济影响的持续性。疫情严重冲击了全球经济，据国际货币基金组织估计，在未来两年内，全球GDP将损失9万亿美元，比2008年金融危机造成的破坏更大。[③]全球供应链中断，金融体系脆弱性凸显，在短时期内难以恢复。第三，对发展中国家影响的持续性。疫情对发展中国家的冲击最大，收入来源的减少将导致发展中国家长时间陷入债务危机，世界银行行长警告说，全球经济衰退可能会拖延发展中国家数十年的发展。[④]

疫情影响的反复性体现在：由于部分国家防疫措施不到位，在疫情尚

[①] "Vietnam's Response to the United States' Changing Approach to the South China Sea", Council on Foreign Relations, August 3, 2020, https://www.cfr.org/blog/vietnams-response-united-states-changing-approach-south-china-sea.

[②] "王毅国务委员兼外长在第十届东亚峰会外长会上的发言"，外交部官网，2020年9月10日，https://www.fmprc.gov.cn/web/ziliao_674904/zyjh_674906/t1813644.shtml。

[③] "The Great Lockdown: Worst Economic Downturn Since the Great Depression", IMFBlog, April 14, 2020, https://blogs.imf.org/2020/04/14/the-great-lockdown-worst-economic-downturn-since-the-great-depression/.

[④] "World Bank president says 'deep' coronavirus recession will hurt world's poorest countries the most", Fox Business, April 20, 2020, https://www.foxbusiness.com/economy/world-bank-president-says-deep-global-recession-will-hurt-poorest-countries-the-most.

未完全控制时,因急于发展经济而开放边境导致确诊病例不断上升。鉴于疫情的发展状况以及全球的防疫形势,疫情可能会反复出现。疫情的反复性将进一步加剧全球经济的不确定性,而因经济危机带来的溢出效应可能会扩展到政治、社会和安全领域,这对于我国在后疫情时代开拓出海战略通道可能会带来一系列的影响。

(三)后新冠疫情时代中国开拓出海大通道的潜在机遇

1. 发展经济的共同期盼为开拓出海大通道提供了强大的动力

此次疫情极大地冲击了各国经济,造成了全球经济的衰退,后新冠疫情时代促进经济发展将会是各国共同的目标。而中国在第一阶段有效地控制住了疫情的蔓延,有力地推动了生产和生活秩序的恢复。据中国国家统计局数据显示,2020年中国前三个季度经济增速由负转正,国内生产总值增长2.7%。工业增加值同比增长1.2%,其中第三季度同比增长5.8%,比第二季度快1.4%,表明工业生产正逐渐恢复并快速增长。[①]此外,服务业也正逐步复苏,居民实际收入也由负转正,总体来看中国在防控疫情和发展经济方面成效显著。据国际货币基金组织预测,中国的增长前景已从6月份预期的1.0%提高至1.9%,并成为2020年全球大经济体中唯一实现经济正增长的国家。[②]作为世界第二大经济体,中国经济的复苏对全球经济增长的贡献将会增大。而中国在后疫情时代开拓出海大通道能够有效对接各国经济发展的战略目标,带动周边其他国家经济的发展,使周边国家搭上中国经济增长的"快车",共享中国经济发展的成果。

2. 区域全面经济伙伴关系协定的签署为其提供了有利平台

2020年11月区域全面经济伙伴关系协定(RCEP)的签署将进一步推动我国在后疫情时代开拓出海大通道。RCEP是由东盟十国发起,并邀请中国、日本、韩国、澳大利亚和新西兰、印度6个国家参加,谈判历时8年,而印度以协定会损害本国生产商的利益为由退出了RCEP协定。尽管如此,RCEP仍然是世界上最大的自由贸易协定,覆盖了全球22亿人口,

---

① 《前三季度经济增长由负转正》,国家统计局,2020年10月19日,http://www.stats.gov.cn/tjsj/zxfb/202010/t20201019_1794596.html。

② "Crisis and Opportunities: New Finance and New Economy in a New Situation", International Monetary Fund, October 24, 2020, https://www.imf.org/en/News/Articles/2020/10/24/sp102420-crisis-and-opportunities-new-finance-and-new-economy-in-a-new-situation.

约占世界总人口的30%，15个成员国2019年GDP规模达25.6万亿美元，占全球经济总量的29.3%，区域内贸易额10.4万亿美元，占全球贸易总额的27.4%。①

区域全面经济伙伴关系协定的签署将给我国在后疫情时代开拓出海通道带来以下潜在机遇：首先，能够有效地对抗"逆全球化"和"贸易保护主义"思潮的发展。后疫情时代以美国为首的西方国家掀起"去中国化"，抵制中国产品的运动，"逆全球化思潮"的兴起给经济全球化带来了巨大挑战。而RCEP是旨在通过削减关税及非关税壁垒，建立统一市场的自由贸易协定，是对冲逆全球化思潮的重要举措，能够有效地促进区域内商品、经济和资本等生产要素的流通，促进区域内产业链和价值链的深度融合，以及促进区域经济一体化的发展。其次，能够为出海通道的开拓创造有利的国际环境。随着中美竞争的全面升级，美国不断在中国周边挑起事端，企图恶化中国的发展环境。在后疫情时代，和平稳定的周边环境是我国开拓出海大通道的基本条件，而RCEP的签署能够有效地对接各国的发展战略、增强区域内战略互信、凝聚发展共识、提高我国在国际上的影响力，也在一定程度上打击了美国单边主义的行为，以及破坏地区安全稳定的企图。最后，能够促进"一带一路"倡议的深入发展。RCEP能够提升"一带一路"的机制化和制度化建设，促进政策沟通、设施联通、贸易畅通、资金融通和民心相通。打造区域内利益共同体、责任共同体和命运共同体，形成跨区域合作发展的典范，也为出海通道的开拓创造有利的合作平台。

3.中国与周边国家的"抗疫合作"为其奠定了良好的基础

自新冠肺炎疫情暴发以来，中、日、韩三国为国际抗疫合作树立了典范。在共同抗击疫情的过程中，中韩两国率先成立联防联控机制，创下了两国在疫情期间相互"零输入"的纪录，率先开通重要急需人员往来的"快捷通道"，保障经济稳定运行。日韩两国领导人也表示将积极支持中国抗击疫情，两国民间各界人士也纷纷支援中国、提供医疗物资援助。随着日韩两国疫情形势的严峻，中国积极向日韩两国提供帮助，中国多地支援日韩城市"战疫"。并共同谱写了"山川异域、风月同天，守望相助、

---

① 《15国签署RCEP，全球规模最大的自贸协定达成！》，载《人民日报》，2020年11月15日，第3版，https://ml.mbd.baidu.com/r/d6vOdXwsmI?f=cp&u=94b48063dcc279eb。

攻克时艰"的时代新篇章。此外，疫情期间中国与东盟各国也加强了抗疫合作，2020年2月中国—东盟开展了关于新冠肺炎疫情问题特别外长会议。这是地区国家首次聚焦公共卫生安全的多边外长会议，双方达成了建立联防联控机制、确立长效合作机制、发展经济、携手抗击疫情等共识，为进一步扩展中国—东盟合作空间奠定了新的基础。①

中国与周边国家"抗疫合作"的努力也为我国在后疫情时代开辟出海大通道提供了有利的条件。首先，促进了中国与周边国家的友好来往，进一步增强了政治互信。在一定程度上扩展了我国对外交往的层次，促进了民间的人文交流，以及各国之间的"民心相通"。其次，通过抗疫合作建立跨地区的合作机制，为开拓出海大通道构建了合作平台，能够进一步加强中国与周边国家的战略互信。最后，为我国开拓出海大通道提供了有利的国际舆论环境。疫情期间，以美国为首的西方国家借疫情对中国进行抹黑，将新冠肺炎病毒称作"武汉病毒"、"中国病毒"，甚至要联合其他国家对中国进行"清算"，让中国承担疫情暴发的责任。西方国家对中国的污名化严重影响了中国的国际形象，给中国带来了不利的国际舆论环境。而中国与周边以及全球其他国家的抗疫合作，有利地打击了西方国家的企图，让世界看到了中国抗击疫情的努力，得到了周边国家的认同和支持，极大地改善了国际舆论环境。

4. 中国政府的高度重视为其提供了强有力的支撑和保障

"马六甲困境"、"出海口困境"威胁着中国的"能源安全"和"国家安全"，中国政府一向注重对于出海通道的开拓，不仅在巴基斯坦建设了瓜达尔港，而且在缅甸建设了皎漂港、中缅油气管道等。在后疫情时代随着美国等西方国家对于中国竞争的不断升级，开辟更多的出海通道成为中国政府考虑的方向。中国政府为开拓出海通道颁布的优惠政策，提供雄厚的资金支持，这都为后疫情时代中国开拓出海大通道提供了强有力的保障。

---

① 李晨阳、罗肖：《抗疫合作助推东亚命运共同体建设》，载《世界知识》，2020年第7期第20页。

二、中国开拓出海大通道的现状及战略意义

（一）中国出海大通道的分布与特点

1. 出海大通道的分布

首先，从大洋出海通道上来看。我国北上日本海，主要经过朝鲜海峡。朝鲜海峡位于朝鲜半岛的东南部与日本九州岛和本州岛之间，连接着日本海与中国的黄海、东海。是东北亚地区重要的海上交通要道，对于中国来说，朝鲜海峡不仅是中国北上航线的必经之路，也是中国突破第一岛链封锁、驶向太平洋的重要出海通道。[①]东至太平洋，主要经过琉球诸海峡以及巴士海峡。琉球诸海峡从南到北包括大隅海峡、土噶喇、奄美海峡、宫古海峡、石垣海峡和那国海峡。其中大隅海峡和宫古海峡最具军事价值和战略意义，我国军舰进出太平洋也主要依靠这两个海峡。[②]而巴士海峡是沟通南海与太平洋的交通要道，是日本、美国运输物资的必经之地，也是我国进出太平洋的重要通道。南至大洋洲或西至印度洋，需要经过卡里马塔海峡、马六甲海峡、巽他海峡、龙目海峡和望加锡海峡。其中马六甲海峡是我国海上运输的生命线，在各出海通道中占据着非常重要的位置。

其次，从沿海出海通道上来看。我国总共有九大出海口，第一是黄海方向的图们江出海口通向日本海，并通过千岛群岛的津轻海峡进入西北太平洋；第二是通过东海再经过日本九州岛南部的大隅海峡进入太平洋；第三是从东海经过横奄水道进入太平洋；第四是从东海经过宫古水道进入太平洋；第五是从东海经过与那国岛西水道进入太平洋；第六是从中国南海经巴士海峡或巴林塘海峡进入西太平洋；第七是从南海经马六甲海峡进入印度洋；第八是从南海经巽他海峡进入印度洋；第九是从南海经民都洛海峡、望加锡海峡、龙目海峡进入印度洋。

此外，我国沿海出海通道还包括南海通道以及沿海南北战略通道。南海通道是世界上最繁忙的海上通道之一，是西太平洋南北通道上最关键的枢纽和咽喉，也是中国极其重要的海上生命线。中国通往东南亚、南亚、中东和非洲必须要经过南海，南海通道已经成为我国重要的海上通道，维

[①] 史春林、李秀英：《朝鲜海峡安全问题与中国的战略对策》，载《东疆学刊》，2014年第4期第53页。

[②] 江淮：《中国的出海通道在哪里？——海峡篇》，载《世界知识》，2010年第11期第67页。

系着我国的国家利益和国家安全,在我国的发展战略中占据着重要的位置。我国的沿海战略通道从北到南依次为:渤海、黄海、东海和南海。另外还包括渤海海峡、台湾海峡和琼州海峡。

最后从内陆战略通道上来看。第一,我国东北地区主要是图们江出海通道,这是整个东北地区进入日本海最快捷的方式,但是由于历史原因,图们江出海权问题一直存在争议。第二,我国中部地区出海除了通过我国的沿海通道,还可经由中欧班列以及"丝绸之路经济带"等。其中中欧班列开通了多条中国内陆通往欧洲的通道,如武汉至德国汉堡、郑州至德国汉堡、长沙至德国杜伊斯堡等,班列的开通极大地扩展了我国内陆地区的出海通道,通过陆上通道与欧洲地区相连,可直接将货物运输至欧洲大西洋沿岸。中欧班列在疫情期间为中国进出口货物,以及在国际合作抗疫方面发挥了重要作用。西南地区出海通道主要有中缅油气管道、中缅铁路等,这是中国在西南地区开通的最便捷的出海通道。西北地区由于靠海较远、地形复杂,出海通道的建设主要依靠"借港出海",如中国在巴基斯坦建设的瓜达尔港,可以通过瓜达尔港—奎达—白沙瓦—喀什的陆域通道将石油直接输往新疆。[①]

2. 出海大通道的特点

(1)出海通道逐渐趋向多元化。随着我国对开拓出海通道的不断重视,出海通道的路线逐渐增多。此外,铁路、公路、水运等交通的发展,也极大地推动了我国出海通道的多元化,可选择建设出海通道的方式渐趋多元化。

(2)出海通道交叉性增强。交叉性首先体现在出海通道的重叠,如我国的东部海域出海通道,在通往太平洋和印度洋的通道上出现重叠。还有西南地区的中缅油气管道以及中缅铁路,都在一定程度上存在交叉重叠。另外,交叉性还体现在地域覆盖范围不断增大,如中欧班列将中国内陆多个城市相连,极大地提高了班列的利用率,西南地区的中缅油气管道,覆盖了西南多个省份,极大地缓解了这些地区的能源紧张问题。

(3)出海通道分布不均衡。首先,我国面向太平洋地区的出海通道多,印度洋地区的较少。受地形以及区位因素的影响,太平洋依旧是我国

[①] 李靖宇、张卓:《关于中国面向世界开拓两洋出海大通道的战略构想》,载《中国软科学》,2010年第8期第51页。

分布最多的海上出海通道。此外我国内陆地区出海通道的开拓也呈现东部和中部多，西部地区较少的现象。

（4）出海通道之间相互独立、未成体系。尽管我国开辟了多条出海通道，但是这些通道之间并没有有效衔接，"以出海为目的"并没有考虑到通道之间的战略互动，导致出海通道并没有有效发挥自身的战略价值。

（二）中国开拓出海大通道的现状

首先，对外开放的广度与深度不断增强。经过40多年的改革开放，我国对外开放的深度和广度逐渐呈现多元化格局。党的十九届五中全会将"更高水平开放型经济新体制基本形成"列入"十四五"时期经济社会发展的主要目标，提出在新的时期我国要坚持实施更大范围、更宽领域、更深层次的对外开放，依托我国市场优势，促进国际合作，实现互利共赢。①

1. 对外开放的内容更加全面

"十四五"规划强调要继续提高我国出口产品的国际竞争力，将工作重点逐步转向建立新的内生增长驱动模式，提高中国制造业的竞争力。除了推动产业升级，还提出进一步扩大对服务业以及资本技术密集产业等领域的开放。②此外，随着我国经济的不断发展，对外贸易体制的改革逐渐成为对外开放战略的重点。

2. 对外开放的方式更加多样

我国近年来积极参与国际自贸区的建设，不仅在国际贸易体制的改革中发挥积极的作用，还积极促进RCEP的签署。对于建设中日韩自贸区以及东亚经济区域一体化做出了重大贡献。此外，我国还努力完善境外自由贸易试验区的布局，赋予其更大的改革自主权，发挥中国国际进口博览会等重要参展平台的作用。③

3. 对外开放的布局更加完善

我国陆续建设了多个自贸试验区，对外开放的区域格局不断优化，逐

---

① 《建设更高水平开放型经济新体制——论学习贯彻党的十九届五中全会精神》，中华人民共和国国家互联网信息办公室，2020年11月9日，http://www.cac.gov.cn/2020-11/09/c_1606491952351887.htm#。

② 《中共中央关于制定国民经济和社会发展第十四个五年规划和二〇三五年远景目标的建议》，新华网，2020年11月3日，http://www.xinhuanet.com/politics/zywj/2020-11/03/c_1126693293.htm。

③ 《中共中央关于制定国民经济和社会发展第十四个五年规划和二〇三五年远景目标的建议》，新华网，2020年11月3日，http://www.xinhuanet.com/politics/zywj/2020-11/03/c_1126693293.htm。

渐形成由南至北、由东至西的对外开放新格局。此外，上海自贸区将进一步扩大，海南岛将建设成为新的自贸区。近几年我国中西部地区也加大了对外开放的力度，内陆地区开拓出海通道的积极性不断增强。

其次，"一带一路"建设逐渐推进。"一带一路"是我国扩大对外开放的重大举措，也是后疫情时代促进全球经济恢复的强大动力。2020年6月，习近平主席在"一带一路"国际合作高级别视频会议上致辞，表示要把"一带一路"打造成团结应对挑战的合作之路、维护人民健康安全的健康之路、促进经济社会恢复的复苏之路、释放发展潜力的增长之路。[①]在后疫情时代中国正加大力度与周边国家合作，通过高质量建设"一带一路"，促进"人类命运共同体"的构建。

最后，出海大通道建设取得进展。近年来我国为进一步扩大对外开放格局，加强了对内陆出海通道的开拓。2020年1月18日，在中缅两国领导人的共同见证下，中缅双方代表交换了皎漂深水港项目《股东协议》和《特许协议》文本，这标志着"一带一路"倡议和"中缅经济走廊"框架下的重要项目取得了实质性进展。[②]随着皎漂深水港项目的逐步推进，"中缅经济走廊"的建设速度将极大提高，将打通我国西南地区通向印度洋的出海战略通道。此外，西部陆海新通道的建设也取得了重大进展，2019年国务院通过了《西部陆海新通道总体规划》。通道连接了我国西部13个省和自治区，北接丝绸之路经济带，南连"21世纪海上丝绸之路"，并协同长江经济带，[③]对于开拓西部出海新通道具有重大战略意义。

（三）开拓出海大通道对中国的战略意义

1. 保障我国的"能源安全"和"国家安全"

我国是世界上最大的天然气和石油进口国，2019年，我国原油进口量为50572万吨，与2018年相比增长了9.5%，石油对外依存度高达70.8%；天然气进口量为9660万吨，与前一年相比增长了6.9%，对外依存度高达

---

① 《习近平向"一带一路"国际合作高级别视频会议发表书面致辞》，中华人民共和国商务部，2020年6月24日，http://www.mofcom.gov.cn/article/i/jyjl/l/202006/20200602977075.shtml。
② 常振明：《皎漂港项目扬帆启航助力中缅经济走廊和中缅命运共同体建设》，载《经济导刊》，2020年2期、第20页。
③ "国家发展改革委关于引发《西部陆海新通道总体规划》的通知"，中华人民共和国国家发展和改革委员会，2019年8月2日，https://www.ndrc.gov.cn/xxgk/zcfb/ghwb/201908/t20190815_962256_ext.html。

43%。①据英国石油公司（BP）预测，中国的能源需求将在2030年达到峰值，其中石油的海外依存度将达到80%，天然气的海外依存度将高达50%。中国仍将是世界最大的能源市场，并将在2050年占世界能源需求的20%以上。②

随着我国能源进口的逐渐增多，能源的海外依存度不断上升，我国的"能源安全"也极易遭受地缘政治的影响。而我国的能源进口主要以海运为主，海运通道最重要的航线包括中东航线、印度洋航线、南海航线等。这些航线大多经过地缘政治形势较为复杂的地区，地区地缘政治的博弈以及大国干扰海上运输战略通道都给我国的"能源安全"带来了较大的影响。例如，美国自"二战"以来极力控制海上能源运输通道以及相关岛屿，建设军事基地等，给我国经过马六甲海峡的航线运输带来了困扰。此外，非传统安全也困扰着我国海上能源运输安全，如海盗、气候变化等。

通过开拓出海战略大通道能够有效地保障我国的"能源安全"和"国家安全"。首先，在我国周边国家"借港出海"能够有效地促进能源进口渠道的多元化。例如，在缅甸建设皎漂港、在巴基斯坦建设瓜达尔港等，通过陆上通道直接将能源输往我国内陆地区。加强陆上能源战略通道布局，促进能源进口多元化发展。其次，能够有效保障我国的"能源安全"，出海通道的开辟使我国的能源进口路线有了更多的选择，能够有效减少我国对于马六甲海峡等传统出海通道的依赖，能够在一定程度上缓解我国的能源安全困境。最后，能够有效保障我国的"国家安全"，能源安全在国家发展战略中占据着重要的位置，是关系国家安全的重大问题，出海通道的开辟能够有效促进国家安全战略的发展。

2. 提升我国"对外开放"水平

（1）促进我国对外开放的范围更加广阔、层次更加多样、领域更加丰富。首先，开拓出海大通道主要面向周边国家，既是对周边国家开放，也是对世界上所有国家开放。其次，我国内陆各省市根据自身的特点开辟出海通道，并与东部沿海经济带有效衔接，能够促进开放的层级多元化。最后，开辟出海大通道涉及政治、经济、社会等领域，需要解决多方面的

---

① 《中国石油企业协会发布〈中国油气产业发展分析与展望报告蓝皮书（2019-2020）〉》，载《中国石油企业》，2021年第4期，第5页。

② "bp Energy Outlook 2020 edition", September 2020, p.53.

问题，能够在一定程度上推动对外开放的领域更加丰富。

（2）促进区域内资源的有效流动，推动我国"引进来""走出去"战略的实施。出海大通道的开拓需要整合区域内的资源和生产要素，能够有效促进产业的集聚和发展，能在一定程度上推动产业链的升级重组。此外，出海大通道的建设能够吸引国外的资金，扩大我国外资利用规模和提高外资利用水平，还有助于吸引国外的优秀人才、引进国外先进的技术和管理经验等。另外，还能推动我国企业积极"走出去"，提高对外投资以及商品和劳务出口，扩大我国的对外投资区域。通过构建国内和国际两个双循环市场，提高我国对外开放的领域，促进我国经济向更高层次发展。

（3）促进"一带一路"倡议的深入推进。在强化与周边国家合作交流的同时，深化与"一带一路"倡议路线上其他国家和地区的合作。在巩固与周边国家经贸的同时，出海大通道的建设可以有效地开拓新的区域市场、强化地区人文交流，推动"一带一路"倡议向更深层次发展。此外，出海大通道的开拓能够有效促进通道沿线基础设施和经济的发展，推动中国与周边国家的互联互通。通过"借港出海"打造"一带一路"倡议沿线的重点示范项目，也能够有效促进"一带一路"倡议的深入发展。

3. 促进我国"西部大开发"战略的实施

首先，能够促进西部地区"出海通道"的开拓。我国西部地区出于地形、地理位置原因而一直没有出海口，出海通道开拓受阻导致西部地区经济发展有限。中国综合国力的逐渐增强能够为出海通道的开拓提供大量资金和人力支持，并通过与周边国家的合作"借港出海"，使得西部地区拥有出海口成为可能。其次，促进西部地区产业的承接和升级。出海通道的开拓能够有效促进西部省份与东部沿海地区经济带的衔接，利用西部地区有利的资源以及劳动力优势对接东部产业的转移，使得西部地区成为面向南亚、东南亚地区的加工制造业中心。此外，西部地区的石化企业也可以此为契机得到迅速发展，提高产业的集聚度，形成完整的产业链。[1]最后，还能有效促进西部地区经济的发展，逐步缩小东西部地区的发展差距，实现区域经济协调发展，最终达到各地区之间的经济繁荣、推动西部各省脱贫攻坚，实现共同富裕。

---

[1] 李靖宇、张卓：《关于中国面向世界开拓两洋出海大通道的战略构想》，载《中国软科学》，2010年第8期第51页。

4. 提升中国与周边国家的关系

首先，出海通道的开拓能够加强中国与周边国家的经贸往来。我国内陆地区开辟出海通道需要向周边国家"借港出海"，如我国在巴基斯坦修建的瓜达尔港，能够有力地促进巴基斯坦基础设施的完善，促进中巴经贸合作。中国与周边国家为开拓出海通道修建的陆上走廊也能够带动周边国家经济的发展，为周边国家在后疫情时代恢复经济创造机遇。其次，能够促进中国与周边国家的政治互信。中国周边邻国众多，地缘政治环境较为复杂，通过与周边国家进行经济上的合作能够有效促进政治互信、平等协商以及友好相处。最后，通过出海通道的开拓营造良好的合作氛围，为后疫情时代中国与周边国家提供良好的合作平台，也能够极大地改善中国周边的地缘政治环境，使出海通道的建设成为我国与其他国家共同合作的典范，有力破解西方国家在中国周边散布的"中国威胁论"，稳定我国的周边环境，为我国发展提供良好的国际舆论环境。

三、印度洋海上战略通道的价值

（一）印度洋海上战略通道在全球的地位与作用

首先，从政治上来看，这是大国竞争的主要区域。印度洋占据着非常重要的地理位置，是世界第三大洋，位于亚洲、非洲、大洋洲和南极洲之间，连接着大西洋与太平洋。马汉曾说过"谁掌握了印度洋，谁就控制了整个亚洲"，[1]美国地缘政治学者罗伯特·卡普兰（Robert Kaplan）也曾预言"印度洋将成为21世纪世界的中心"，他将地理因素纳入国家命运，认为"整个印度洋板块，从印度尼西亚到非洲之角这一片拥有数十亿人口地区值得人们重视和关注"。[2]印度洋海上战略通道附近国家众多，印度洋周边包括38个国家和地区，约25亿人口，地缘政治形势较为复杂。[3]此外，还包括多个国际组织，如东南亚国家联盟、南亚区域合作联盟、海湾阿拉伯国家合作委员会以及东非共同体。由于印度洋有利的地理位置导致

---

[1] 孙冉，马建光：《国外学者关于印度洋地区战略地位的研究述评》，载《南京政治学院学报》，2014年第6期，第75页。

[2] 冯传禄：《"海上丝路"视野下的印度洋地区地缘环境与地缘风险》，载《印度洋经济体研究》，2019年第2期，第17页。

[3] 郝笃刚、刘建忠、周桥、韩志军：《"一带一路"建设在印度洋地区面临的地缘风险分析》，载《世界地理研究》，2018年第6期，第18页。

印度洋地区历来都是大国争夺的焦点，区域外美国、日本、欧盟等纷纷在印度洋扩展自身的势力。而区域内既遭受着伊斯兰文明与西方文明的冲突、伊斯兰文明与佛教文明的冲突，以及多种宗教因素混合的冲突，还遭受着恐怖主义袭击的困扰。恐怖主义与反恐怖主义的斗争以及大国干涉导致该地区政治不稳定性十分突出。

其次，从经济上来看，这是石油运输的战略通道。印度洋海上战略通道连接着世界上油气资源最为丰富的地区。印度洋海底以及周边的大陆地区都有着丰富的油气资源，如中南半岛、阿拉伯半岛、印度洋沿海大陆架等。产量占世界油气总产量的40%，其中波斯湾地区是世界上油气资源最丰富的地区，也是世界上最大的石油产区，其海底油田产量占世界海底石油产量的34.6%。[①]而霍尔木兹海峡作为印度洋上重要的海上枢纽连接着波斯湾和阿拉伯海，是世界上最为繁忙的海上通道，具有十分重要的经济和战略地位，被称为"海上生命线""石油海峡"。除了丰富的资源印度洋海上贸易也非常繁荣，在全球的海洋运输中，通过印度洋的商品吨位最高，每年通行的轮船将近10万艘。[②]印度洋海上战略通道促进了地区和全球海上贸易，运载了全球一半以上的海上石油，全球前100个集装箱港口，印度洋地区占23个。通过该地区港口的集装箱运输量已从2000年的4600万标准箱到2017年的1.66亿标准箱。[③]主要有三条石油运输航线：波斯湾—好望角—西欧、北美线；波斯湾—马六甲海峡—日本、中国线；波斯湾—苏伊士运河—地中海—西欧、北美线。该地区海上贸易的繁荣极大地促进了区域内以及区域外经济和贸易伙伴关系的发展。

最后，从军事上来看，这是世界海权中心。印度洋在全球战略体系中占据着非常重要的地缘位置，印度洋上的四个战略门户包括：马来半岛与澳大利亚之间的岛屿空隙、苏伊士运河与红海的狭窄通道、澳大利亚南部和南非两个开阔的进口。然而，区域内复杂的安全形势导致从古至今没有一个国家能够控制全部的四条通道，从而堵塞进入印度洋的入口，没有一个国家能够统一印度洋，也没有一个海洋国家的控制能遍及印度洋地区东

[①] 李兵：《国际战略通道问题研究》，当代世界出版社2009年版，第87页。
[②] 冯传禄：《"海上丝路"视野下的印度洋地区地缘环境与地缘风险》，载《印度洋经济体研究》，2019年第2期，第17页。
[③] "The Importance of the Indian Ocean: Trade Security and Norms", LKI Institute, Oct. 5th, 2018, https://lki.lk/publication/the-importance-of-the-indian-ocean-trade-security-and-norms/.

西边陲，①此外，这一地区也没有形成完整的统一体。而在印度洋北部有一条"弧形战略地带"，包括东南亚、南亚、伊朗高原、波斯湾等世界上最重要的地缘核心区域，也囊括了马六甲海峡、霍尔木兹海峡、苏伊士运河等海上战略通道。②这些战略通道构成了印度洋的海权体系，被称为世界海权的中心，因为这些海上战略通道是通往亚洲和西欧的必经之地，通道附近的马达加斯加、斯里兰卡和迪戈加西亚都是控制印度洋的关键岛屿。而通道附近丰富的油气资源是现代国家发展的关键，历来都是大国争夺的焦点，也成为"二战"后军事冲突爆发最频繁的地区。近年来各主要国家都加强了在印度洋的军事存在，如印度加大力度发展海上力量，美国在迪戈加西亚岛建军事基地等。这些都显示了印度洋海上战略通道在全球军事上的重要地位。

（二）其他国家开拓印度洋出海大通道的战略举措及借鉴意义

1. 美国的印度洋战略

（1）维持印度洋海上战略通道的安全。尽管对于美国来说印度洋是距离美国最遥远的一个大洋，但是阿拉伯半岛和波斯湾区域丰富的石油资源以及美国在这一地区的巨大投资直接关系着美国的国家利益。此外，对于美国的盟友日本、欧盟以及澳大利亚来说保障印度洋海上战略通道的安全是一个重大问题。因为从波斯湾和阿拉伯半岛进口的石油占欧洲所需能源的50%，而由于苏伊士运河的停止通航而引起的燃料成本的提高、输油管的停止输油以及绕道非洲的油船所需高昂的运费，这些都使欧洲各国认识到他们同印度洋海上通道之间的依赖关系。对于日本来说，印度洋上的石油运输关系到日本的国家安全，是日本经济发展的命脉，从波斯湾进口的能源占其所需能源的90%。对于澳大利亚来说，印度洋是它的后院，除了依靠波斯湾的石油供应外，印度洋海上战略通道会直接影响其国家安全。③此外，历史上因为封锁和占领海上通道而引发的安全问题也威胁着相关国家的利益，如苏伊士运河事件以及美伊核危机加剧导致伊朗威胁封锁霍尔木兹海峡。随着美国战略重心向印度洋地区逐渐转移，以及对国家

---

① [美]A.J. 科特雷尔，R.M. 伯勒尔：《印度洋：在政治、经济、军事上的重要性》，上海人民出版社1976年版，第5页。

② 宋德星、白俊：《"21世纪之洋"——地缘战略视角下的印度洋》，载《南亚研究》，2009年第3期，第37页。

③ [美]A.J. 科特雷尔，R.M. 伯勒尔：《印度洋：在政治、经济、军事上的重要性》，上海人民出版社1976年版，第471—472页。

利益和盟友安全的承诺，维持印度洋海上战略通道的安全成为美国印度洋战略的首要目标。

（2）控制印度洋海上战略通道维持美国的霸权。近年来美国政府在战略文件中提到印度洋时开始使用"印太"一词，将"印度洋与太平洋"结合起来，"印太战略"的推行反映出美国政府倾向于把印度洋上升到与太平洋和大西洋同等重要的战略位置，将印度洋地区视为全球地缘政治斗争的舞台。[1]而维持美国在印度洋地区的霸权是美国推行"印太战略"的核心，印度洋海上战略通道对于维持美国霸权具有重要意义。对此，2019年6月，美国国防部出台了第一份《印太战略报告》，报告全面阐述了美国的印太战略，提出美国对该地区的愿景是促进可持续增长与互联互通，一个自由开放的印太地区与美国休戚相关，美国将增加在这一地区的影响力，以确保有利的权力平衡和自由开放的国际秩序。[2]为了进一步控制印度洋海上战略通道，美国加强了对这一地区的军事部署，如加强海军和空军力量的发展，建设海军基地。美国在印度洋多条海上通道的交汇处建设了迪戈加西亚军事基地，这是美国在印度洋上唯一的军事基地，由于该基地特殊的战略位置使得美国能够有效控制印度洋上的多条通道。此外，随着美国和伊朗矛盾的加深，美国可能会加强对印度洋地区军事基地的开拓，使美军能够顺利到达波斯湾附近地区。对于美国来说，印度洋地区既是恐怖组织活动的地点也是美国拥有基地和行动通道的地方，美国可以通过控制海上通道来监视和攻击恐怖组织。[3]

（3）加强与印度洋周边国家以及盟友的合作。美国在印度洋—太平洋地区的愿景和行动与日本自由开放的印度—太平洋概念、印度的东向政策、澳大利亚的印度—太平洋概念和中国台湾的新南下政策密切相关。为了进一步促进印度洋地区的自由开放以及开拓更多的海上通道，美国加强了与盟友和区域国家的合作。美国和日本正根据日美战略改善印度洋地区的能源和基础设施，建立了战略能源伙伴关系，加强了对湄公河流域和印度洋沿岸国家的能源开发和基础设施的投资。[4]此外，美印伙伴关系的深入发展对于美国实现在印度洋上的战略目标至关重要，2018年，美国和印

---

[1] "America's Indian Ocean Strategy", Strategic Comment, Oct. 30th, 2017.
[2] The Department of Defense, "Indo-Pacific Strategy Report", June 1, 2019, p. 6.
[3] "America's Indian Ocean Strategy", Strategic Comment, Oct. 30th, 2017.
[4] "A Free and Open Indo-Pacific Advancing a Shared Vision", Department of State, November 4, 2019, p. 8.

度启动了"2+2"对话，两国在防务和经济领域的合作显著增强，还进行了印度洋海上军事演练。2019年9月，美国将印度拉入与日本、澳大利亚的磋商机制，并将其提升到部长级，四国将致力于在海上安全、高质量的基础设施建设、地区互联互通等领域展开合作。①另外，美国还加强了与南亚国家的合作，如通过帮助马尔代夫、斯里兰卡和孟加拉国等国进行海军和海岸警备队的建设，保障北印度洋海上通道的安全。美国通过与印度洋地区国家以及盟友的合作，加强了对这一地区的投资和战略部署，增强了美国在印度洋地区的影响力，为美国进一步开拓海上通道创造了有利的条件。

2. 日本的印度洋战略

（1）以"反恐"为名，加强海上战略通道安全合作。尽管日本是世界第三大经济体，但是日本的资源极度匮乏，石油资源90%依赖海外输入，其中从中东地区进口的石油占其石油总量的85%。石油运输通道主要从波斯湾至印度洋，再经过马六甲海峡运输至日本。②其中印度洋上的运输通道处于日本海上运输的中心位置，具有重要的战略位置。海上通道的安全关系着日本国家安全和经济的发展，被称为日本的"海上生命线"。为了保障印度洋海上通道的安全，日本加强了海上军事力量的建设。并以2001年"9·11事件"为契机，配合美国在阿富汗的军事行动，以"反恐为名"加强了对印度洋地区的战略部署。例如，在21世纪初，日本以"协助美国反恐"之名3次派遣军舰前往印度洋，实现了向海外派兵的目标，扩大了在印度洋地区的军事存在。③此外，日本还加强了与周边国家的海上安全合作，在东盟地区论坛推进"海上安全合作"的项目，与菲律宾、越南、马来西亚等国进行海洋安全磋商并签署防务安全合作备忘录，企图主导亚太地区海洋安全事务。为进一步推动保卫"海上通道"政策的发展，从2013年12月起，日本海上自卫队参与了亚丁湾"反海盗"的护航行动。还参加了美英等国家组成的多国部队，分担特定海域的警戒任务。④

---

① "A Free and Open Indo-Pacific Advancing a Shared Vision", Department of State, November 4, 2019, p. 9.
② 郑义炜：《日本"印太战略"评析——战略不利地位的恐惧与对华遏制偏执》，载《世界经济与政治论坛》，2018年第6期第9页。
③ 张帆：《日本战舰再次驶向印度洋》，《世界知识》，2003年第1期，第21—22页。
④ 李秀石：《试析日本在太平洋和印度洋的战略扩张——从"反海盗"到"保卫"两洋海上通道》，载《国际观察》，2014年第2期，第121—134页。

（2）推行"海上通道战略外交"。"海上通道战略外交"在日本的对外政策中占据重要地位，日本希望通过外交方式，推进日本与印度洋周边国家的政治、经济和安全合作，为日本进一步开拓出海大通道提供有利的条件。对此，日本首相等高级官员对印度洋周边国家进行了多次出访，如从东盟10国到南亚、中东，再到东非、南非等国，日本的外交足迹几乎囊括了印度洋沿岸所有国家。①通过外交出访强化与通道沿线国家的海上战略合作，并对接美国的"印太战略"、印度的"东向政策"，提高日本在海上通道合作领域的话语权。除了外交访问，日本还在印度洋地区加强基础设施投资，2016年以来日本斥巨资参与了印度洋沿岸国的港口和配套设施建设。此外，2018年日本颁布的《国家海洋政策基本规划》中指出，为了推动日本海上通道的扩展，日本不仅要参与通道沿岸重要港口的建设运营，还要把港口所在地区城市的交通、资源等整合起来，形成战略互动的网络格局。②

3. 印度的印度洋战略

（1）控制印度洋海上战略通道。印度的地理位置十分优越，位于北印度洋中心，处在印度洋的核心位置，海岸线超过7500公里。在经济方面，印度95%的贸易量和68%的贸易额均来自印度洋。此外，每天328万桶的原油需要通过印度洋海上通道进口，印度对石油的海上依赖率为93%，也是全球第四大液化天然气进口国。③特殊的地理位置以及对海洋资源的依赖使得印度对于印度洋有着特殊的情感，将印度洋视为其国家发展的生命线，有着主导印度洋的特殊使命。对此，印度对于印度洋海上通道非常重视，希望利用其在印度洋沿岸的大国优势对海上通道产生影响，保障其能源安全和国家安全。

（2）加强海上军事力量建设。为了推动海上通道的开拓，印度加大了对海军的发展。将其海军战略目标分为：近海防御、远洋防御、远洋威慑三个层次，④通过战略目标的不断推进，加强对印度洋以及周边海域的

---

① 李秀石：《试析日本在太平洋和印度洋的战略扩张——从"反海盗"到"保卫"两洋海上通道》，载《国际观察》，2014年第2期，第121—134页。
② 张继业：《日本海上通道安保政策的强化及其影响》，载《国际问题研究》，2018年第6期，第46—47页。
③ "Indian Ocean region: A Pivot for India's growth", Brookings, September 12, 2016, https://www.brookings.edu/opinions/indian-ocean-region-a-pivot-for-indias-growth/amp/.
④ 李家胜：《印度海洋战略成效评估》，载《太平洋学报》，2016年第4期，第62—72页。

开拓。此外，印度还加强了军事基地的建设，将其打造为海上通道的"战略支点"，使印度能够有效控制重要的航线。例如，印度本土的孟买海军基地、维萨卡帕特南海军基地、卡达姆巴海军基地。①除此之外，印度还加快了海外军事基地建设的步伐，如在马尔代夫和毛里求斯修建了海岸侦察雷达站、在莫桑比克建立海军基地、在卡塔尔和阿曼等国都有军事合作关系。②印度希望通过军事力量的发展获得海上战略优势，控制进出印度洋的各个海上通道，建立印度洋海上霸权。

（3）加强与周边国家的合作，提升地区影响力。为了实现海洋战略的目标，印度加强了与印度洋沿岸国家的政治、经济和安全合作。例如，重视发展与东盟国家的关系，每年轮流在印度洋和南中国海举行联合演习，加强双方的安全合作关系。此外，印度加紧发展与非洲国家的关系，扩大在非洲的经济投资，希望进一步开拓通往非洲地区的海上通道，增加印度在非洲的影响力。最后，为了平衡中国在印度洋上的影响力，印度与日本、美国加强了海上安全合作，扩大了在印度洋地区的军事存在。

4. 借鉴意义

（1）确立印度洋出海战略是关键。我国虽然提出"21世纪海上丝绸之路"战略构想，但是对于印度洋地区没有完整的战略规划。我国传统的海上出海通道主要还是面向太平洋地区，而对于印度洋地区海上通道的规划不足。随着我国经济的不断发展，以及疫情带来的国际局势的深刻变化，尽快推动印度洋地区出海通道的开辟已经刻不容缓。尽管我国在印度洋沿岸地区也有着重要投资，在缅甸、巴基斯坦修建了港口，在吉布提修建了首个海外军事基地，但是我国开拓出海通道方式较为单一，通道之间以及国家对外战略之间并未有效衔接。随着我国出海战略的有效推进，印度洋地区出海通道的开拓还有着广阔的发展空间。我国应积极借鉴印度、美国和日本等国提出自己的印度洋战略规划，为我国出海战略的推进提供方向性的保障。

（2）发展同周边国家的关系是基础。从美国、日本以及印度的海上战略来看，密切发展同通道沿海国家的关系已经成为这些国家海洋战略的

---

① 李家胜：《印度海洋战略成效评估》，载《太平洋学报》，2016年第4期，第62—72页。
② 张家栋：《印度洋安全环境：竞争中的稳定与缓和》，载《印度洋经济体研究》，2020年第5期，第1—28页。

首要目标。在当前国际形势发生变化的背景下,我国应积极发展同印度洋沿岸国家的政治、经济和海上安全合作关系,为我国开拓印度洋出海通道提供有利的国际环境。另外从各国的发展来看,没有一个国家能够独自开拓出海通道实现海洋战略目标,我国应有效利用与印度洋沿岸国家的友好关系,通过出海通道的开拓实现区域国家共同发展,进一步增强我国的国际影响力。

(3)加强海上军事力量建设是保障。实现我国海上通道安全,保障我国的国家利益,最重要的是建设一支强大的海军力量,海上军事力量的发展是开拓出海通道最有力的武器。我国应借鉴美日印等国的经验,加强远洋海军的建设,提升海军的武器装备。此外,还需加强与周边国家的海上军事合作,通过联合演练、合作交流,促进双方的相互了解,增强政治和海上安全互信。

(三)印度洋在中国"两洋出海"战略中的地位与作用

首先,印度洋是我国"两洋出海"战略的"重要一环",在我国"两洋出海"战略格局中占据着非常重要的位置。印度洋地区资源丰富,有着众多的海上通道,如马六甲海峡、霍尔木兹海峡和苏伊士运河等,是我国进口能源的重要通道,关系着我国的能源安全。而我国的"两洋出海"战略主要面向太平洋和印度洋,如果说太平洋是我国赖以生存的海域,关系着我国的国家安全,那么印度洋就是中国未来发展的关键所在。印度洋出海通道的开拓将会是我国未来政策发展的重点,也将是我国扩大对外开放的重要领域。

其次,能够促进我国"两洋出海"战略互动格局的形成和完善。目前,我国在印度洋和太平洋海域都开拓了海上通道,但是通道之间较为分散,没有进行有效衔接,通道分布呈现出太平洋地区多、印度洋地区少的格局。而"两洋出海"战略离不开印度洋方向上的开拓,我国可以从印度洋沿岸选取港口和通道与我国东部海域进行统筹,构建"两洋出海"的战略格局,这是我国推进"两洋出海"战略形成通道互动的关键。

最后,有利于我国海洋战略的发展。自古以来,我国政策发展的重点都位于大陆,而对海洋关注较少,"重陆轻海"的传统观念依然存在。随着全球化和我国经济不断发展,海洋在我国发展战略中发挥着越来越重要的作用，保障海洋权益建设海洋强国成为近年来我国政策发展的重点。而印度洋也是关系我国海洋权益的重要海域，推动印度洋海域的开拓能够进一步扩大我国的对外开放格局，推动我国海洋战略的发展，保障我国的海洋安全。

（四）印度洋出海大通道在"一带一路"建设中的地位与作用

首先，印度洋出海大通道是建设"一带一路"的重要支点。印度洋沿岸的许多国家都位于"一带一路"建设的重要节点上，能够发挥战略枢纽的作用。例如印度尼西亚、缅甸和巴基斯坦等国，这些国家人口基数较大，区域辐射能力强。中国在巴基斯坦建设的瓜达尔港以及缅甸的皎漂港，通过"中巴经济走廊"、"孟中印缅经济走廊"等能够有效地辐射周边国家，发挥在"一带一路"建设中的示范作用。此外，通道的建设还能对接"一带一路"沿线相关支点国家的发展战略，增强印度洋地区战略对接的吸引力，提升相关国家对接"一带一路"的意愿。

其次，印度洋出海大通道能够有效促进"一带一路"倡议的深入推进，为"一带一路"提供明确的方向和实施路径。印度洋出海大通道可以对接"21世纪海上丝绸之路"，通过相关港口以及配套基础设施的建设，促进中国与周边国家的设施联通、政策沟通、贸易畅通、资金融通和民心相通。此外，还通过海上通道的开拓形成以点带面、从线到片的"一带一路"发展合作格局，发挥前沿示范作用。推动相关政策的有效落实，为我国在印度洋方向推进"一带一路"倡议提供有利的条件。

最后，为"一带一路"建设提供合作平台，促进中国与周边国家关系的发展。印度洋出海大通道的建设能够推动区域合作机制的建设，增强中国与周边国家的经济合作以及政治互信。此外，在后疫情时代中美竞争的大背景下，出海通道的开拓能够成为我国与周边国家合作的新平台，消除区域紧张局势，破解西方国家在我国周边散布"中国威胁论"带来的不利影响。

四、中国开拓印度洋出海大通道的背景和基础

（一）中国开拓印度洋出海大通道的国际、国内背景

1. 国际背景

首先，新冠肺炎疫情的蔓延给世界各国带来了巨大影响，全球经济遭受了沉重打击。其中发展中国家损失惨重，受疫情影响进出口贸易受到限制，主要收入来源中断，政府面临财政危机，这加剧了发展中国家面临债务危机的风险。再加上大部分国家医疗卫生水平较低，全球大部分国家将遭受经济衰退和公共卫生危机的双重挑战。此外，受经济溢出效应的影响，各国政治和社会不稳定性突出，疫情也激化了各种社会矛盾，还给经济全球化带来了新的挑战。怎样在后疫情时代大力发展经济、控制疫情、稳定社会状况成为多数国家面临的主要难题。

其次，后疫情时代国际关系局势也发生了深刻转变。中美战略竞争全面升级，在疫情期间美国加大了对中国的打压，将疫情"政治化"，让中国对疫情负责，并在中国周边散布"中国威胁论"，企图恶化中国的周边地缘政治环境。此外，美国在中印边境问题上公开支持印度，挑拨中印关系、加大对印军售，导致中印关系紧张，也给我国西部边境地区带来了诸多不稳定的因素。美国还联合中国台湾和澳大利亚加大对中国的围堵力度，导致两岸关系紧张，中澳关系降至历史冰点。中美竞争的升级恶化了我国周边地缘政治环境，也给我国海上通道安全和对外战略的发展带来了潜在的威胁。

最后，后疫情时代经济发展成为各国首要目标，合作共赢面临新的机遇。在中国政府和人民的不懈努力下，中国经济正逐渐恢复，据相关国际机构报道，中国是2020年全球唯一经济呈正增长的主要经济体。而中国经济的恢复也给全球以及周边国家经济发展带来新的机遇，大多数国家都希望搭上中国经济发展的"快车"，缓解疫情带来的冲击。特别是区域全面经济伙伴关系协定（RCEP）的签署给后疫情时代中国与周边国家提供了新的合作平台，我国与周边国家的经济合作迈上了新的台阶。这极大地缓解了中美战略竞争全面升级给我国带来的不利影响，也给我国进一步开拓出海通道提供了有利的条件。

2. 国内背景

首先，能源进口快速增长，对外依赖度较高。据国家统计局最新数据显示，2020年上半年我国煤炭进口高速增长，进口1.7亿吨，同比增长12.7%；原油进口2.7亿吨，增长9.9%；天然气进口4835.9万吨，增长3.3%。[1]然而我国能源进口主要集中在中东和非洲等地区，其中近年来从中东地区进口的石油占我国石油进口总量的40%以上。[2]而印度洋是我国能源进口的主要通道，我国每年海上运输80%以上都要通过印度洋。此外，我国能源进口方式较为单一，主要通过海上运输，这也增加了我国能源安全的风险。目前，我国能源需求量非常大，基本需要通过进口，能源安全关系着我国的经济安全和国家发展，是决定中国未来经济发展的重要保障。

其次，产业面临转型升级。目前，我国正处于经济转型的关键阶段，党的十九届五中全会提出"十四五"时期，我国经济发展以推动高质量发展为主题、以深化供给侧结构性改革为要义。主要发展现代产业体系，推动经济体系优化升级，提升产业的核心竞争力，实现我国经济朝着高质量方向发展。另外，"十四五"时期的规划还强调我国产业转型升级最重要的是形成以国内大循环为主、国内国际双循环互相促进的新发展格局。随着我国经济的不断发展，劳动密集型产业已经不符合我国现阶段的发展要求，推动我国产业逐渐向中西部以及周边国家转移已经刻不容缓。

最后，西部大开发战略正逐步推进。我国西部地区由于缺少出海口经济发展受到限制。开拓面向印度洋地区的出海口，成为西部地区发展的重要目标。出海口的开拓可以有效对接我国东部地区的产业转移，西部大开发战略以及新时期脱贫攻坚的重大目标。利用西部地区靠近东南亚、南亚的优势区位，以及资源丰富的有利条件，可以推动西部大开发战略的深入发展，促进西部地区成为面向东南亚、南亚地区的辐射中心以及中国产业转型的对接地。2020年正是我国脱贫攻坚全面建成小康社会的决胜期，出海通道的开拓将成为西部地区经济发展的重要引擎，促进西部地区经济的快速发展。

---

[1] 《能源供应保障有力，清洁能源比重稳步提高》，国家统计局，2020年7月17日，http://www.stats.gov.cn/tjsj/zxfb/202007/t20200717_1776795.html。

[2] 郑国富：《中国原油进口贸易发展的现状、问题及完善——以2001~2018年数据为例》，《对外经贸实务》，2019年第5期第72-74页。

（二）中国开拓印度洋出海大通道的现实基础

1."一带一路"倡议的推进奠定了坚实的基础

"一带一路"倡议自2013年提出建设后，经过7年的发展已经取得了重大成效。首先，基础设施建设方面取得重大进展，设施联通作为"一带一路"倡议建设的优先领域，是推动中国与周边国家互联互通的关键。目前，我国与周边国家建设的重点示范项目主要有："中巴经济走廊"、中缅油气管道、蒙内铁路、中泰、中老铁路等。此外还有中缅皎漂港、中巴瓜达尔港等。在贸易畅通方面，从2014—2019年，中国与"一带一路"沿线国家贸易累计超44万亿元，已成为沿线25个国家最大的贸易伙伴。[1]在资金融通方面中国先后与20多个沿线国家建立了双边本币互换，成立了多边开发融资合作中心。[2]这些港口和国际大通道的建设以及贸易和资金方面的发展都给我国开拓印度洋出海大通道提供了有利的发展条件。

2.中国雄厚的资金、人力以及技术实力提供了强有力的保障

中国是世界第二大经济体，也是世界上第一大外汇储备国，在全球受疫情影响经济陷入低迷之际，中国能够有效控制疫情，促进经济的有效恢复和发展。此外，中国还是世界上人口最多的发展中国家，人力资源非常丰富。2020年我国已建成世界规模最大的高等教育体系，高等教育进入"双一流"新时代，[3]这为我国建设社会主义现代化强国以及开拓印度洋出海大通道提供了强有力的人才和智力支撑。另外，近年来我国科学技术也发展迅速，国家加大了对科技研发的投资，增大了财政科技投入，中央和地方每年都要在基建拨款中安排一定数量的专项资金用于重点科研基地和重大科技工程的建设。并进一步扩大开放，开展广泛的国际科技交流与合作。[4]我国科技创新正不断发展，专利数已达到世界第一，相关技术领域已经世界领先。这些将为我国开拓出海通道提供强有力的技术支撑。

---

[1] 《2019年中国对"一带一路"沿线国进出口9.27万亿元》，中华人民共和国驻新加坡共和国大使馆经济商务处，2020年1月15日，http://sg.mofcom.gov.cn/article/ydyl/202001/20200102930381.shtml。

[2] 《前9月中国对"一带一路"沿线国家进出口约9500亿美元》，人民网，2019年11月15日，https://nd.mbd.baidu.com/r/e9KK69x8Q0?f=cp&u=acae64e664bb4f31。

[3] 《教育部：我国已建成世界规模最大高等教育体系》，中华人民共和国教育部，2020年12月3日，http://www.moe.gov.cn/fbh/live/2020/52717/mtbd/202012/t20201203_503281.html。

[4] 《中共中央、国务院关于加速科学技术进步的决定》，中华人民共和国科学技术部，2006年1月，http://www.most.gov.cn/ztzl/qgkjdh/qgkjdhzywj/qgkjdhxgzc/qgkjdhzh/200601/t20060105_27504.htm。

3. 中国与周边国家的友好合作提供了有利的条件

近年来，中国与周边国家关系不断深化，合作交流也正逐步推进。中国一向非常重视与周边国家的友好合作，从基础设施项目的建设到战略伙伴关系的确定，中国与周边国家的关系已经进入了新的历史阶段。特别是区域全面经济伙伴关系协定的签署，给中国与周边国家深化合作提供了新的平台，也是中国对外战略的重大胜利。RCEP的范围基本上囊括了东亚地区与中国有重要经济关系的国家，能够推动中日韩自贸区以及亚太自贸区的形成。在中美战略竞争全面升级之际，中国与周边国家的合作能够消解美国在中国周边带来的地缘政治压力，为印度洋出海大通道的建设提供有利的国际环境。

五、中国开拓印度洋出海大通道影响因素分析

（一）军事与安全因素

1. 安全形势复杂

印度洋地区国家众多，开拓印度洋出海大通道不仅需要经过多个国家，还可能跨越东亚、东南亚、南亚，甚至是中东地区。而这些地区大部分为发展中国家、民族众多、宗教信仰多元化，安全形势较为复杂。受民族、宗教等多重因素的影响这些地区的国家存在局部动荡，容易引发地区安全危机。例如，阿富汗问题，尽管美国和塔利班经过长时间谈判达成了"美塔协议"，迈出了阿富汗和平进程的关键一步，但是谈判期间暴力冲突不断，塔利班与阿富汗政府在意识形态以及国家发展方面存在着不可协调的矛盾。导致阿富汗内部和谈一再推迟，阿富汗和平进程也受到了很大的影响。特别是"美塔协议"中规定的美国提前撤军，在阿富汗内部谈判停滞不前、局势尚未完全稳定之际，如果美国大规模提前撤军可能会造成阿富汗地区权力真空，引发该地区地缘政治形势的动荡。而阿富汗位于中国开拓出海通道的关节点上，地区局势的不稳定也会给我国出海通道的开拓带来不利的影响。

此外，在东南亚地区，缅甸国内民族冲突较为严重，缅北局势紧张、罗兴亚问题等，导致缅甸长时期陷入内战。在泰国，由于疫情影响经济低迷，激化了社会矛盾，大量民众涌向街头参加反对政府的示威游行，甚至

将矛头指向了泰国王室，导致游行持续数月之久并有愈演愈烈之势。这些都给中国开拓印度洋出海通道带来了挑战。

2. 领土争端

由于历史原因，中国开拓印度洋出海通道沿线存在着各种领土争端，这是影响我国出海通道开拓最大的军事安全挑战。例如，中印边界问题，自2017年洞朗事件爆发后，中印两国因边界争端关系不断恶化。而印度作为南亚的大国，位于我国开拓印度洋出海通道的关节点上，以及北印度洋海上通道的中心，在我国的出海战略中占据着重要位置。然而中印两国近年来在边界地区冲突不断，极大地影响了两国关系的深入发展以及我国出海通道的开拓。此外，印度和巴基斯坦在克什米尔地区的武装冲突半个多世纪以来从未中断。而"中巴经济走廊"途经巴控克什米尔地区，印巴长时期的冲突也给我国"中巴经济走廊"的安全带来了巨大挑战。

（二）政治与法律因素

1. 大国的地缘政治博弈

印度洋丰富的自然资源以及优越的地理位置，特别是靠近世界最大的石油产区波斯湾，分布着全球最多的石油运输航线，使得印度洋在全球的战略地位不断上升。这里的民族、宗教以及各种利益交织纷繁复杂，印度洋也是全球主要大国地缘政治博弈的中心。马汉曾说过"谁控制了印度洋，谁就控制了整个亚洲"。从近代以来，英国、荷兰、西班牙等国都开辟了通往印度洋的航线，在"二战"后印度洋区域就一直是全球冲突爆发的集中点，如两伊战争、海湾战争以及阿富汗战争等。近年来美国、印度、日本等国加大了对印度洋的开拓，虽然在中国的对外战略中印度洋并没有占据着主导位置，但印度洋关系着中国未来的发展，中国已经加大了对印度洋沿岸国家的投资，印度洋将会是中国开拓"两洋出海"战略的重点方向。而中国开拓通往印度洋的海上大通道势必会与印度的"印度洋战略"以及"东向战略"、美国的"印太战略"对冲，印度洋地区的地缘政治博弈将会影响我国出海战略的发展。

2. 法律风险

由于我国与周边国家政治、法律等环境的差异性，我国开拓印度洋出海大通道也会面临着法律风险问题，这也是阻碍我国出海通道开拓的主要因素。借鉴"一带一路"倡议在推进过程中面临的法律风险，推进出海通道面临的法律风险主要可以总结为以下几点：

首先，相关法律法规不健全。例如，我国与周边国家合作建设项目时，由于相关法律法规在义务责任、运营管理、风险承担以及资金回收方面存在着较大的模糊性，导致法律的约束力较小，[①]这给我国的海外项目带来了巨大的不确定性，项目安全性风险不断上升。此外，尽管我国与周边国家签订了很多合作协议，但是内容并不统一，国家之间在法律层面存在着较大的差异性。这导致国家之间纠纷出现时没有完整统一的法律方案来解决问题。若单纯地用东道国法律来解决问题必定会出现不公正的结果，也不利于两国合作项目的发展。[②]另外，在税收方面，由于周边国家与我国的经济和社会差异，在制定税收类型和税收额度方面与我国也存在着较大差异。尽管我国与大部分国家签订了税收协议，但在一些国家还是存在着重复征税的风险，[③]税收方面法律的不完善也给我国出海通道的推进带来了不利的影响。

其次，法律与政策方面的变动也给我国出海通道的开拓带来了较大的风险。我国开拓印度洋出海方向的国家大部分政治经济不稳定，政局交替频繁，相关法律与政策变动较大。而我国开拓出海通道周期普遍较长，东道国政治与法律的变动将会增大出海通道建设的不确定性。

最后，我国出海通道建设在环境保护方面也面临着风险。由于中国经济社会发展对资源需求极大，使得中国的海外投资带有一定程度的资源导向性。[④]特别是我国出海通道的开拓主要是为进口石油、天然气等资源，如果在通道建设过程中不注意对当地环境的保护，可能会引起环境法律的风险。例如，中国在缅甸的莱比塘铜矿因为环境问题以及多种因素的综合，引发了当地民众对于中国项目的抵制。环境法律方面的风险也将是我

---

① 农方：《"一带一路"背景下 PPP 模式在东南亚地区运行的法律风险及对策研究》，载《中国商论》，2020 年第 16 期，第 94—95 页。

② 王永沁：《"一带一路"背景下的海外投资法律风险及防范措施》，载《法制博览》，2020 年第 1 期，第 210—211 页。

③ 宋海亮：《"一带一路"背景下海外投资法律风险及对策分析》，载《法制与社会》，2020 年第 29 期，第 44—45 页。

④ 韩秀丽：《中国海外投资中的环境保护问题》，载《国际问题研究》，2013 年第 5 期，第 103—115 页。

国出海通道开拓不得不面对的重大问题。

(三) 大国因素

1. 美国发布"印太战略",企图在印度洋加大对中国的"围堵"

近年来随着印度洋在美国对外战略中的地位不断上升,美国加大了对印度洋地区的战略部署。2019年6月,美国国防部发布了《印太战略报告》,该报告主要阐述了美国在印太地区的国家战略,以及中国对美国国家利益构成的挑战。对此美国加大了对印度洋地区的军事部署,尽管美国要在阿富汗撤军,但是美国在波斯湾沿岸依然有大量驻军。此外,美国还加强了与印度洋周边国家的合作,如深化与印度的关系。美印关系是美国印度洋战略的核心,美国企图拉拢印度抑制中国在印度洋地区的影响力。另外,美国还加强了与盟国的合作,如加强与日本、澳大利亚等国的合作,扩大美国印度洋战略的影响力。尽管美国在其"印太战略"中宣称要打造一个自由开放的"印太",但其真实的目的在于构建一个针对中国的分裂与对抗的"印太",对中国开拓印度洋出海大通道以及西进印度洋战略构成强大的战略牵制。[1]

2. 印度推出海洋战略,企图主导印度洋

自古以来由于特殊的地理位置,印度对于印度洋有着特殊的情感,一直将印度洋视作其国家的"内海"。将印度洋与其国家安全联系起来,视印度洋为保障其国家安全的后院,并采取了一系列措施,主要为:首先,扩大印度在印度洋地区的影响力,力图主导印度洋,获得印度洋海上霸权;其次,阻止区域外大国势力进入印度洋区域;最后,进一步加强印度的海上军事力量建设。[2]为了实现印度的海洋战略,从尼赫鲁到现任印度总理莫迪,印度颁布了一系列政策措施,如1988年印度颁布《印度海洋战略》《印度海洋学说》等指导性政策文件,认为主导印度洋是印度海洋利益的核心所在。[3]

然而中国在印度洋沿岸国家建设的基础设施项目,如缅甸的皎漂港、

---

[1] 冯传禄:《"海上丝路"视野下的印度洋地区地缘环境与地缘风险》,载《印度洋经济体研究》,2019年第2期,第16—51页。

[2] 陶亮:《"季节计划"、印度海洋战略与"21世纪海上丝绸之路"》,载《南亚研究》,2015年第3期,第95—110页。

[3] 王历荣:《印度海洋安全战略及其对中国的影响》,载《印度洋经济体研究》,2018年第4期,第55—73页。

巴基斯坦的瓜达尔港,以及中国在斯里兰卡、马尔代夫等国的投资,被印度视为包围印度的"珍珠链战略"。并且中国开拓印度洋出海通道以及推动海上丝绸之路的发展势必会与印度的"印度洋战略"以及"东向政策"相重合或冲突。对此,印度对中国在印度洋的发展保持着高度警惕,而中国在今后要开拓印度洋出海通道,印度将会是一个绕不开的对手,印度也将是中国开拓出海通道面临的主要挑战。

3. 日本和澳大利亚也是影响中国开拓印度洋出海通道的主要因素

由于日本经济的外向性以及对海外资源的依赖性,使得日本对于海洋非常重视,特别是拥有丰富石油资源的印度洋。早在2007年日本政府就提出了"印太"概念,为了进一步扩大在印度洋的影响力,日本加强了对沿岸国家的投资,并以"反恐和反海盗"之名加强了在亚丁湾以及印度洋的军事存在。此外,日本政府还推行"两洋战略"将印度洋上升到与太平同等重要的战略位置。[①]对于澳大利亚而言,随着印度洋地区的战略地位不断上升,澳大利亚也改变了原先偏重太平洋的战略格局,近几年加大了在印度洋地区的开拓。确保印度洋海上经济安全是澳大利亚印度洋战略的核心所在,对此澳大利亚反对将印度洋变为印度的势力范围,对于中国在印度洋上的活动也保持着高度警惕,强调印度洋的开放与包容。[②]此外,澳大利亚也加强了与美国和日本等国家的合作,力图平衡印度洋上的地缘政治力量。

(四)经济因素

首先,中国开拓印度洋出海通道,但沿岸大多为发展中国家。这些国家经济对外依赖性较强,易受全球经济结构调整的影响。特别是新冠肺炎疫情发生以来,发展中国家经济受到了极大的冲击,全球部分产业供应链中断,贸易受到限制,导致一些发展中国家主导产业损失惨重,收入来源几乎中断。经济方面的影响也加深了这些国家在社会和政治方面的危机。此外,中国与印度洋沿岸国家也存在着贸易失衡的现象,中国对周边国家主要出口轻工业品,而从这些国家主要进口经济发展所需要的资源。[③]中

---

① 李秀石:《试析日本在太平洋和印度洋的战略扩张——从"反海盗"到"保卫"两洋海上通道》,载《国际观察》,2014年第2期,第121—134页。
② 许善品:《澳大利亚的印度洋安全战略》,载《太平洋学报》,2013年第9期,第85—96页。
③ 冯传禄:《"海上丝路"视野下的印度洋地区地缘环境与地缘风险》,载《印度洋经济体研究》,2019年第2期,第16—51页。

国与周边国家长期的贸易失衡，也不利于双边经贸关系的发展以及出海通道的开拓。

其次，周边国家普遍存在基础设施建设不完善、金融设施薄弱、融资难以及资本监管不到位等问题，并且很容易受到全球发达经济体货币政策变动的影响。①中国推动印度洋出海大通道的建设可能要投入巨额资金，不仅需要帮助周边国家完善通道沿线的基础设施建设，还要承担资金回流的风险。而由于一些国家在印度洋占据着优越的地理位置，也激起了一些国家在印度洋展开与中国的经济竞争。例如，在亚洲基础设施建设出口方面，中国和日本在高铁出口上竞争激烈，也影响了开拓出海通道的经济安全。②

最后，债务风险问题在通道建设过程中也不容忽视。由于出海通道的建设项目众多，像铁路、公路、管道以及一些配套的基础设施，这些项目基本上都是投资巨大、回报周期长。再加上周边国家普遍缺乏资金，需要向中国借款以债务的形式进行投资，这样中国就承担了大部分的资金风险。这些国家除了向中国借债外，也向日本、欧盟以及国际组织等借债。而周边国家经济脆弱性以及对外依赖性比较强，很容易受到全球经济变动的影响，债务风险问题也在不断提升。此外，一些国家也会拿周边国家的"债务问题"做文章，在中国周边散布"中国威胁论"等言论，给我国的周边地缘政治环境带来不利的影响。

（五）非传统安全因素

1. 海盗问题

在非传统安全方面，海盗问题是威胁印度洋海上通道安全的主要挑战。印度洋有着丰富的石油资源，海上通道众多，且海运贸易繁荣，印度洋成为全球海盗最为猖獗的地区。全球有5大海盗集中活动区域，其中就有3个分布在印度洋，分别是亚丁湾、索马里沿岸，以及孟加拉湾沿岸和马六甲海峡。③作为连接印度洋和太平洋的重要海上通道，马六甲海峡早在19世纪就有海盗出没。特别是1997年金融危机爆发后，马六甲海域海

---

① 王义桅、郑栋：《一带一路面临的非传统安全挑战》，载《开放导报》，2015年第4期，第21—23页。
② 路艳丽：《"一带一路"与中国国家安全研究述评》，载《国际研究参考》，2017年第2期，第48—52页。
③ 王历荣：《印度海洋安全战略及其对中国的影响》，载《印度洋经济体研究》，2018年第4期，第55—73页。

盗袭击事件迅速增长，并成为全球海盗活动的重灾区。①此外，印度洋西部海域的索马里、亚丁湾地区也是海盗活动最为频繁的区域。据国际海事局统计，仅在2011年索马里海盗在索马里沿海就发动了237次袭击，给过往的船只带来了极大的损失。②尽管在国际社会的共同努力下，近几年海盗活动总体上有所减少，但是印度洋地区海盗问题依然存在。特别是在疫情的影响下全球经济衰退，可能导致海盗活动的增加。例如，国际海事局的海盗报告中心在2020年上半年就记录了98起海盗和武装抢劫事件，高于2019年上半年的78起。③所以从总体上来看，印度洋海域仍然面临着海盗袭击的风险，也将会是未来影响我国海上通道开拓的主要挑战之一。

2. 恐怖主义威胁

我国开拓印度洋出海大通道所面临的恐怖主义威胁可以分为两类：陆上恐怖主义威胁和海上恐怖主义威胁。

首先，从陆上恐怖主义威胁来看，印度洋沿岸地区形势最为复杂，民族宗教众多。在2019年全球恐怖主义指数排名前10的国家中，就有6个位于印度洋地区。④特别是北印度洋地区，是受恐怖主义影响最为严重的地区。这一地区从北非到中东再到东南亚由于主要信仰伊斯兰教，穆斯林信徒众多，被称为"伊斯兰弧带"。在影响世界安全的三大热点地区中，"伊斯兰弧带"是遭受恐怖主义袭击、战争和冲突最为严重的地区，也是全球主要恐怖主义势力分布和影响最广的地区。全球主要冲突都发生在"伊斯兰弧带"区域及其周边地区，占全球冲突的60%以上。⑤除此之外，陆上恐怖主义的"三股势力"，即宗教极端势力、民族分裂以及恐怖主义势力都是影响我国对外战略实施以及国家安全的主要因素。⑥并且

---

① 李兵：《国际战略通道问题研究》，当代世界出版社2009年版，第230页。
② "Somali pirates hijack Panama-flagged ship", DW, Aug. 20th, 2020, https://amp.dw.com/en/somali-pirates-hijack-panama-flagged-ship/a-54637865.
③ "Crew kidnappings surge in seas off West Africa, IMB Reports", ICC Commercial Crime Services, July 2020, https://www.icc-ccs.org/index.php/1293-crew-kidnappings-surge-in-seas-off-west-africa-imb-reports.
④ 这6个国家为：伊拉克、阿富汗、巴基斯坦、印度、也门、索马里。"Global Terrorism Index 2019, Top 50 Countries", Statista Research Department.? Dec 9, 2019, https://www.statista.com/statistics/271514/global-terrorism-index/.
⑤ 陈迎春：《"伊斯兰弧带"动荡的原因分析及对中国安全的警示》，《世界地理研究》，2012年第1期，第35—40页。
⑥ 刘海泉：《"一带一路"战略的安全挑战与中国的选择》，载《太平洋学报》，2015年第2期，第72—79页。

我国开拓印度洋出海通道主要面向这一地区，需要从周边国家"借港出海"。然而陆上恐怖主义的发展可能会影响我国周边地区的稳定，危害我国的国家安全以及出海大通道战略的推进和实施。

其次，从海上恐怖主义威胁来看，由于印度洋地区资源丰富，海上战略通道众多，并且靠近波斯湾等重要的地缘政治地区。陆上恐怖主义势力的发展可能会产生溢出效应推动海上恐怖主义的发展。总的来看，海上恐怖主义威胁主要包括海上武装袭击、武装劫持过往的轮船换取政治利益、在重要海峡或战略通道处制造事端阻塞航线、对沿岸港口发动武装袭击等。[1]海上恐怖主义具有分布广、威胁性大、难以打击等特点，对我国海上通道的安全构成了严峻的挑战。若陆上和海上恐怖主义势力形成互动态势，不仅会影响我国出海通道的开拓和"两洋出海"格局的构建，还会使我国海上安全形势变得更加复杂。

3. 全球气候变化

全球气候变化是当今世界面临的最严重的环境问题，然而气候变化不仅使全球变暖、生态系统发生改变，还给人类的生存状况造成了严重影响。此外，气候变化也给海上通道安全带来了新的挑战，除了造成海平面上升、海水温度升高、海洋生态环境恶化，还会在一定程度上激化地区矛盾。另外，由气候变化带来的气象灾害也是影响海上通道安全的主要挑战。而印度洋是世界上热带气旋多发地区，热带气旋所引发的风暴潮、暴雨、洪水、暴风等灾害可能影响海上通道的安全。特别是在气候变化的大背景下，热带气旋的强度和频率增加，极端天气事件的发生频率变得更加复杂和不稳定。[2]

此外，由气候变化带来的次生灾害问题也给陆上出海通道的建设造成影响。例如，山体滑坡、泥石流、洪灾、干旱等，特别是气候变化引起的海平面上升，使得印度洋沿海低地以及海岛国家面临被淹没的风险，给沿岸港口建设带来了非常大的安全隐患。这些都加大了建设出海大通道项目的难度，也给出海项目的推进带来了一定的风险。

---

[1] 杜婕、仇昊、胡海喜：《海上通道安全：基于利益相关性的战略分析与思考》，载《南昌大学学报》（人文社会科学版），2014年第3期，第62—67页。

[2] 杨理智、张韧、吴炎成等：《气候变化对中国海上能源通道安全的影响与风险评估》，载《应用科学学报》，第34卷第6期，第713—733页。

（六）地理状况与技术因素

从地理条件上看，我国并不靠近印度洋，开拓印度洋出海通道最短的路线为建设连接我国西南地区与周边国家的陆上通道，然后从周边国家"借港出海"直达印度洋沿岸。然而东南亚地区地形崎岖、地势呈北高南低、山河相间、纵向排列，并且河流短促。此外，这一地区还位于亚欧板块与印度洋板块的交界处，地壳不稳定，多火山、地震。地理复杂不仅增加了我国开拓印度洋出海通道的建设成本，也增加了项目建设的风险。

另外，地理条件的复杂也给出海通道的开拓带来了技术上的难题。需要运用诸多技术因素克服因地形地势条件带来的建设问题，如在新型基础设施建设、信息技术、数字通信技术以及海洋开发技术等方面还有很大的发展空间。此外，相应技术技能人才的缺口也是出海通道建设需要重点关注的问题。

六、中国开拓印度洋出海大通道的战略构想

（一）中国开拓印度洋出海大通道的整体构想

由于我国距离印度洋相对较远，从东部海域开拓印度洋出海通道会与太平洋通道相重合，不能发挥出海通道的战略优势。对此我国可以利用西部地区的优势，通过向周边国家"借港出海"建设通往印度洋最便捷的路线。从开拓印度洋出海大通道的战略整体上来看，应首先选取印度洋沿岸的出海口，通过港口以及相应配套基础设施的建设，构成我国在印度洋沿岸的战略支点，然后通过陆上通道的建设将港口与我国内陆地区相连。其次在陆上通道的建设方面可以打造四条战略支线：一是从我国西北地区利用"中巴经济走廊"连接瓜达尔港；二是从西北地区建设通往阿富汗和伊朗的走廊到达波斯湾沿岸；三是从西南地区利用"中缅经济走廊"连接皎漂港；四是从我国西南地区利用南向通道，建设连接越南、老挝以及泰国的陆上走廊至印度洋沿岸。但是陆上通道的选择要综合考虑地形以及政治安全因素逐步推进。最后，更为重要的是通过构建通道沿线的经济带连接太平洋出海通道，形成两大通道战略互动的出海格局，构建海上与陆上双循环的经济圈。对接我国的"一带一路"倡议以及利用RCEP带来的机遇，推动我国"两洋出海"战略格局的形成，促进我国更高水平的

对外开放。

（二）中国开拓印度洋出海大通道的战略重点

1. 制定"两洋出海战略"

"两洋出海战略"是指通过开拓太平洋与印度洋的出海通道，形成两洋出海通道的战略互动，从而破解我国"出海"难的问题，保护我国的"能源安全"和"国家安全"，进一步维护我国的海洋权益。

在后疫情时代制定"两洋出海战略"更具有紧迫性和必要性。随着我国对外开放程度的不断提高以及"一带一路"倡议的不断推进，出海通道的开拓面临着前所未有的时代机遇。我国应尽快把"两洋出海战略"纳入国家的战略体系，整合我国的国家资源，重点开拓陆路海上通道，通过向周边国家"借港出海"形成面向印度洋的出海大格局。并与太平洋出海通道进行战略互动，促进资金、技术、人才、管理等生产要素在两个通道之间的相互流动。推动我国更高水平地对外开放，为"一带一路"建设以及我国与周边国家的合作提供新的平台，探索互利共赢的新模式、新经验。通过出海通道项目的建设，推动我国逐步形成国内国际双循环相互促进的新发展格局。

2. 营造良好的周边环境

近年来随着中国的不断崛起，以美国为首的西方国家加大了对中国的打压和围堵。从奥巴马时期的"亚太再平衡"战略再到特朗普政府的"印太战略"，美国将重点逐渐扩展到印度洋，扩大了对中国的围堵范围。在南海问题、中国台湾问题上不断挑起中国与周边国家和地区的矛盾，企图恶化中国的周边地缘政治环境。而印度也加入了与美国联合对抗中国的战略轨道，屡次挑衅我国西部边界，加大力度扩展海军，甚至将触角延伸至我国南海地区。

此外在疫情期间，一些西方国家在我国周边地区大肆散布"中国威胁论"，严重影响了地区的和平稳定以及我国面临的国际舆论环境。纵观我国近代历史，海洋安全与我国的国家安全紧密相连。尽管目前在经济发展的大背景下，我国周边海域暂未发生冲突，但是我国与多个国家存在着领土和海洋权益纠纷，随着中美竞争的不断升级，海洋安全问题将是我国未来长期关注的重点。在后疫情时代，随着国际形势的变化，海洋在中国的发展中占据着越来越重要的位置，营造良好的周边环境是我国开拓印度洋出海通道的基本条件。

3. 对接我国对外战略

开拓印度洋出海大通道战略并不是独立的，也不是要"另起炉灶"，而是要在我国对外战略发展的基础上建立起来。我国在印度洋地区已经进行了大量投资，并且是这一地区众多国家的主要贸易伙伴，相关出海项目的建设已经大体成形，只是尚未形成完整的战略方案。例如，我国在缅甸建设的皎漂港、中缅油气管道、中缅铁路以及"中缅经济走廊"等，这些都是我国西南地区开拓陆上出海通道的重要基础。此外，还有巴基斯坦的瓜达尔港和"中巴经济走廊"，这是我国西北地区开拓通往印度洋出海通道最便捷的路线。更为重要的是，这些项目都是我国对外战略发展的重点，是我国"一带一路"路线上的主要示范项目。对接我国对外战略能够为出海通道的开拓提供有利的建设条件，能够促进我国国家战略的整合，也是开拓印度洋出海通道的必要条件。

（三）中国开拓印度洋出海大通道的战略步骤

1. 推进"两洋出海战略"的实施

为了更进一步推动"两洋出海战略"的实施，重点是以我国国家利益为核心，从实际出发、逐步推进，形成以太平洋和印度洋战略通道互动的整体格局。打破传统思维模式，采用"陆海统筹、借港出海"的创新思维，①分"三步走"整体实施。

（1）保障传统的太平洋出海通道。太平洋是世界上最大、最深、边缘海和岛屿最多的大洋，是世界上海上通道分布最广的大洋。有三条主要航线：北太平洋航线、中太平洋航线和南太平洋航线纵贯整个大洋。太平洋上的诸多海峡，如白令海峡、朝鲜海峡、台湾海峡以及马六甲海峡等都是世界重要的海上交通要道。其中以白令海峡、麦哲伦海峡、巴拿马运河和马六甲海峡构成的水运网络，将太平洋与北冰洋、印度洋以及大西洋相互连通。太平洋是我国出海的传统通道，在我国的出海战略中占据着非常重要的位置，我国每年海运量80%以上都要经过太平洋。在后疫情时代，

---

① 李靖宇、陈医、马平：《关于开创"两洋出海"格局保障国家利益拓展的战略推进构想》，载《东南大学学报》（哲学社会科学版），2013年第6期，第38—44页。

随着国际形势的变化，保障我国太平洋出海通道的安全越来越重要。

首先，要妥善处理台湾问题，打破第一岛链的封锁。中国台湾岛在太平洋海上通道中占据着十分重要的地理位置，也是阻碍我国直接东入太平洋的主要障碍。近年来美国不断强化与中国台湾的关系，给我国东部海域安全带来了挑战。对此我国在台湾问题上一定要坚持"一个中国"原则，严厉打击"台独"和支持"台独"的外部势力，保障我国东部海域的安全稳定。随着中国实力的不断增长，在国际上的影响力不断增强，台湾回归将会是大势所趋。

其次，强化与周边国家的合作，保持南海局势的稳定。南海将是未来影响我国安全稳定的重点区域，保持南海局势稳定关系到我国的国家利益。随着美国不断在南海问题上挑衅，我国应加强与周边国家的合作，将南海议题纳入与周边国家的经济合作中。推进各国在南海问题上的安全合作，加强南海准则的建设，搁置争议、共同开发，保持南海通道的稳定。

（2）积极开拓印度洋出海通道。印度洋是世界第三大洋，是沟通亚洲、非洲和大洋洲之间的重要交通要道。通过马六甲海峡和龙目海峡可直接进入太平洋；通过曼德海峡、红海、苏伊士运河、地中海和直布罗陀海峡可到达西欧；通过好望角可直接进入大西洋。此外，印度洋周边资源丰富，靠近中东产油区，是世界上重要的石油运输通道。我国的石油运输航线是从波斯湾向东穿过马六甲海峡或龙目海峡运往中国大陆。随着我国经济的不断发展，对石油的需求也在不断增大，我国目前已成为全球第一大石油进口国。80%以上的石油运输都需要经过印度洋和马六甲海峡，印度洋的石油运输航线在我国能源安全中占据着越来越重要的位置。但是随着中美竞争的全面升级，"马六甲困境"越发凸显，为了维护我国的能源安全，在印度洋上直接开辟出海通道成为我国必须考虑的方向。

首先，可以从缅甸选取出海口。缅甸与我国山水相连，中缅国境线长达2185千米，并且长期保持着与我国的友好关系。此外，缅甸濒临孟加拉湾，从印度洋借道缅甸可以有效减少对马六甲海峡的依赖，直接通过陆路运输运往中国内陆。而从缅甸开拓印度洋出海口可以选择仰光港和皎漂港，其中仰光港是缅甸最大的港口，是缅甸贸易进出口的主要门户，承担着全缅90%的国际海运贸易工作。缅甸港务局预测，到2020年，该港码头集装箱吞吐量将增至200万。①而皎漂港位于孟加拉湾，自然水深24米左右，可航行、停泊25万—30万吨级远洋客货轮船，是天然的避风良港。②2018年中缅两国签订了皎漂深水港项目框架协议，建成后皎漂港将成为缅甸最大的远洋深水港，而皎漂港所在的经济特区是计划中的中缅铁路的终点，是已经投产的中缅油气管道的起点，是中缅两国共建"一带一路"框架下的重点项目。"中缅经济走廊"可以将仰光港与皎漂港联系起来，形成经济互动的大格局，对于中国开拓印度洋出海口具有重要的战略意义。

其次，可以从巴基斯坦选取出海口。我国在巴援建的港口瓜达尔港已经正式全面投入运营，瓜达尔港有着十分优良的地理位置，邻近阿拉伯海，位于霍尔木兹海峡附近，可以通过瓜达尔港—奎达—白沙瓦—喀什的陆域通道将石油直接输往新疆，③对于保障我国能源安全以及开辟内陆地区出海通道具有重要的战略意义。

最后，可以从中亚地区开辟通道，如开辟新疆与阿富汗之间的瓦罕走廊，修建陆路通道连接阿富汗和伊朗直达波斯湾沿岸。这样我国可以直接从波斯湾沿岸进口石油，还可以利用伊朗和阿富汗丰富的自然资源，使我国能源进口路径多元化，保障我国的"能源安全"。

（3）实现"两洋出海通道"的战略互动。这是实现"两洋出海战略"最重要的一步，我国之前开辟的出海通道大多未成体系，出海通道之间没有进行有效互动，大部分以出海为目的，但是未考虑政治、经济和社会的可持续性，出海通道带来的成效有限。在后疫情时代，为推动出海通道的开拓，实现战略通道的有效互动是必须考虑的问题。首先，在两洋出海陆域通道之间构建经济带，实现通道沿线国家和地区的优势互补，就地取材，减少开发成本还能带动沿线地区的经济发展。这样既能得到周边国家的积极支持，还能进一步推动出海通道的发展。其次，在两洋出海的海域通道上建立战略支点。加强与印度洋和太平洋上岛屿国家的合作，特别是斯里兰卡、马尔代夫、印度尼西亚等。保障我国海上通道安全，通过岛

---

① 《仰光港口集装箱年吞吐量破百万》，中国国际贸易促进委员会，2018年7月4日，http://www.ccpit.org/Contents/Channel_4114/2018/0704/1027427/content_1027427.htm.

② 《中缅签署皎漂深水港项目框架协议缅方占股30%》，中国一带一路网，2018年11月9日，https://www.yidaiyilu.gov.cn/xwzx/hwxw/71146.htm.

③ 李靖宇、张卓：《关于中国面向世界开拓两洋出海大通道的战略构想》，载《中国软科学》，2010年第8期，第46—60页。

屿之间的战略互动建立起"海上经济走廊",进一步对接我国的"海上丝绸之路",推动"一带一路"建设的深入发展。构建海上、陆上出海通道与国内经济发展的双循环结构,推动我经济高质量发展,解决我国"出海难"问题。

2. 发挥云南省的区位优势作用

云南省地处我国西南边陲,与贵州、广西、四川、西藏相连,外部与缅甸、老挝、越南接壤,国境线长达4060千米。其区位优势主要体现为:首先,与东南亚、南亚各国山水相连,具有独特的地缘优势;其次,与东南亚、南亚地区经济互补性强;最后,从云南可直接借道东南亚、南亚进入太平洋和印度洋。① 此外,云南还是我国西南地区开放的前沿窗口,发展潜力大,区位优势十分显著。

云南与东南亚、南亚地区通道众多、民众交往频繁,从2000多年前的"南方古丝绸之路",到1000多年前的茶马古道,悠久的历史显示了云南与周边国家的密切关系。近代的"滇缅公路、滇越铁路以及驼峰航线",再一次将云南与周边国家紧密相连。到现代国家将云南定位为推进与周边国家的国际运输通道建设,打造大湄公河次区域经济合作的新高地,将云南建设成为面向南亚、东南亚的辐射中心。② "一带一路"倡议的实施进一步凸显了云南省的区位优势,给云南带来了前所未有的历史机遇。在后疫情时代,将云南建设成为我国面向南亚东南亚和环印度洋地区开放的大通道和桥头堡显得尤为必要。

(1)实现云南与周边国家的互联互通,推动云南成为我国通往南亚、东南亚国家的交通枢纽。陆上通道的建设不仅有利于中国开拓通往印度洋和太平洋的出海口,还有利于云南省经济社会的发展。目前,云南省正根据国家的战略发展规划完善省内交通,到2020年云南省要基本建成"三横四纵"铁路网,运营里程达5000千米;"五横五纵"高速公路主骨架,里程达8000千米;"两出省三出境"的水运通道,里程约5000千

---

① 林文勋:《从历史发展看云南国际大市场的构建》,载《云南社会科学》,2001年第1期,第77—81页。

② 《推动共建丝绸之路经济带和21世纪海上丝绸之路的愿景与行动》,"一带一路"国际合作高峰论坛,2015年3月,http://world.people.com.cn/GB/n1/2017/0309/c411452-29134334.html。

米。①此外，还需加大构建云南与周边国家的交通网络，包括交通基础设施、能源基础设施以及跨境光缆等的互联互通，这是推动云南加强与周边国家联系，开拓两洋出海通道的关键。

（2）将云南建设成产业转移的基地，成为我国与周边国家合作交流的平台。云南特殊的区位，使之在承接我国东部地区产业转移方面存在着显著优势。能够有效对接我国长三角、珠三角以及环渤海经济圈的产业转移，并成为我国与东南亚经济圈、南亚经济圈的桥梁和纽带。此外，还需加快国际大通道的建设，畅通产业转移的渠道，加快中"缅经济走廊"以及"孟中印缅经济走廊"的建设，使云南成为面向南亚、东南亚地区的物流基地、出口商品加工基地和产业转移基地。进一步发展与周边国家的友好关系，开拓南亚、东南亚市场。

（3）建立开拓出海大通道的合作机制，发挥云南在我国西南地区对外开放的前沿作用。为进一步推动我国在后疫情时代开拓出海大通道，云南应积极对接我国的"两洋出海战略"，发挥自身区位优势，利用现有的与周边国家的合作平台，积极建立更高层次的以促进中国与南亚、东南亚国家出海通道建设的合作机制。增进中国与周边国家的战略共识、增强政治互信，将我国的出海大战略进一步落到实处。

3. 深入推进"一带一路"建设

在后疫情时代随着疫情对全球经济造成的巨大冲击，经济复苏和发展将会是全球的主要目标。我国应加大力度推动"一带一路"建设，促使"一带一路"建设成为全球经济发展的引擎，吸引更多的国家加入建设当中。更为重要的是深化与周边国家的合作，坚持"周边是首要"的战略布局，在"政策沟通、设施联通、贸易畅通、资金融通、民心相通"五个方面全方位加强与周边国家的务实合作。让周边国家共享中国经济发展的"红利"，促进"一带一路"建设的深入发展，助推我国出海大战略的颁布和实施。

此外，在区域全面经济伙伴关系协定（RCEP）全面签署之际，我国应积极抓住时代机遇，将RCEP打造成为后疫情时代我国扩大对外开放的

---

① "面向南亚东南亚辐射中心综合交通运输发展规划（2017~2030年）等国家系列交通规划解读"新闻发布会，云南省人民政府，2017年4月7日，http://www.yn.gov.cn/ynxwfbt/html/2017/shengzhengfuxinwenbanfabuhui_0420/48.html。

重要平台，加强与周边国家的合作，推动区域经济一体化的形成，为我国在后疫情时代开拓出海大通道提供有利的条件。此外，通过RCEP促进我国与日本、韩国和澳大利亚等国关系的进一步发展，为我国开拓出海大通道带来有利的国际舆论环境，缓解中美战略竞争全面升级给我国周边带来的压力和挑战。最后，将出海大通道的建设贯穿于RCEP的实施过程之中，设立出海通道建设的相关议题，建立合作机制，用RCEP助推我国出海大通道的建设。

4. 加强我国远洋海军建设

在后疫情时代，随着中美竞争的不断升级，美国不断加大在南海问题和台湾问题上对我国的挑衅，给我国东部海域安全带来了较大的压力。此外，印度为了获得印度洋霸权，近几年也加大了海上力量的发展，不断扩充海军，与周边国家加强了海上演练，这给我国在印度洋海域航线的安全也带来了一定的挑战。而随着中国经济的发展，对外贸易在我国经济中所占的比重中不断增大，我国要开拓出海大通道以及保障海上经济利益，最重要的是建设一支强大的海上力量，这是维护国家海洋权益、建设海洋强国的重要支撑。

对此，我国应该加大力度发展海上力量，首先发展海军的武器装备，增强海军的近海防御和远洋作战能力，维护我国的国家安全和海上利益，对其他国家形成一定的威慑作用。其次与周边国家开展海上军事合作，包括军事交流、联合演练、联合搜救、海上运输保护以及打击海盗等。[①]通过军事上的合作交流增进中国与周边国家的相互理解，更好地维护我国的出海通道安全。总之，为了进一步开拓出海通道，在后疫情时代我国应该积极主动地推动出海大战略的实施，从安全、政治、经济等方面入手，多维度构建出海通道的整体格局，破解我国"出海难"问题，推动我国经济向更高层次发展。

---

① 陈利君、胡娟：《海洋世纪与中国的战略抉择——兼论印度洋对中国的意义及应对之策》，载《云南社会科学》，2012年第6期。

七、中国开拓印度洋出海大通道的战略举措

（一）中国开拓印度洋出海大通道的经济战略举措

1. 构建沿线经济带

促进印度洋出海大通道持续发展的关键是构建沿线经济带。在开拓印度洋出海通道的沿线两侧，通过完善交通基础设施促进地区之间的互联互通，然后根据地区的实际情况，以就地取材的方式，有效利用当地资源，不仅能为通道的建设持续不断地提供资源，还能减轻通道建设的成本，带动沿线地区经济的发展。例如，从我国西南地区开辟经过缅甸的出海通道，建立沿线经济带让缅甸当地民众共同参与通道的建设，增进当地民众对中国出海项目的理解，为我国通道的开拓提供有利的舆论环境。此外，还能利用缅甸丰富的自然资源，弥补通道建设过程中资源不足的问题，为中缅两国资源的进出口提供有利的条件，使得出海大通道成为缅甸经济发展的大动脉，以增进两国之间经济的联系。

2. 打造经贸合作区

经贸合作区在建设出海大通道的过程中起着战略支点的作用。一方面，经贸合作区既是两国之间加强经济合作的重点示范区，也是我国企业"出海"，进行跨国投资的重要平台。另一方面，这些经贸合作区还是我国产业转移的重要承接地，对于促进地区之间产业链的转型升级具有重要的意义。最重要的是经贸合作区在建设出海大通道的过程中还起着重要作用，我国在印度洋沿岸多个国家建设了合作区，如缅甸的皎漂经济特区、泰国的罗勇工业园区等，这些经贸合作区的建设能够有力地推进出海大通道的开拓，作为战略支点为出海通道提供战略后备支撑。

3. 加强区域经济合作

加强区域经济合作，促进区域经济一体化是推动出海通道开拓的重要条件。我国与周边国家经济联系紧密，在相关项目的建设上已经合作多年，经济战略伙伴关系正在不断发展。加强区域经济合作一直是我国与周边国家合作的重要目标，特别是2020年区域全面经济伙伴关系协定的签署，对于推动东亚地区以及东南亚地区经济一体化有着重要作用。促进区域经济一体化能够有效整合区域内众多资源，为出海通道的开拓提供有利

的建设条件，还能将出海通道的战略议程纳入区域国家的发展战略之中。

（二）中国开拓印度洋出海大通道的政治与外交战略举措

1. 将"出海"确立为国家战略目标

为进一步推动我国印度洋出海通道的开拓，将出海战略确立为国家的战略目标是重点。必须从国家层面高度重视出海通道的开拓，为印度洋出海战略提供有利的建设条件和政策、资金保障。此外还需将出海战略纳入我国的对外战略体系之中，进一步对接我国的"一带一路"倡议，为出海战略的发展提供有利的合作条件。"一带一路"倡议是国家战略的重大创新，不仅为中国经济增长注入新的动力，也为世界和平发展提供了新思路和新方案。出海战略可以作为"一带一路"的支点，更好地促进中国与周边国家的合作，推动通道沿线各国优势互补、共同发展。

2. 加强与周边国家的政治互信

促进中国与周边国家的政治互信是开拓印度洋出海通道的基础条件。尽管中国与周边国家保持着和平友好的关系，但是在促进政治互信上还需要进一步深化。特别是疫情期间，以美国为代表的西方国家不断对中国进行"污名化"，抹黑中国的抗疫努力，在中国周边散布"中国威胁论"，加大对中国周边国家的战略压力，这些都在一定程度上加剧了我国周边地缘政治环境的不稳定状况。所以为推动出海通道的开拓，增强中国与周边国家和地区的政治互信显得格外重要。首先，推动中国与周边国家领导人的互访，就出海通道问题以及如何进一步加深战略互信进行讨论，达成重要共识，为出海通道开拓奠定政治基础。其次，将出海通道开拓纳入地区合作战略之中，推动区域出海战略方案的构建。最后，妥善处理地区热点和难点问题，保持地区和平稳定，为出海通道的开拓创造稳定的建设环境。

3. 推动全方位战略外交布局

出海通道的开拓需要我国进一步构建全方位外交格局，这是我国出海通道获得世界理解和认可的重要举措。除了加强与周边国家的合作，我国还应积极与美国、欧盟、日本、印度等国就出海通道问题进行合作。促进各国对我国出海通道的理解，借鉴各国在出海领域的经验，促进通道合作的国际化，形成陆上和海上经济发展的大动脉。尽管我国开拓印度洋出海通道与多个国家的海洋战略形成对冲，但是战略的重合并不意味着冲突，我国应积极化解地区矛盾，通过全方位外交构建与各国的"战略伙伴关系"，共同探索和平发展之路。

（三）中国开拓印度洋出海大通道的互联互通战略举措

1. 完善基础设施建设，实现区域互联互通

基础设施建设是出海通道开拓的重要支撑。"要想富，先修路"是我国实现经济腾飞的重要经验。而实现基础设施的互联互通是我国"一带一路"倡议建设的优先领域，也是我国推动构建更深层次、更高水平开放的重要依托。周边国家由于资金和技术条件的缺乏，在基础设施建设方面存在着诸多障碍，导致区域之间经济发展受阻。我国应该尽快推出出海通道建设的战略方案和沿线通道布局，加强与周边国家在基础设施建设方面的合作，打造便民利民项目，使当地民众共同参与到建设中来，推动区域基础设施网络的形成，为出海通道的建设奠定基础。

2. 构建战略枢纽，增强区域辐射带动作用

战略枢纽在出海通道的建设中起着重要支点作用。将公路、铁路、水运和航运交叉点打造成枢纽，能够有效地发挥区域带动作用，增强出海通道的影响力。例如，在中国内陆地区将昆明和南宁打造成为连接东南亚南亚地区的桥梁和纽带，发挥对外开放的重要门户作用，进一步提升我国内陆地区走向南亚东南亚的能力，成为中国面向南亚东南亚地区的辐射中心。此外，还可以对接我国东部地区的产业转移，连接东部地区的经济圈，进一步推进西部大开发战略的发展，使之成为我国西南出海大通道上的重要战略支点。另外，也可以在周边国家选择通道沿线上的一些重要交通枢纽城市作为战略支点，进一步扩大通道的覆盖面积。例如，缅甸的曼德勒、木姐，巴基斯坦的瓜达尔、奎达、白沙瓦等城市。将国际国内重要战略枢纽城市相连，形成战略互动格局，推动出海大通道的深入扩展。

3. 促进制度互联互通，推动出海战略有效实施

促进制度互联互通是推动政策沟通、贸易畅通和资金融通的战略前提，也是实现设施联通和民心相通的强大支撑。由于历史和地理原因，我

国和周边国家以及地区在文化、民族和宗教信仰上存在着较大的差异，这些差异又通过双方经济贸易和政治交往等活动表现出来。特别是制度上的差异，缺乏有效的战略衔接导致我国与周边国家的互联互通受到影响，也加大了我国开拓出海通道的难度。所以推动制度互联互通已经刻不容缓，首先，要从制度层面进一步细化出海战略的愿景和规划，对接各国的经济发展战略，为出海通道的开拓提供制度保障，其次，还需在政治和经济等层面有针对性地制定和修订政策，促进双方政策的精准配合，进一步推动"五通"的发展。

（四）中国开拓印度洋出海大通道的军事战略举措

1. 发展远洋海军

发展远洋海军，加强海上军事力量的建设是推动印度洋出海大通道开拓的重要保障。我国自古以来就比较"重陆轻海"，战略发展的重心一直放在陆地上，对海洋的关注较少。近代以来对海洋缺少关注逐渐拉大了我国与其他国家的发展差距。到了现代，海洋对国家的发展越来越重要，海洋与我国经济发展的关系越来越密切，是我国未来经济发展的核心，保障我国海洋权益、建设海洋强国已经成为我国发展的重要战略目标。对此，首先应加大我国海上军事力量的建设，大力发展远洋海军，保障我国海上贸易通道的畅通和安全。其次，加大海上武器的研发力度，增强我国的海上威慑力量。最后，积极参与打击海上恐怖主义、海盗等重大国际行动，提升我国海上力量的国际执行力，推动我国海洋治理的发展。

2. 建立多边安全机制

为保障海上通道的安全，除了加强海上军事力量建设外，还需要加强与印度洋周边国家合作，尽快建立多边安全机制是重点。并且随着海上恐怖主义的不断发展、海盗活动的猖獗，保障出海通道的安全单靠一个国家是远远不够的。特别是印度洋上多条战略通道还是一些国家的海上生命线，在推动出海通道安全保障方面各国都有着共同的利益。对此，我国应加大与周边国家在海上安全领域的合作，签订相关协议，推动出海通道安全合作机制的建立。此外，还需要加强与周边国家在海上军事领域的合作，如经常举行海上演练、海上巡逻，为过往船只提供安全保障等。只有这样，我国出海通道的开拓才会有更深的进展。

（五）中国开拓印度洋出海大通道的文化战略举措

1. 提升我国文化"软实力"

如今文化已成为综合国力竞争的重要因素，越来越成为经济社会发展的重要力量。我国要在后疫情时代开拓出海大通道，必须增强我国的文化"软实力"，推动文化成为出海战略的重要支撑。首先，应大力推动"中华文化走出去"战略实施，积极吸收我国传统文化的优秀因素，提升自身文化吸引力，促进我国核心价值观的对外传播，进一步增进世界对中国的了解。其次，大力发展"文化产业"，激发我国文化创造活力。特别是在出海通道的建设过程中注重文化产业的发展，积极开拓国内国际市场，增强我国文化的国际影响力。最后，在促进我国文化向外发展的同时，还应注意提升我国的国家形象，为出海通道的开拓构建良好的建设环境。

2. 加强与周边国家的文化交流合作

由于我国与周边国家存在着民族、宗教信仰以及文化上的差异性，这种差异导致了一些国家民众对我国对外投资项目建设的不理解，也在一定程度上影响了我国出海通道的开拓。对此，我国应加强与周边国家在文化上的交流合作，增进与区域国家民众的相互了解。除了互派留学生，还应该在重大对外战略上设立人才合作项目，如在出海通道的建设上，通过设立相关定点交流项目为出海通道的开拓培养专门的人才。

（六）中国开拓印度洋出海大通道的国际合作战略举措

首先，应构建出海通道国际合作机制。为推动出海通道成为地区经济发展的大动脉，应增强通道建设的国际性，推动周边国家参与到通道的建设中来。构建出海通道建设方案，如沿线的布局、对接的城市以及通道建设过程中的资金和政策等问题。此外，通过出海国际合作机制的构建，进一步对接区域各国的发展战略，将出海国际机制打造成新时期建设出海通道以及区域合作的新平台。加强中国与周边国家在出海建设上的交流沟通，将出海战略上升为地区国家共同的战略意志。

其次，加强区域经贸合作。后疫情时代贸易保护主义和逆全球化思潮盛行，我国应以出海通道建设为契机，加大与周边国家的经贸合作，推动地区扩大开放，形成新的国际合作发展格局。出海通道的开拓应借鉴"一带一路"建设模式,坚持"共商、共建、共享",通过"五通"合作推动区域经济要素自由流动和市场充分融合,优化区域资源配置格局,形成产业链、供应链和价值链深入发展的格局,提高区域经贸合作水平。

最后,推动构建区域海洋、城市与通道建设三位一体的国际合作发展格局。出海通道的终点是通向广大的印度洋,所以海洋合作应成为出海通道建设的重点领域。特别是在海洋安全、海洋治理以及海洋环境保护方面,区域国家应将海洋合作纳入地区合作机制之中。此外,出海通道的沿线城市在通道建设过程中起着战略支点的作用,应加强沿线城市之间的合作,形成沿线互动的格局,扩大出海通道的影响力和辐射力。通道建设将海洋与内陆城市相连,促进中国与周边国家的互联互通。"三位一体"的区域合作模式将进一步推动出海通道的发展,提升区域合作的水平。

参考文献

一、中文参考资料

（一）专著类

[1]〔英〕麦金德.历史的地理枢纽[M].北京：商务印书馆，1985.

[2]〔美〕阿尔弗雷德·塞尔·马汉.海军战略[M].北京：商务印书馆，2003.

[3]〔美〕阿尔弗雷德·塞尔·马汉.海权对历史的影响[M].北京：解放军出版社，1998.

[4]〔美〕阿尔弗雷德·塞尔·马汉.海权论[M].北京：中国言实出版社，1997.

[5]〔印〕K.M.潘尼迦.印度和印度洋：略论海权对印度历史的影响[M].北京：世界知识出版社，1965.

[6]〔印〕贾斯万特.辛格.印度的防务[M].新德里：麦克米兰印度有限公司，1999.

[7]〔美〕A.J.科特雷尔，R.M.伯勒尔.印度洋：在政治、经济、军事上的重要性[M].上海：上海人民出版社，1976.

[8]〔苏〕戈尔什科夫.国家的海上威力[M].北京：三联书店，1977.

[9]〔苏〕戈尔什科夫.戈尔什科夫军事散文集[M].北京：海军学院印，1985.

[10]〔美〕罗辛斯基.海军思想的发展[M].北京：黎明文化事业公司，1988.

[11]〔美〕美国国防大学.海军战略[M].北京：海军出版社，1990.

[12]〔美〕汉斯·摩根索.徐昕等译注.国家间政治——寻求权力与和平的斗争[M].北京：中国人民公安大学出版社，1990.

[13]〔美〕肯尼思·华尔兹.信强译注.国际政治理论[M].上海：上海人民出版社，2004.

[14]〔美〕罗伯特·基欧汉,小约瑟夫·奈.权力与相互依赖[M].北京：中国人民公安大学出版社,1992.

[15]〔美〕詹姆斯·多尔蒂,小罗伯特·普法尔茨格拉夫.阎学通等译注.争论中的国际关系理论（第五版）[M].北京：世界知识出版社,2003.

[16] 王逸舟.全球化时代的国际安全[M].上海：上海人民出版社,1999.

[17] 阎学通,孙学峰.国际关系研究实用方法[M].北京：人民出版社,2001.

[18] 萧建国.国际海洋边界的石油开发[M].北京：海洋出版社,2006.

[19] 张世平.中国海权[M].北京：人民日报出版社,2009.

[20] 张文木.论中国海权[M].北京：海洋出版社,2010.

[21] 鞠海龙.中国海权战略[M].北京：时事出版社,2010.

[22] 石家铸.海权与中国[M].上海：上海三联书店,2008.

[23] 刘中民.世界海洋政治与中国海洋发展战略[M].北京：时事出版社,2009.

[24] 郑泽民.南海问题中的大国因素——美日印俄与南海问题[M].北京：世界知识出版社,2010.

[25] 王铁崖主编.国际法[M].北京：法律出版社出版,1993.

[26] 张耀光.中国海洋政治地理学[M].北京：科学出版社,2004.

[27] 中国地名委员会编.外国地名译名手册（中型本）[M].北京：商务印书馆,1998.

[28] 辛华编.世界地名译名手册[M].北京：商务印书馆,1976.

[29] 中国地名委员会编.外国地名译名手册[M].北京：商务印书馆,1987.

[30]〔印〕阿玛蒂亚·森·让·德雷兹.黄飞君译注.印度：经济发展与社会机会[M].北京.社会科学文献出版社,2006.

[31] 赵伯乐.当代南亚国际关系[M].北京：中国社会科学出版社,2003.

[32] 赵干城.印度：大国地位与大国外交[M].上海：上海人民出版社,2009.

[33]〔英〕卢斯.张淑芳译注.不顾诸神：现代印度的奇怪崛起[M].北京：中信出版社,2007.

[34] 沈开艳.经济发展方式比较研究——中国与印度经济发展比较[M].

上海：上海社会科学出版社，2008.

[35] 马加力.崛起中的巨象——关注印度[M].济南：山东大学出版社，2010.

[36] 库尔克·罗特蒙特.王立新，周红江译注.印度史[M].北京：中国青年出版社，2008.

[37] 王晓丹.印度社会观察[M].北京：世界知识出版社，2007.

[38] 谭中耿，引曾.印度与中国：两大文明的交往和激荡[M].北京：商务印书馆，2006.

[39] 洪共福.印度独立后的政治变迁[M].合肥：黄山书社，2011.

[40] 张力群.印度经济增长研究[M].南京:东南大学出版社，2009.

[41] 马嬰.当代印度外交[M].上海:上海人民出版社，2007.

[42] 王红生.论印度的民主[M]. 北京:社会科学文献出版社，2011.

[43] 〔印〕莫汉·古鲁斯瓦米，左拉瓦·多利特·辛格.王耀东等译注.印度能否赶超中国[M]. 北京：时事出版社，2010.

[44] 吴永年.变化中的印度[M]. 北京：人民出版社，2010.

[45] 孙士海，葛维钧.印度[M]. 北京:社会科学文献出版社，2010.

[46] 〔美〕拉斐奇·多萨尼.张美霞，薛露然译注.印度来了：经济强国如何重新定义全球贸易[M]. 北京:东方出版社，2009.

[47] 尚劝余.尼赫鲁时代的中国和印度关系[M]. 北京:中国社会科学出版社，2009.

[48] 王宏纬.当代中印关系述评[M].北京:中国藏学出版社，2009.

[49] 周卫平.百年中印关系[M].北京:世界知识出版社，2006.

[50] 郑瑞祥.印度的崛起与中印关系[M].北京:当代世界出版社，2006.

[51] 孙士海，葛维钧.列国志·印度[M].北京:社会科学文献出版社，2006.

[52] 陈利君等.南亚国家经贸法律概述[M].昆明:云南人民出版社，2011.

[53] 西藏自治区地方志编纂委员会.西藏自治区志——外事志[M].中国藏学出版社，2005.

[54] 〔澳大利亚〕内维尔·麦克斯韦尔.印度对华战争[M].北京:三联书店，1971.

[55] 王宏纬.喜马拉雅山情结：中印关系研究[M].北京：中国藏学出版社，1998.

[56] 张敏秋.跨越喜马拉雅障碍：中国寻求了解印度[M].重庆：重庆出版社，2006.

[57] 斐坚章.中国外交概览1994[M].北京：世界知识出版社，1994.

[58]〔印〕杰伦·兰密施. 蔡枫等译注.理解CHINDIA——关于中国与印度的思考[M].银川：宁夏人民出版社，2006.

[59]〔印〕卡·古普塔.中印边界秘史[M].北京：中国藏学出版社，1990.

[60] 张植荣.国际关系与西藏问题[M].北京：北京旅游出版社，1994.

[61] 赵蔚文.印中关系风云录（1949—1999）[M].北京：时事出版社，2000.

[62] 随新民.中印关系研究.社会认知角度[M].北京：世界知识出版社，2007.

[63] 曹永胜，罗健，王京地.南亚大象——印度军事战略发展与现状[M].北京：解放军出版社，2002.

[64] 吴磊.中国石油安全[M].北京：中国社会科学出版社，2003.

[65] 赵丕，李效东主编.大国崛起与国家安全战略选择[M].北京:军事科学出版社，2008.

[66] 郑瑞祥.印度的崛起与中印关系[M].北京:当代世界出版社，2006.

[67] 孙士海，江亦丽主编.二战后南亚国家对外关系研究[M].北京:方志出版社，2007.

[68] 马加力.关注印度——崛起中的大国[M].天津:天津人民出版社，2002.

[69] 许剑波.印度这大象[M].深圳:深圳海天出版社，2010.

[70]〔印〕威奈·莱，（美）威廉·L.西蒙. 宣晓凤等译注.思考印度[M].上海:上海大学出版社，2010.

[71] 崔立如.世界大变局[M].北京:时事出版社，2010年.

[72]〔美〕亨利·基辛格. 顾淑馨、林添贵译注. 大外交[M].海口：海南出版社， 1998.

[73] 孙士海.印度的发展及其对外战略[M].北京：中国社会科学出版

[74]〔印〕纳特.张旭译注.崛起的印度[M].长沙：湖南人民出版社，2012.

[75] 周卫平.百年中印关系[M].北京：世界知识出版社，2006.

[76] 霍伟东.中国—东盟自由贸易区研究[M].成都：西南财经大学出版社，2009.

[77] 尹翔硕，李春顶.国际贸易摩擦的成因及化解途径[M].上海：复旦大学出版社，2009.

[78] 曹小冰.印度特色的政党和政党政治[M].北京:当代世界出版社，2005.

[79] 胡志勇.文明的力量：印度崛起[M].北京:新华出版社，2006.

[80] 孙士海.南亚的政治国际关系及安全[M].北京:中国社会科学出版社，1998.

[81] 王传丽等.WTO农业协定与农产品贸易规则[M].北京:北京大学出版社，2009.

[82] 施祖麟.区域经济发展：理论与实证[M].北京:社会科学文献出版社，2007.

[83] 季羡林，王树英.季羡林论中印文化交流[M].北京:新世界出版社，2006.

[84] 季羡林.天竺心影[M].广州:百花文艺出版社，2007.

[85] 袁志刚，万广华.发展中大国的竞争——中国和印度谁将胜出[M].上海:复旦大学出版社，2009.

[86] 孙晓郁.中日韩可能建立的自由贸易区[M].北京:商务印书馆，2006.

[87]〔印〕谭中，（中）耿引曾.印度与中国——两大文明的交往和激荡[M].北京：商务印书馆，2006.

[88] 林承节.印度独立后的政治经济社会发展史[M].北京：北京昆仑出版社，2003.

[89] 代中现.中国区域贸易一体化法律制度研究——以北美自由贸易区和东亚自由贸易区为视角[M].北京：北京大学出版社，2008.

[90] 保健云.国际区域合作的经济学分析——理论模型与经验证据[M].

北京：中国经济出版社，2008.

[91] 左学金，潘光，王德华.龙象共舞：对中国和印度两个复兴大国的比较研究[M].上海：上海社会科学院出版社，2007.

[92]〔印〕桑贾亚·巴鲁，（中）黄少卿.印度崛起的战略影响[M].北京：中信出版社，2008.

[93] 张鸿.区域经济一体化与东亚经济合作[M].北京：人民出版社，2006.

[94] 李向阳.亚太地区发展报告（2010）.中国周边安全环境评估[M].北京：社会科学文献出版社，2010.

[95] 李涛，荣鹰.南亚区域合作发展趋势和中国与南盟合作研究[M].成都：四川出版集团·巴蜀书社，2009.

[96] 杨洁勉.大整合.亚洲区域经济合作的趋势[M].天津:天津人民出版社，2007.

[97] 谈毅.国际区域经济合作[M].西安:西安交通大学出版社，2008.

[98] 王正毅等.亚洲区域合作的政治经济分析：制度建设安全合作与经济增长[M].上海:上海人民出版社，2007.

[99] 国玉奇等.地缘政治学与世界秩序[M].重庆:重庆出版社，2007.

[100] 张小济.中印经贸合作发展前景[M].北京:中国发展出版社，2006.

[101] 林良光，叶正佳，韩华.当代中国与南亚国家关系[M]. 北京:社会科学文献出版社，2001.

[102]〔印〕阿玛蒂亚·森让·德雷兹.印度：经济发展与社会机会[M].北京:社会科学文献出版社，2006.

[103] 贾海涛，石沧金.海外印度人与海外华人国际影响力比较研究[M].济南:山东人民出版社，2007.

[104] 陈晓文.区域经济一体化：贸易与环境[M]. 北京:人民出版社，2009.

[105] 刘昌黎.东亚双边自由贸易研究[M].大连:东北财经大学出版社，2007.

[106] 吴永年.变化中的印度——21世纪印度国家新论[M]. 北京:人民出版社，2010.

[107] 梅平.中国与亚太经济合作——现状与前景[M]. 北京:世界知识出

版社，2008.

[108] 陆忠伟.非传统安全论[M].北京:时事出版社，2003.

（二）期刊文章

[1] 文富德.论中印经贸合作的发展前景[J].南亚研究季刊，2008（1）:49-55.

[2] 伍福佐.中印能源关系的博弈分析[J].南亚研究季刊，2008（3）:55-60.

[3] 周会青，练传喜.印度对华反倾销调查现状行业背景及效果[J].武汉冶金管理干部学院学报，2010，（4）:7-10.

[4] 文富德.论中印经贸合作的发展前景[J].南亚研究季刊，2008（1）:49-55.

[5] 李婷，全毅.浅析中印经贸关系及双边自由贸易区的建立[J].亚非纵横，2011（1）.37-43.

[6] 杨思灵.中印参与自由贸易区比较研究[J].南亚研究，2011（3）:85-94.

[7] 陈宗海.中印边界谈判：从副部级官员会谈到特别代表会晤[J].当代世界，2010（6）:52-66.

[8] 黄想平.中印边界问题研究综述[J].南亚研究季刊，2005（3）:77-83.

[9] 张力.印度战略崛起与中印关系，问题趋势与应对[J].南亚研究季刊，2010（1）:3-9.

[10] 谭中.采用"地缘文明"范式促进中印关系发展[J].南亚研究季刊，2008（2）.2.

[11] 沈已尧.西藏问题的由来与出路[J].中国西藏（中文版），2000（1）:3.

[12] 王宏纬.中印关系进入睦邻友好新时期——评瓦杰帕伊对中国的访问[J].南亚研究，2003（2）:9.

[13] 邓晓川.试析中印关系中的西藏问题[J].厦门特区党校学报，2002（6）:32.

[14] 张文木.印度的地缘战略与中国西藏问题[J].战略与管理，1998

（5）:106-107.

[15] 杨平学.浅析制约中印关系发展的几个主要因素[J].南亚研究，2002（1）:40.

[16] 邓晓川.试析中印关系中的西藏问题[J].厦门特区党校学报，2002（6）:31.

[17] 李香云.从印度水政策看中印边界线中的水问题[J].水利发展研究，2010（3）:70.

[18] 李丽.中印贸易关系的国际政治经济学分析[J]，东南亚南亚研究，2011（2）:31-37.

[19] 中国生态经济学会主办.中国生态经济学会[J].生态经济通讯，2007（5）:11.

[20] 中国生态经济学会主办.中国生态经济学会[J].生态经济通讯，2007（5）:12.

[21] 蓝建学.水资源安全合作与中印关系的互动[J].国际问题研究，2009（6）:37-43.

[22] 张金翠.应对水资源争端中印策略的博弈论分析[J].南亚研究季刊，2010（4）.

[23] 蓝建学.水资源安全合作与中印关系的互动[J].国际问题研究，2009（6）:37-43.

[24] 初秀伟.新时期中国反恐战略的对策[J].学理论，2010（15）:1-4.

[25] 转引自.李金柯等.印度东北部分离与恐怖主义活动向所谓"阿鲁纳恰尔邦"的溢出问题探析[J].国际论坛，2011（5）:72-78.

[26] 关于克什米尔地区恐怖主义问题的研究，可参见.刘向阳.印控克什米尔的穆斯林武装活动探源[J].南亚研究季刊，2010（3）；刘向阳，康红梅.克什米尔地区恐怖主义问题综述[J].国际资料信息，2010（4）.

[27] 吕昭义，余芳琼.印度东北地区的民族分离运动与反政府武装[J].南亚研究，2010（2）:59.

[28] 关于纳萨尔派问题的研究，可参见.时宏远.印共[毛]崛起原因探析[J].当代世界社会主义问题，2009（1）；孙培钧.纳萨尔主义武装斗争[J].四川大学学报，2006（5）；廖坚.印共[毛]的崛起及发展前景[J].当代世界，2010（10）；杰森·米克利安斯科特·卡尼.当代印度的纳萨尔派武

装，丁江伟译注.[J].国外社会科学文摘，2011（4）；韩冰.印度共产党[毛]的历史发展与现状[J].当代世界与社会主义，2007（6）.

[29] 张立.浅论中印能源合作[J].国际问题研究，2008（1）:27.

[30] 卫灵.中印关系在中国外交战略中的地位及发展趋向分析[J].国际观察，2007（3）:1-5.

[31] 国际油价上涨将对印度经济带较大的影响，相关分析参见.柳树.国际油价上涨对印度经济的影响[J].当代亚太，2007（9）:58-64.

[32] 李丽.中印并购海外油气资源合作的动因与前景分析[J].南亚研究，2008（1）:30.

[33] 赵干城.印度如何估量中国崛起[J].东南亚南亚研究,2011（3）:21.

[34] 王新龙.印度海洋战略及其对中国的影响[J].国际论坛，2004（1）:45.

[35] 刘新华.论中印关系中的印度洋问题[J].太平洋学报，2010（1）:48.

[36] 伍福佐.美国对印度能源安全战略的影响[J].南亚研究季刊，2009（1）:12.

[37] 刘思伟.后冷战时期印度澳大利亚关系新发展[J].南亚研究，2011（4）:44.

[38] 〔巴基斯坦〕马苏德·汗.巴中关系的现状与未来[J].南亚研究，2009（1）:2.

[39] 张贵洪.印度对中国崛起的看法和反应[J].南亚研究，2005（1）:29-30.

[40] 宋海啸.印度对外政策决策模式研究[J].南亚研究，2011（2）:1-25.

[41] 陈金英.两大党党制：印度多党制分析[J].国际论坛，2008（1）:57-61.

[42] 宋德星，时殷弘.世界政治中印度和平崛起的现实与前景[J].南亚研究，2011（2）:15-25.

[43] 刘建飞.国际形势回顾与展望[J].当代世界，2010（1）.

[44] 张海誉.对中印关系的现实性思考[J].人民论坛，总第318期，36-37.

[45] 胡仕胜.纵论中印伙伴关系.现状与前景[J].中国战略观察，2010（1）.

[46] 谷源洋.新兴经济体崛起及世界格局变动[J].亚非纵横，2010（1）:1-8.

[47] 林利民.21世纪初大国经济力量对比变化趋势与国际政治格局[J].

江西社会学院学报，2000（4）:8-12.

[48] 张贵洪.中印关系的确定性和不确定性[J].南亚研究，2010（1）:36-44.

[49] 张占顺.全球化背景下中印关系的新发展[J].当代亚代，2007（8）:17-23.

[50] 张贵洪.中印关系的确定性和不确定性[J].南亚研究，2010（1）:40.

[51] 马加力.努力构筑中印建设性合作伙伴关系——纪念中印建交50周年[J].现代国际关系，2000（4）:1-5.

[52] 赵伯乐.中印关系——新型的大国关系[J].当代亚太，2005（8）:31-36.

[53] 张贵洪.印度对中国崛起的看法和反应[J].南亚研究，2005（1）:27-32.

[54] 赵干城.中印关系的地缘政治特点与发展前景[J].南亚研究季刊，2010（1）:16-22.

[55] 孙士海.对中印建立互信关系的几点思考[J].南亚研究，2003（2）:3-7.

[56] 蓝建学.后冷战时期的中印关系.正常化与战略和解[J].南亚研究，2005（2）.

[57] 雅逸."东向政策"下的印度与东盟关系[J].当代世界，2006（12）:9-10.

[58] 吴永年.曼莫汗·辛格政府外交政策的调整[J].外交评论，2006，（1）:76-82.

[59] 江涛，陈莎.中塔与中印边界问题比较分析[J].国际关系学院学报，2011（1）:73-78.

[60] 文富德.浅谈中印自由贸易区的可行性[J].南亚研究季刊，2006（1）:1-7.

[61] 李丽，邵兵家，陈迅.中印自由贸易区的建立对中国及世界经济影响研究[J].世界经济研究，2008（2）:22-27.

[62] 卢晓昆.中印合作新目标：建立自由贸易区[J].云南大学学报（社会科学版），2005（3）:49-53.

[63] 杨荣珍.中印自由贸易区服务贸易自由化构想[J].国际经贸探索，2007（3）:50-53.

[64] 马文秀，刘博文.中印自由贸易区建立的可行性及障碍因素分析[J].河北大学成人教育学院学报，2007（4）:110-112.

[65] 李丽, 邵兵家, 陈迅.中印自由贸易区的构建对双方及世界经济影响计量研究[J].财贸经济, 2008（4）:111-116.

[66] 王宏纬.1962年边界战争及其对中印关系的影响[J].南亚研究, 2002（2）:3-13.

[67] 杨文武, 戴江涛.对于构建中印自由贸易区的理性认识[J].南亚研究, 2006（1）:17-21.

[68] 孙士海.对中印建立互信关系的几点思考[J].南亚研究, 2003（2）:3-7.

[69] 王宏纬.进一步加强和扩大中印经贸技术合作[J].当代亚太, 2000（5）:10-16.

[70] 张贵洪.竞争与合作.地区视角下的中印关系[J].当代亚太, 2006（12）:12-18.

[71] 张贵洪.冷战后印度对华政策调整的特点和原因[J].当代亚太, 2004（10）:24-27.

[72] 张敏秋.试析发展中印关系的几大阻碍[J].国际政治研究, 2002（4）:33-44.

[73] 王宏纬.温总理访印与中印关系的新发展[J].南亚研究, 2005（1）:3-6.

[74] 赵干城.稳定中印关系与创造战略机遇刍议[J].南亚研究, 2003（2）:15-20.

[75] 张宇燕等.新时期中印经贸关系发展的战略思考[J].当代亚太, 2006（8）:12-20.

[76] 张宇燕, 张静春.亚洲经济一体化下的中印关系[J].当代亚太, 2006（2）:3-17.

[77] 王宏纬, 朱晓军.印度对华政策转变的原因浅析[J].当代亚太, 2003（11）:60-64.

[78] 华碧云.印度经济形势与中印经济合作前景[J].南亚研究, 2000（1）:38-42.

[79] 王宏纬.在新世纪加强和深化中印关系的几点建议[J].南亚研究, 2000（1）:8-13.

[80] 王宏纬.在新世纪深化中印关系面临的挑战[J].当代亚太, 2008

（6）:15-21.

[81] 赵干城.中国对印度战略浅析[J].南亚研究，2008（1）:3-8.

[82] 任佳.中国与印度经贸关系的发展及前景[J].南亚研究，2005（2）:15-18.

[83] 庄芮.中印参与区域经济合作现状分析与比较[J].当代亚太，2007（2）:44-51.

[84] 赵伯乐.中印关系——新型的大国关系[J].当代亚太，2005（8）:31-36.

[85] 〔比利时〕乔纳森·霍尔斯格拉.中印关系的进展认知与和平前景[J].当代亚太，2008（4）:41-57.

[86] 王宏纬.中印关系进入睦邻友好新时期——评瓦杰帕伊总理对中国的访问[J].南亚研究，2003（2）:8-14.

[87] 赵干城.中印和平共处的历史教训与现实意义[J].南亚研究，2004（2）:6-11.

[88] 吴永年.中印双边合作的基础问题与前景[J].南亚研究，2007（2）:19-23.

[89] 张四齐.中印战略合作：历史与现实[J].南亚研究，2008（1）:42-46.

[90] 程利君.中印能源策略与合作问题探讨[J].东南亚南亚研究，2010（3）:43-49.

[91] 叶玉，刘宗义.中印能源政策比较研究[J].《中印能源合作形势及前景分析》，2007（5）:63-73.

[92] 赵干城.中印政治关系的内涵与特点[J].南亚研究，2010（4）:1-9.

[93] 雅逸."东向政策"下的印度与东盟关系[J].当代世界，2006（12）:9-10.

[94] 卫绒娥."西藏问题"与中印关系[J].西藏大学学报，2008（3）:59-64.

[95] 林利民.21世纪初大国经济力量对比变化趋势与国际政治格局[J].江南社会学院学报，2001（4）:8-12.

[96] 张贵洪，戎婷蓉.从博弈到共赢:中印在中亚的竞争与合作[J].南亚研究季刊，2008（4）:8-13.

[97] 张海誉.对中印关系的现实性思考[J].人民论坛，2001（2）:11-12.

[98] 谷源洋.新兴经济体崛起及世界格局变动[J].亚洲纵横，2010（1）:1-8.

[99] 初秀伟.新时期中国反恐战略的对策[J].政治研究，2010（3）:1-4.

[100] 蓝建学.水资源安全合作与中印关系的互动[J].国际问题研究，2009[6]:37-43.

[101] 宋德星,时殷弘.世界政治中印度和平崛起的现实与前景[J].南亚研究2010（1）:15-24.

[102] 王德华.日显重要的"非传统安全"问题——兼论中印在非传统安全领域合作[J],上海交通大学学报，2005（6）:19-23.

[103] 李婷,全毅.浅析中印经贸关系及双边自由贸易区的建立[J].当代世界，2011（1）:37-43.

[104] 张占顺.全球化背景下中印关系的新发展[J].当代亚太，2007（8）:17-23.

[105] 张立.浅论中印能源合作[J].国际问题研究，2008（1）:26-29.

[106] 马加力.努力构筑中印建设性合作伙伴关系——纪念中印建交50周年[J],现代国际关系，2000（4）:1-5.

[107] 吴永年.曼莫汗·辛格政府外交政策的调整[J].外交评论，2002（2）:76-82.

[108] 文富德.论中印经贸合作的发展前景[J].南亚研究季刊，2008（1）:50-55.

[109] 陈金英.两大党制:印度多党制分析[J].国际论坛，2008（10）:57-61.

[110] 柳树.国际油价上涨对印度经济的影响[J].当代亚太，2007（9）:58-64.

[111] 孙士海.对中印建立互信关系的几点思考[J].南亚研究，2003（2）:3-7.

[112] 卫灵.中印关系在中国外交战略中的地位及发展趋向分析[J].国际观察，2007（3）:1-5.

[113] 张贵洪.中印关系的确定性和不确定性[J].南亚研究，2010（1）:36-44.

[114] 赵干城.中印关系的地缘政治特点与发展前景[J].南亚研究季刊，2010（1）:16-22.

[115] 赵伯乐.中印关系——新型的大国关系[J].当代亚太，2005（8）:31-36.

[116] 黄想平.中印边界问题研究综述[J].南亚研究季刊，2005（3）:77-83.

[117] 陈宗海.中印边界谈判：从副部级官员会谈到特别代表会晤[J].当代世界，2010（6）:52-56.

[118] 立坚.中印[携手2008][J].军事军情，2009（5）:33-36.

[119] 江涛，陈莎.中塔与中印边界问题比较分析[J].国际关系学院学报，2011（1）:73-78.

[120] 张力.印度战略崛起与中印关系:问题趋势与应对[J].南亚研究季刊，2010（1）:3-9.

[121] 宋海啸.印度对外政策决策模式研究[J].南亚研究，2011（2）:1-25.

[122] 周会青，练传喜.印度对华反倾销调查现状行业背景及效果[J].武汉冶金管理干部学院学报，2010（12）:7-10.

[123] 李金轲，马得汶.印度东北部分离与恐怖主义活动向所谓"阿鲁纳恰尔邦"的溢出问题探析[J].国际论坛，2011（13）:72-81.

[124] 双木.中印之间的安全困境[J].学术信息，2010（3）:28.

[125] 丘美荣.边界功能视角的中印边境尖端研究[J].世界经济与政治，2009（12）:23-32.

[126] 张伟杰.当前中印关系中的能源因素[J].现代国际关系，2010（12）:51-57.

[127] 程瑞声.近年来中印关系的回顾与展望[J].中国国际问题研究所，2008（11）:20-23.

[128] 叶世隆.论建立中印自由贸易区的对策措施[J].云南中医学院，2010（12）:22-25.

[129] 刘新华.论中印关系的印度洋问题[J].太平洋学报，2009（11）:46-58.

[130] 李婷，全毅.浅析中印贸易关系及双边自由贸易区的建立[J].亚非纵横，2011（1）:37-43.

[131] 张敏秋.试析发展中印关系的几大障碍[J].国际政治研究，2002（4）:33-44.

[132] 邓晓川.试析中印关系中的西藏问题[J].厦门特区党校学报,2002(6):37-39.

[133] 李丽.试析中印贸易区的建立[J].云南省社会科学院,2010(6):56-60.

[134] 蓝建学.水资源安全合作与中印关系的互动[J].国际问题研究,2009(6):37-43.

[135] 邱志鹏,张光科.雅鲁赞布江水资源开发的战略思考[J].水利发展研究,2006(2):15-19.

[136] 龚伟.印度能源外交与中印合作[J].南亚研究季刊,2011(1):29-34.

[137] 张力.印度战略崛起与中印关系:问题趋势与应对[J].南亚研究季刊,2010(1):3-9.

[138] 杨值珍.印度制造中印关系不和谐音原因探析[J].南亚研究,2010(1):30-40.

[139] 张金翠.应对水资源争端[J].中印策略的博弈论分析,南亚研究季刊,2010(4):15-21.

[140] 杨思灵.中印参与自由贸易区比较研究[J].南亚研究,2011(2):85-93.

[141] 乔纳森·霍尔斯拉格.中印关系的进展认知和平前景[J].亚太当代,2008(4):41-58.

[142] 赵江林.中印经济发展阶段比较研究[J].南亚研究,2011(2):49-67.

（三）学位论文类

[1] 章节根.印度的核战略[D].上海:复旦大学,2007.

[2] 杨值珍.冷战以来的中印关系[D].北京:中共中央党校,2007.

[3] 张力.冷战后时期印度的外交与战略安全[D].成都:四川大学,2006.

[4] 吴瑕.俄罗斯与印度关系研究[D].北京:中国社会科学院研究生院,2003.

[5] 杨宏玲.中印自由贸易区的可行性及推进战略研究[D].石家庄:河北大学,2010.

[6] 朱宇凡.中印海上问题研究[D].北京:中共中央党校,2010.

[7] 余锦龙.中印关系中的西藏问题——历史演变与影响因素分析[D].北京:中央民族大学,2011.

[8] 何志华.中印关系中的水资源问题研究[D].兰州:兰州大学,2011.

[9] 李强.英属印度西北边疆政策和中国西部边疆危机.对1757—1895中英在喜马拉雅山区喀喇昆仑山区和帕米尔地区争端的研究[D].广州:暨南大学,2005.

[10] 杜英.印度与东非国家关系研究[D].武汉:华东师范大学,2011.

[11] 王丽.国大党的兴衰与印度政党政治的发展[J].武汉.华东师范大学,2005.

（四）报刊类

[1] 郎振.印度调高关税,中国钢企进口矿石再遇"搅局"[N].每日经济新闻,2010—5.

[2] 雷帆.中印自由贸易区何时建立[N].第一财经日报,2005—4.

[3] 马小宁,任彦,陈继辉.温家宝总理阐述出访印度三项重要成果[N].人民日报,2005—4.

[4] 韦弦.中印关系要突出重围[N].联合早报,2003-06-18.

[5] 李忠林.论印度版的门罗主义[N].联合早报,2010-12-17.

[6] 何晏译注.专家称西藏问题是印度阻止中国夺回藏南的王牌[N].环球时报,2009-10-23.

[7] 布拉马·切拉尼.水炸弹[N].南华早报,2008-8-10.

[8] 刘波.中印理性竞争对付亚洲溢价[N].21世纪经济报道,2005-4-10.

[9] 陈铁源."印度'大国梦'让人揪心"[N].中国青年报,2001-5-8.

[10] 美防长呼吁加强美印军事合作[N].参考消息,2010-1-20.

[11] 印有意购美超轻榴弹炮[N].参考消息,2010-1-6.

[12] 美印达成核燃料再加工协议[N].参考消息,2010-3-30.

[13] 印美达成民用核能关键协议[N].环球时报,2010-3-30.

[14] 龙象之争：中印经济增长的不同路径[N].浙江日报,2006-3-14.

[15] 杨烨.印度本国矿石需求上涨 中方铁矿石谈判筹码减弱[N].经济参考报,2010-4-9.

[16] 唐璐.印度仍未走出中印战争阴影[N].国际先驱导报，2008-12.

二、英文参考文献

（一）专著类

1. Jawaharlal Nehru, The Discovery of India, Oxford, 1991.

2. S.Z.Qasimed, India Ocean in the 21st Century, Linkages and Networking, Sai Publishers, 2000.

3. R. N. Misra, Indian Ocean and India's Security, Delhi: Mittal Publications, 1986

4. B. R. Deepak, India and China 1904-2004, New Delhi: Manak Publications Pvt. Ltd., 2005, p.263.

5. Sureesh Mehta, Freedom to Use the Seas: India's Maritime Military Strategy ,New Delhi, Integrated Headquarters Ministry of Defence, 2007.

6. Jonathan Holslag, China and India: Prospects for Peace, Columbia University Press, New York, 2009.

7. Amit A. Pandya, Rupert Herbert-Burns and Junko Kobayashi, Maritime Commerce and Security: The Indian Ocean, Washington, DC, The Henry L. Stimson Center, February 2011.

8. Ira Pande, ed., India China: Neighbours Strangers, New Delhi: HarperCollins Publishers India, a joint venture with The India Today Group: India International Centre, 2010.

9. Amitendu Palit, China-India Economics: Challenges, Competition & Collaboration, New York : Routledge, 2012.

10. Claudia Astarita, Yves-Heng Lim, eds., China and India in Asia: Paving the Way for a New Balance of Power, Hauppauge, N.Y. : Nova Science Publishers, 2011.

11. Rajesh Kumar, Verner Worm, International Negotiation in China and India: A Comparison of the Emerging Business Giants, New York: Palgrave Macmillan, 2011.

12. Mohan Malik, China and India: Great Power Rivals, Boulder, CO: First

Forum Press, 2011.

13. Moriki Ohara, M. Vijayabaskar, Hong Lin, eds., Industrial Dynamics in China and India: Firms, Clusters, and Different Growth Paths, Houndmills, Basingstoke; New York, NY: Palgrave Macmillan, 2011.

14. Rohit Singh, ed., China and India in Asia Power Politics, New Delhi: Vij Books India Pvt. Ltd., 2011.

15. Narendra Kumar Tripathi, China's Asia-Pacific Strategy and India, New Delhi: Vij Books India, 2011.

16. Sudhir Kumar Singh, ed., Sino-Indian Relations: Challenges and Opportunities for 21st Century, New Delhi: Published by Pentagon Press in association with Society for Social Empowerment, 2011.

17. Jonathan Holslag, China and India: Prospects for Peace, New York: Columbia University Press, 2010.

18. B.M. Jain, India in the New South Asia: Srategic, Military and Economic Concerns in the Age of Nuclear Diplomacy, London: Tauris Academic Studies, 2010.

19. Anna Orton, India's Borderland Disputes: China, Pakistan, Bangladesh, and Nepal, New Delhi: Epitome Books, 2010.

20. Mohd Wasim, China-India Border Conflict: Recent Perspective, Delhi, India: Prashant Publishing House, 2010.

21. Mohan Guruswamy, Zorawar Daulet Singh, India China Relations: The Border Issue and Beyond, New Delhi: Viva Books, 2009.

22. Li Li, Security Perception and China-India Relations, New Delhi: KW Publishers, 2009.

23. Bhawna Pokharna, India-China Relations: Dimensions and Perspectives, New Delhi, India: New Century Publications, 2009.

24. Shalendra D. Sharma, China and India in the Age of Globalization, Cambridge; New York: Cambridge University Press, 2009.

25. B.M. Jain, Global Power: India's Freign Policy 1947-2006, Lanham, MD: Lexington Books, 2008.

26. Piya Mahtaney, India, China and Globalization: The Emerging

Superpowers and the Future of Economic Development, New York: Palgrave Macmillan, 2007.

27. S. Singh, ed., India and China: Mutual Relations, New Delhi: Anmol, 2006.

28. H.N. Kaul, India China Boundary in Kashmir, New Delhi: Gyan Pub. House, 2003.

29. Haraprasad Ray, Northeast India's Place in India-China Relations and Its Future Role in India's Economy, Kolkata: Institute of Historical Studies, 2003.

30. Rammanohar Lohia, India, China and Northern Frontiers, 2nd ed. Delhi: B.R. Publishing Corporation, 2002.

31. P.L. Bhola, Foreign Policies of India, Pakistan and China, Jaipur: RBSA Publishers, 2001.

32. John W. Garver, Protracted Contest: Sino-Indian Rivalry in the Twentieth Century, Seattle: University of Washington Press, 2001.

33. Alastair Lamb, The Sino-Indian Border in Ladakh, Canberra: Australian National University, 1973.

34. Charles Wolf, et al., China and India, 2025: A Comparative Assessment, Santa Monica, CA: RAND, 2011.

35. Charan Shandilya, India-China Relations, Supria Art Press, March 1999, Ghaziabad, India, p.161.

36. Surendra Chopraed.,Sino-Indian Relations,Amritsar: Guru Nanak Dev University, 1985.

37. Sarvepalli Gopal, Jawaharlal Nehru: A Biography. Vol. 3, Harvard University Press, 1984.

38. J. N. Dixit, India's Foreign Policy and its Neighbors', New Delhi: Gyan Pulishing House, 2001.

39. C. V. Ranganathan and Vinod C. Khanna, India and China.the Way Ahead, New Delhi: Har-Anand Publica-tions Pvt Ltd, 2004.

40. Karunakar Guputa, The Hiden History of Sino-Indian Frontier, Calcutta: Minerva Zssociates Pvt. Ltd, 1971.

41. A.G. Noorani, India-China Boundary Problem 1846-1947: History and Diplomacy, New Delhi, Oxford University Press, 2011.

42. Tanham, Kanti P. Bajpai and Amitabh Mattoo, eds., Securing India: Strategic Thought and Practice in an Emerging Power, New Delhi: Manohar Publishers & Distrbutors, 1996.

43. Stephen Philip Cohen, India: Emerging Power, Brookings Institution Press, 2001.

44. J.N.Dixit, Foreign Policy: A Critical Introspection, in Hiranmay Karlekar edt., Independent India The First Fifty Years, Oxford University Press, 1998.

45. B. M. Jain, Nuclear Politics in South Asia In Search of an Alternative Paradigm, Ravat Publications, 1994.

46. Mira Sinha Bhattacharjea, China the World and India, New Delhi: Samskrit, 2001.

47. B. M. Jain, Nuclear Politics in South Asia: In Search of an Alternative Paradigm, Ravat Publications, 1994.

48. Baldev Raj Nayar and T.V. Paul, India in the World Order: Searching for Major-Power Status, Cambridge University Press, 2003.

49. C.Raja Mohan, Crossing the Rubicon: the Shaping of India's new Foreign Policy, Penguin Books India, 2003.

50. Pallavi Aiyar, India-Chian Trade:A Long Road, The Hindu, Sep 7, 2006.

51. Subramanian Swamy, India's China Perspective, New Delhi: Konark Publishers Pvt Ltd, 2002.

52. Sandy Gordon, India's Rise to Power, New York: St. Martin's Press, 1995.

53. Bhim Sandhu, Unresolved Conflict China and India, New Delhi:Radiant Publishers, 1988.

54. Surendra Chopra[ed.], Sino-Indian Relations, Amritsar: Guru Nanak Dev University, 1985.

55. Manoranjan Mohanty and Mira Sinha Bhattacharyea (eds.), Security

and Science in China and India: Selected Essays of Giri Deshingkar, New Delhi: Samskriti, 2005.

56. Bipan Chandra, Mridula Mukherjee, Aditya Mukherjee, India After Independence 1947－2000, New Delhi: Penguin Books, 2002.

57. Brahma Chellaney, Water: Asia's New Battleground, Georgetown University Press, 2011.

58. J. N. Dixit, India's Foreign Policy 1947－2003, New Delhi: Picus Books, 2003.

59. Mallappa Amaravati, China, India and Japan: A Review of Their Relations, Jaipur: ABD Publishers, 2004.

60. United Nations Development Programm, UNDP, New York, 2000, inferred from Philip Andrews－Speed et, The Strategic Implications of China's Energy Needs, Oxford University Press Inc., New York, 2002.

61. Durga Das, India: From Curzon to Nehru and After, New Delhi: Rupa, 2009.

62. Mira Sinha Bhattacharjea, China: the World and India, New Delhi: Samskrit, 2001.

63. Baldev RajNayar, "India as a Limited Challenger?" in T.V. Paul and John A. Hall eds., International Order and the Future of World Politics (Cambridge: The Cambridge University Press, 1999), p. 217.

64. Jawaharlal Nehru, "Reply to the Debate in the Lok Sabha on 9 December 1958," in A. Appadoraied.,Select Documents on India's Foreign Policy and Relations, 1947－972, Vol. 1 (Delhi.Oxford University Press, 1982).

（二）论文和报刊类

1. Klaus Schwab, "Co－operation is the only means of survival in this Age of Complexity", The Daily Telegraph, 10 July, 2011.

2. Harsh Joshi and Andrew Peaple, "Static On The Delhi－Beijing Line", The Wall Street Journal, June 10, 2010.

3. "China and India pledge co－operation but fail to dispel mutual suspicion", Financial Times, November 22, 2006.

4. The Economist,Country Report,India， March 2011.

5. Amitendu Palit and Alec van Gelder,"The Chindia Trade Solution"，The Wall Street Journal, November 4, 2009.

6. Sino-Indian border talks need prolonged patience: Chinese experts, China News, Aug 7, 2009

7. Nevel Maxwell, Sino-Indian Border Dispute Reconsider, Economic and Politics, April 10, 1999.

8. Stephen Philip Cohen, Indian Perspectives on War, Peace, and International Order, Paper for the Summer Workshop on Defence, Technology and cooperative Security in South Asia.

9. Sekhar Ghosh, Dynamics of Nuclear Arms Control:Case of the CTBT, India Quarterly,No.4,1996.

10. Rajesh. M. Basrur,"Nuclear Weapons and Indian Strategic Culture"，Journal of Peace Research, Vol.38, No.2, 2001.

11. Manoj Joshi,"Nuclear Shock Waves"，India Today, May 25,1998.

12. Jasjit Singh,"Defence India in the 21st Century: Issues of Affordability and Credibility"，Strategic Analysis, October 1996.

13. James Lamont,"India rattles sabre ahead of Chinese talks"，Financial Times, November 12, 2010.

14. China, Russia Differ on India's Role in 'Mutli-Polar' Word, Times of India, April 28, 1997.

15. Sino-Indian border talks need prolonged patience: Chinese experts, China News, Aug 7, 2009.

16. Brahma Chellaney,"Water is the new weapon in Beijing's armoury"，Financial Times, September 2, 2011.

17. Editorial,"Indo-Chinese deal is good news"，Financial Times, December 17, 2010.

18. Beth Walker,"Talking about the Yarlung Zangbo"，Financial Times, November 18, 2011.

19. Sadanand Dhume,"India's Radical Islam Problem," Far Eastern Economic Review, Vol.171, No.10, December 2008.

20. Ramachandra Guha, "Two Indias", The National Interest, July/August 2009.

21. Daniel Yergin, "Ensuring Energy Security", Foreign Affairs, Vol.85, No.2, March/April 2006.

22. Anuradha M. Chenoy, India and Russia: Allies in the International Political System, South Asian Survey, Volume 15, Number 1, Jan-Jun, 2008. P.55.

23. A. Vinod Kumar, A Phased approach to India's Missile Defence Planning, Strategic Analysis, Volume32, Issue 2, Mar, 2008. P.179.

24. Rajesh Rajagopalan and Varun Sahni, India and the Great Powers: Strategic Imperatives, Normative Necessities, South Asian Survey, Volume 15, Number 1, Jan-Jun, 2008. P.22.

25. Rajeswari Pillai Rajagopalan, Understanding China's Millitary Strategy, Strategic Analysis, Vol. 32, No.6, Nov 2008. P.1018.

26. Harsh V. Pant, "The India-Vietnam Axis", The Wall Street Journal, September 23, 2011.

27. David Brewster, Australia and India: the Indian Ocean and the limits of strategic convergence, Australian Journal of International Affairs, Vol. 64, No. 5.

28. Niall Ferguson, "The decade the world titled east", Financial Times, December 27, 2009.

29. "The balance of economic power: East or famine", The Econimist, February 27, 2010.

30. Christopher Connell, "Free Trade Focus Shift to Asia and Pacific", Washington File, January14, 2010.

31. Katie Baker, "Still betting on Asia's growth," Newsweek, March 8, 2010.

32. Kevin Brown, "Consumer Spending starts slow shift east", Financial Times, January 27, 2010.

33. Jack Ewing, "Davos 2010 special report: Emerging economies gain place at the table", International Herald Tribune, January 27, 2010.

34. Haig Simonian, "Asia's wealthy drive a fragile recovery", Financial

Times, March 19, 2010.

35. "China and India pledge co-operation but fail to dispel mutual suspicion", Financial Times, November 22, 2006.

36. Joe Leahy, "Sri Lanka builds on Chinese support", Financial Times, May 24, 2010.

37. Jaswant . Singh : Against nuclear Apartheid , Sept/Oct , 1998 ,Foreign Affairs. James Lamont, "When Beijing and New Delhi pull together", Financial Times, April 6, 2010.

38. G.V.C.Naidu,India navy and Southeast Asia,Knowledge World ,February 2000, New Delhi.

39. K.R.Singh, "India, Indian Ocean and Regional Maritime Cooperation," International Studies,Vol.41,No.2,2004.

40. David Scott, "India's "Grand Strategy" for the Indian Ocean: Mahanian Visions," Asia-Pacific Review, Vol. 13, No. 2, 2006.

41. Harsh v pant, "Indian Navy's Moment of Reckoning: Intellectual Clarity Need of the Hour," Maritime Affairs, Vol. 5, No. 2, Winter 2009.

42. Shiv Shankar Menon, "Maritime Imperatives of Indian Foreign Policy," Maritime Affairs, Vol. 5 No. 2 Winter 2009.

43. Harsh V. Pant, "India in the Indian Ocean: Growing Mismatch Between Ambitions and Capabilities," Pacific Affairs, Volume. 82,No.2, Summer 2009.

44. James R. Holmes and Toshi Yoshihara, "Strongman, Constable, or Free-Rider ? India's 'Monroe Doctrine' and Indian Naval Strategy," Comparative Strategy, Vol.28, No.4, 2009.

45. C. Raja Mohan, "India and the Changing Geopolitics of the Indian Ocean," Maritime Affairs, Vol. 6 No. 2, Winter 2010.

46. Don Berlin, The rise of India and the Indian Ocean, Journal of the Indian Ocean Region, Vol.7, No.1, 2011.

47. Smt Nirupama Rao, "India as a consensual stakeholder in the Indian Ocean: policy contours," Journal of the Indian Ocean Region, Vol.7, No.1, 2011.

48. Joshy M. Paul, "Emerging Security Architecture in the Indian Ocean Region: Policy Options for India," Maritime Affairs, Vol.7, No.1, 2011.

49. David L. O. Hayward, "China in the Indian Ocean: A Case of Uncharted Waters", Strategic Analysis Paper, July 2010, p.2.

50. Andrew S. Erickson, Walter C. Ladwig III and Justin D. Mikolay, "Diego Garcia and the United States' Emerging Indian Ocean Strategy", Asian Security, Vol. 6, No. 3, 2010.

51. Lee Cordner, "Rethinking Maritime Security in the Indian Ocean Region", Journal of the Indian Ocean Region, Vol. 6, No. 1, June 2010.

52. Rupakj yoti Borah, "India, Australia and the United States in the Indian Ocean Region: A Growing Strategic Convergence", Strategic Analysis Paper, May 2011.

53. Robert D. Kaplan, "Center Stage for the 21st Century-Power Plays in the Indian Ocean", Foreign Affairs, Vol.88, No.2, March/April 2009.

54. David Scott, "India's 'Grand Strategy' for the Indian Ocean: Mahanian Visions", Asia-Pacific Review, Vol. 13,

55. Andrew S. Erickson, Walter C. Ladwig III and Justin D. Mikolay, "Diego Garcia's Strategic Past, Present, and Future: Implications for Indian Ocean Security", Meeting Paper, Boston, 28-31, August 2008.

56. American Department of Defense, Quadrennial Defense Review Report, February 2010.

57. Lee Cordner, "Rethinking Maritime Security in the Indian Ocean Region", Journal of the Indian Ocean Region, Vol. 6, No. 1, June 2010.

58. Michael J. Green and Andrew Shearer, "Defining U.S. Indian Ocean Strategy", The Washington Quarterly, Vol.35, No.2, Spring 2012.

59. John F. Bradford, "The Maritime Strategy of the United States: Implications for Indo-Pacific Sea Lanes", Contemporary Southeast Asia, Vol. 33, No. 2, 2011.

60. Michael J. Green and Andrew Shearer, "Defining U.S. Indian Ocean Strategy", The Washington Quarterly, Vol.35, No.2, Spring 2012.

61. Daniel Twining, "America's Grand Design in Asia", The Washington

Quarterly, Vol.30, No.3, Summer 2007.

62. American Department of Defense, Sustaining U.S. Global Leadership: Priorities for 21st Century Defense, January 2012.

63. Greg Yellen, "Holding the Tiger by Its Tail: Chinese Maritime Expansion and the U.S. 'Hedge' Strategy in the Indian Ocean.", The Monitor, Vol.16, No.2, Summer 2011.

64. Sergei Desilva-Ranasinghe, "Strategic Objectives of the United States in the Indian Ocean Region", Workshop Report, September 2011.

65. Gen Edward A. Rice, "Book Reviews", Strategic Studies Quarterly, Vol.5, No.3, Fall 2011.

66. John F. Bradford, "The Maritime Strategy of the United States: Implications for Indo-Pacific Sea Lanes", Contemporary Southeast Asia, Vol. 33, No. 2, 2011.

67. Lee Cordner, "Rethinking Maritime Security in the Indian Ocean Region", Journal of the Indian Ocean Region, Vol. 6, No. 1, June 2010.

68. Mark Kirk, "Ending Somali Piracy against American and Allied Shipping", Report on Pirate Threat, May 2011, p.1.

69. Lauren Ploch and Christopher M. Blanchard, "Piracy off the Horn of Africa", Report of Congressional Research Service（America）, April 2011.

70. Daniel Twining, "America's Grand Design in Asia", The Washington Quarterly, Vol.30, No.3, Summer 2007.

71. K. Alan Kronstadt and Paul K. Kerr, "India-U.S. Relations", Report for Members and Committees of Congress, October 2010, p.2.

72. Daniel Twining, "America's Grand Design in Asia", The Washington Quarterly, Vol.30, No.3, Summer 2007.

73. Greg Yellen, "Holding the Tiger by Its Tail: Chinese Maritime Expansion and the U.S. 'Hedge' Strategy in the Indian Ocean", The Monitor, Vol.16, No.2, Summer 2011.

74. Harsh V. Pant, "China and India: A Rivalry Takes Shape", Report of Foreign Policy Research Institute（America）, June 2011.

75. Nathaniel Barber and Kieran Coe, "China in the Indian Ocean:

Impacts, Prospects, Opportunities", Report for U.S. government's Office of South Asia Policy, Spring 2011.

76. Saroj Bishoyi, "Defence Diplomacy in US-India Strategic Relationship", Journal of Defence Studies, Vol.5, No.1, January 2011.

77. U.S. Department of Defense, Report to Congress on U.S.-India Security Cooperation, November 2011.

78. Greg Yellen, "Holding the Tiger by Its Tail: Chinese Maritime Expansion and the U.S. 'Hedge' Strategy in the Indian Ocean", The Monitor, Vol.16, No.2, Summer 2011.

79. Marissa Allison, "U.S. and Iranian Strategic Competition: Saudi Arabia and the Gulf States", Report of Center for Strategic and International Studies (America), December 2010.

80. Mark Landler and Steven Myers, "With $30 Billion Arms Deal, U.S. Bolsters Saudi Ties", The New York Times, December 29, 2011.

81. David L. O. Hayward, "China in the Indian Ocean: A Case of Uncharted Waters", Strategic Analysis Paper, July 2010.

82. Carl J. Dahlman, The World under Pressure: How China and India are Influencing the Global Economy and Environment, Stanford, California: Stanford Economics and Finance, an Imprint of Stanford University Press, 2012.

（三）研究报告类

1. IEA, World Energy Outlook 2002-2010.

2. IEA/ASEAN/ASCOPE Workshop "Oil Supply Disruption Management Issues" Cambodia, 6 April 2004, IEA Collaboration with China and India on oil security.

3. IMF, World Economic Outlook, September 2011.

4. Key Indicator for Developing Asian and Pacific Countries 2010, Asian Development Bank.

5. WTO, Annual report 2011.

6. WTO, International Trade Statistics 2010.

7. EIA, International Energy Outlook 2008-2010.

8. Tsutomu Toichi, Energy Security in Asia and Japanese Policy, IEEJ, July 2003.

9. Hidehiro Unoki, Toshihide Ohnuma, Asia Outlook of Supply and Demand Trends of Petroleum Products and Crude Oil, IEEJ, February 2006.

10. Tetsuya NAKANISHI, Ryoichi KOMIYAMA, Supply and Demand Analysis on petroleum Products and Crude Oils for Asia and the World, IEEJ, August 2006.

11. Koichi Koizumi, Kiminori Maekawa, Kouzou Yudate, Nobufumi Inada, Coal Supply and Demand Trends in India, Role of Coal and its Future, IEEJ, October 2006.

12. Hiroyuki Ishida, Energy Situation and Policy in India, IEEJ, October 2006.

13. DR. Ken Koyama, Perspectives on Asian Oil Demand: Outlook and Uncertainties, IEEJ, February 2007.

14. Hiroyuki Ishida, Energy Strategies in China and India and Major Countries' Views, IEEJ, March 2007.

15. The Institute of Energy Economics, Japan, Asia/World Energy Outlook 2007, Focusing on China and India Energy Outlook, IEEJ, November 2007.

16. Results of the energy supply and demand forecast for Asia and the World, IEEJ, November 2007.

17. William C. Ramsay, World Energy Outlook 2007: China and India Insights, Singapore, November 9, 2007.

18. Atsuo Sagawa, Trends in Asian Coal Markets, Key Points of Outlook for 2008, IEEJ, March 2008.

19. Atsuo Sagawa, Coal Supply-Demand and Price Trend, IEEJ, May 2008.

20. Ken Koyama, The Oil Price and the Global Oil Market, IEEJ, July 2008.

21. Jonathan Stern, NATURAL GAS IN ASIA:The Challenges of Growth in China, India, Japan and Korea, Institute of Energy Economics, Japan Tokyo, July 11, 2008.

22. Tetsuo Morikawa, Summary of "Natural Gas Market in Asia: Measures

for Stabilization", IEEJ, August 2008.

23. Patrick Clawson and Simon Henderson, Reducing Vulnerability to Middle East Energy Shocks: A Key Element in Strengthening U.S. Energy Security, THE WASHINGTON INSTITUTE for Near East Policy, November 2005.

24. David Pollock, Kuwait: Keystone of U.S. Gulf Policy, THE WASHINGTON INSTITUTE for Near East Policy, November 2007.

25. Simon Henderson, Energy in Danger Iran, Oil, and the West, THE WASHINGTON INSTITUTE for Near East Policy, June 2008.

26. Kazuya Fujime, India's Economic Development, Environmental Conservation and Energy Security, IEEJ, December 2001.

27. International Maritime Bureau, Annual Report of Piracy and Armed Robbery against Ships 2011.

三、相关网站

1. 印度政府网站。
2. 新华网：http://www.xinhua.org。
3. 人民网：http://www.people.com.cn。
4. 中华人民共和国外交部网站：http://www.fmprc.gov.cn。
5. 中国社会科学院世界经济与政治研究所网站：http://www.iwep.org.cn。
6. 中国国际关系研究网：http://www.sinoir.com。
7. 中国国际问题研究所网站：http://www.ciis.org.cn。
8. 中国国关在线：http://www.irchina.org。
9. 中国现代国际关系研究院网站：http://www.cicir.al.cn。
10. 中国共产党新闻网，http://cpc.people.com.cn。
11. 新浪新闻网，http://www.sina.com.cn。
12. 国际网，http://www.cfis.cn。
13. 印度选举委员会，http://eci.nic.in/eci_main/index.asp#。
14. 印度选举网，http://www.indiaelections.co.in。
15. 维基百科，http://en.wikipedia.org。

16. 经济学家，http://www.economist.com。
17. 互动百科，www.hudong.com/。
18. 东方早报网，http://topic.dfdaily.com/frontier/。
19. 中国商务部，http://www.mofcom.gov.cn/。
20. 印度商务，http://www.indianbusiness.com/。
21. 新浪财经网，http://finance.sina.com.cn/。
22. 印度教徒报，http://www.hinduonnet.com/。
23. 亚洲开发银行，http://www.adb.org/。
24. 华尔街日报（中文版），http://cn.wsj.com/gb/。
25. 华尔街日报（英文版），http://www.wsj.com。